I0156016

# ALEMÃO
## VOCABULÁRIO

# PORTUGUÊS ALEMÃO

Para alargar o seu léxico e apurar
as suas competências linguísticas

## 7000 palavras

# Vocabulário Português Brasileiro-Alemão - 7000 palavras

Por Andrey Taranov

Os vocabulários da T&P Books destinam-se a ajudar a aprender, a memorizar, e a rever palavras estrangeiras. O dicionário é dividido em temas, cobrindo todas as principais esferas de atividades quotidianas, negócios, ciência, cultura, etc.

O processo de aprendizagem, utilizando os dicionários baseados em temáticas da T&P Books dá-lhe as seguintes vantagens:

- Informação de origem corretamente agrupada predetermina o sucesso em fases subsequentes da memorização de palavras
- Disponibilização de palavras derivadas da mesma raiz, o que permite a memorização de unidades de texto (em vez de palavras separadas)
- Pequenas unidades de palavras facilitam o processo de estabelecimento de vínculos associativos necessários para a consolidação do vocabulário
- O nível de conhecimento da língua pode ser estimado pelo número de palavras aprendidas

T&P Books Publishing
www.tpbooks.com

ISBN: 978-1-78767-336-6

Este livro também está disponível em formato E-book.
Por favor visite www.tpbooks.com ou as principais livrarias on-line.

# VOCABULÁRIO ALEMÃO
## palavras mais úteis

Os vocabulários da T&P Books destinam-se a ajudar a aprender, a memorizar, e a rever palavras estrangeiras. O vocabulário contém mais de 7000 palavras de uso comum organizadas tematicamente.

O vocabulário contém as palavras mais comummente usadas
Recomendado como adicional para qualquer curso de línguas
Satisfaz as necessidades dos iniciados e dos alunos avançados de línguas estrangeiras
Conveniente para o uso diário, sessões de revisão e atividades de auto-teste
Permite avaliar o seu vocabulário

**Características especias do vocabulário**

*   As palavras estão organizadas de acordo com o seu significado, e não por ordem alfabética
*   As palavras são apresentadas em três colunas para facilitar os processos de revisão e auto-teste
*   As palavras compostas são divididas em pequenos blocos para facilitar o processo de aprendizagem
*   O vocabulário oferece uma transcrição simples e adequada de cada palavra estrangeira

**O vocabulário contém 198 tópicos incluindo:**

Conceitos básicos, Números, Cores, Meses, Estações do ano, Unidades de medida, Roupas & Acessórios, Alimentos & Nutrição, Restaurante, Membros da Família, Parentes, Caráter, Sentimentos, Emoções, Doenças, Cidade, Passeios, Compras, Dinheiro, Casa, Lar, Escritório, Trabalho no Escritório, Importação & Exportação, Marketing, Pesquisa de Emprego, Esportes, Educação, Computador, Internet, Ferramentas, Natureza, Países, Nacionalidades e muito mais ...

# TABELA DE CONTEÚDOS

# GUIA DE PRONUNCIAÇÃO

| Alfabeto fonético T&P | Exemplo Alemão | Exemplo Português |
|---|---|---|
| [a] | Blatt | chamar |
| [ɐ] | Meister | amar |
| [e] | Melodie | metal |
| [ɛ] | Herbst | mesquita |
| [ə] | Leuchte | milagre |
| | | |
| [ɔ] | Knopf | emboço |
| [o] | Operette | lobo |
| [œ] | Förster | orgulhoso |
| [ø] | nötig | orgulhoso |
| [æ] | Los Angeles | semana |
| | | |
| [i] | Spiel | sinônimo |
| [ɪ] | Absicht | sinônimo |
| [ʊ] | Skulptur | bonita |
| [u] | Student | bonita |
| [y] | Pyramide | questionar |
| [ʏ] | Eukalyptus | questionar |

## Consoantes

| | | |
|---|---|---|
| [b] | Bibel | barril |
| [d] | Dorf | dentista |
| [f] | Elefant | safári |
| [ʒ] | Ingenieur | talvez |
| [dʒ] | Jeans | adjetivo |
| [j] | Interview | Vietnã |
| [g] | August | gosto |
| [h] | Haare | [h] aspirada |
| [ç] | glücklich | caixa |
| [x] | Kochtopf | fricativa uvular surda |
| [k] | Kaiser | aquilo |
| [l] | Verlag | libra |
| [m] | Messer | magnólia |
| [n] | Norden | natureza |
| [ŋ] | Onkel | alcançar |
| [p] | Gespräch | presente |

| Alfabeto fonético T&P | Exemplo Alemão | Exemplo Português |
|---|---|---|
| [r] | Force majeure | riscar |
| [ʁ] | Kirche | [r] vibrante |
| [ʀ] | fragen | [r] vibrante |
| [s] | Fenster | sanita |
| [t] | Foto | tulipa |
| [ʦ] | Gesetz | tsé-tsé |
| [ʃ] | Anschlag | mês |
| [ʧ] | Deutsche | Tchau! |
| [w] | Sweater | página web |
| [v] | Antwort | fava |
| [z] | langsam | sésamo |

## Ditongos

| | | |
|---|---|---|
| [aɪ] | Speicher | cereais |
| [ɪa] | Miniatur | Himalaias |
| [ɪo] | Radio | ioga |
| [jo] | Illustration | ioga |
| [ɔɪ] | feucht | moita |
| [ɪe] | Karriere | folheto |

## Símbolos adicionais

| | | |
|---|---|---|
| ['] | ['aːbɐ] | acento principal |
| [ˌ] | ['dɛŋkˌmaːl] | acento secundário |
| [ʔ] | [o'liːven̩ʔøːl] | oclusiva glotal |
| [ː] | ['myːle] | som de longa duração |
| [·] | ['ʀaɪze·byˌʀoː] | ponto mediano |

# ABREVIATURAS
## usadas no vocabulário

## Abreviaturas do Português

| | | |
|---|---|---|
| adj | - | adjetivo |
| adv | - | advérbio |
| anim. | - | animado |
| conj. | - | conjunção |
| desp. | - | esporte |
| etc. | - | Etcetera |
| ex. | - | por exemplo |
| f | - | nome feminino |
| f pl | - | feminino plural |
| fem. | - | feminino |
| inanim. | - | inanimado |
| m | - | nome masculino |
| m pl | - | masculino plural |
| m, f | - | masculino, feminino |
| masc. | - | masculino |
| mat. | - | matemática |
| mil. | - | militar |
| pl | - | plural |
| prep. | - | preposição |
| pron. | - | pronome |
| sb. | - | sobre |
| sing. | - | singular |
| v aux | - | verbo auxiliar |
| vi | - | verbo intransitivo |
| vi, vt | - | verbo intransitivo, transitivo |
| vr | - | verbo reflexivo |
| vt | - | verbo transitivo |

## Abreviaturas do Alemão

| | | |
|---|---|---|
| f | - | nome feminino |
| f pl | - | feminino plural |
| f, n | - | feminino, neutro |
| m | - | nome masculino |
| m pl | - | masculino plural |
| m, f | - | masculino, feminino |
| m, n | - | masculino, neutro |
| n | - | neutro |

| | | |
|---|---|---|
| **n pl** | - | neutro plural |
| **pl** | - | plural |
| **v mod** | - | verbo modal |
| **vi** | - | verbo intransitivo |
| **vi, vt** | - | verbo intransitivo, transitivo |
| **vt** | - | verbo transitivo |

# CONCEITOS BÁSICOS

## Conceitos básicos. Parte 1

### 1. Pronomes

| | | |
|---|---|---|
| eu | ich | [ɪç] |
| você | du | [du:] |
| | | |
| ele | er | [e:ɐ] |
| ela | sie | [zi:] |
| ele, ela (neutro) | es | [ɛs] |
| | | |
| nós | wir | [vi:ɐ] |
| vocês | ihr | [i:ɐ] |
| o senhor, -a | Sie | [zi:] |
| senhores, -as | Sie | [zi:] |
| eles, elas | sie | [zi:] |

### 2. Cumprimentos. Saudações. Despedidas

| | | |
|---|---|---|
| Oi! | Hallo! | [ha'lo:] |
| Olá! | Hallo! | [ha'lo:] |
| Bom dia! | Guten Morgen! | ['gu:tən 'mɔʁgən] |
| Boa tarde! | Guten Tag! | ['gu:tən 'ta:k] |
| Boa noite! | Guten Abend! | ['gu:tən 'a:bənt] |
| | | |
| cumprimentar (vt) | grüßen (vi, vt) | ['gʁy:sən] |
| Oi! | Hallo! | [ha'lo:] |
| saudação (f) | Gruß (m) | [gʁu:s] |
| saudar (vt) | begrüßen (vt) | [bə'gʁy:sən] |
| Tudo bem? | Wie geht's? | [ˌvi: 'ge:ts] |
| E aí, novidades? | Was gibt es Neues? | [vas gi:pt ɛs 'nɔɪəs] |
| | | |
| Tchau! Até logo! | Auf Wiedersehen! | [aʊf 'vi:dɐˌze:ən] |
| Até breve! | Bis bald! | [bɪs balt] |
| Adeus! (sing.) | Lebe wohl! | ['le:bə vo:l] |
| Adeus! (pl) | Leben Sie wohl! | ['le:bən zi: vo:l] |
| despedir-se (dizer adeus) | sich verabschieden | [zɪç fɛɐ'apˌʃi:dən] |
| Até mais! | Tschüs! | [tʃy:s] |
| | | |
| Obrigado! -a! | Danke! | ['daŋkə] |
| Muito obrigado! -a! | Dankeschön! | ['daŋkəʃø:n] |
| De nada | Bitte! | ['bɪtə] |
| Não tem de quê | Keine Ursache! | ['kaɪnə 'u:ɐˌzaxə] |
| Não foi nada! | Nichts zu danken! | [nɪçts tsu 'daŋkən] |
| Desculpa! | Entschuldige! | [ɛnt'ʃʊldɪgə] |

| | | |
|---|---|---|
| Desculpe! | Entschuldigung! | [ɛnt'ʃʊldɪgʊn] |
| desculpar (vt) | entschuldigen (vt) | [ɛnt'ʃʊldɪgən] |

| | | |
|---|---|---|
| desculpar-se (vr) | sich entschuldigen | [zɪç ɛnt'ʃʊldɪgən] |
| Me desculpe | Verzeihung! | [fɛɐ'tsaɪʊn] |
| Desculpe! | Entschuldigung! | [ɛnt'ʃʊldɪgʊn] |
| perdoar (vt) | verzeihen (vt) | [fɛɐ'tsaɪən] |
| Não faz mal | Das macht nichts! | [das maxt nɪçts] |
| por favor | bitte | ['bɪtə] |

| | | |
|---|---|---|
| Não se esqueça! | Nicht vergessen! | [nɪçt fɛɐ'gɛsən] |
| Com certeza! | Natürlich! | [na'ty:ɐlɪç] |
| Claro que não! | Natürlich nicht! | [na'ty:ɐlɪç 'nɪçt] |
| Está bem! De acordo! | Gut! Okay! | [gu:t], [o'ke:] |
| Chega! | Es ist genug! | [ɛs ist gə'nu:k] |

## 3. Números cardinais. Parte 1

| | | |
|---|---|---|
| zero | null | [nʊl] |
| um | eins | [aɪns] |
| dois | zwei | [tsvaɪ] |
| três | drei | [dʀaɪ] |
| quatro | vier | [fi:ɐ] |

| | | |
|---|---|---|
| cinco | fünf | [fʏnf] |
| seis | sechs | [zɛks] |
| sete | sieben | ['zi:bən] |
| oito | acht | [axt] |
| nove | neun | [nɔɪn] |

| | | |
|---|---|---|
| dez | zehn | [tse:n] |
| onze | elf | [ɛlf] |
| doze | zwölf | [tsvœlf] |
| treze | dreizehn | ['dʀaɪtse:n] |
| catorze | vierzehn | ['fɪɐtse:n] |

| | | |
|---|---|---|
| quinze | fünfzehn | ['fʏnftse:n] |
| dezesseis | sechzehn | ['zɛçtse:n] |
| dezessete | siebzehn | ['zi:ptse:n] |
| dezoito | achtzehn | ['axtse:n] |
| dezenove | neunzehn | ['nɔɪntse:n] |

| | | |
|---|---|---|
| vinte | zwanzig | ['tsvantsɪç] |
| vinte e um | einundzwanzig | ['aɪn·ʊnt·'tsvantsɪç] |
| vinte e dois | zweiundzwanzig | ['tsvaɪ·ʊnt·'tsvantsɪç] |
| vinte e três | dreiundzwanzig | ['dʀaɪ·ʊnt·'tsvantsɪç] |

| | | |
|---|---|---|
| trinta | dreißig | ['dʀaɪsɪç] |
| trinta e um | einunddreißig | ['aɪn·ʊnt·'dʀaɪsɪç] |
| trinta e dois | zweiunddreißig | ['tsvaɪ·ʊnt·'dʀaɪsɪç] |
| trinta e três | dreiunddreißig | ['dʀaɪ·ʊnt·'dʀaɪsɪç] |

| | | |
|---|---|---|
| quarenta | vierzig | ['fɪɐtsɪç] |
| quarenta e um | einundvierzig | ['aɪn·ʊnt·'fɪɐtsɪç] |

| quarenta e dois | zweiundvierzig | ['tsvaɪˌʊnt·'fɪʁtsɪç] |
| quarenta e três | dreiundvierzig | ['dʁaɪ·ʊnt·'fɪʁtsɪç] |

| cinquenta | fünfzig | ['fʏnftsɪç] |
| cinquenta e um | einundfünfzig | ['aɪn·ʊnt·'fʏnftsɪç] |
| cinquenta e dois | zweiundfünfzig | ['tsvaɪ·ʊnt·'fʏnftsɪç] |
| cinquenta e três | dreiundfünfzig | ['dʁaɪ·ʊnt·'fʏnftsɪç] |

| sessenta | sechzig | ['zɛçtsɪç] |
| sessenta e um | einundsechzig | ['aɪn·ʊnt·'zɛçtsɪç] |
| sessenta e dois | zweiundsechzig | ['tsvaɪ·ʊnt·'zɛçtsɪç] |
| sessenta e três | dreiundsechzig | ['dʁaɪ·ʊnt·'zɛçtsɪç] |

| setenta | siebzig | ['ziːptsɪç] |
| setenta e um | einundsiebzig | ['aɪn·ʊnt·'ziːptsɪç] |
| setenta e dois | zweiundsiebzig | ['tsvaɪ·ʊnt·'ziːptsɪç] |
| setenta e três | dreiundsiebzig | ['dʁaɪ·ʊnt·'ziːptsɪç] |

| oitenta | achtzig | ['aχtsɪç] |
| oitenta e um | einundachtzig | ['aɪn·ʊnt·'aχtsɪç] |
| oitenta e dois | zweiundachtzig | ['tsvaɪ·ʊnt·'aχtsɪç] |
| oitenta e três | dreiundachtzig | ['dʁaɪ·ʊnt·'aχtsɪç] |

| noventa | neunzig | ['nɔɪntsɪç] |
| noventa e um | einundneunzig | ['aɪn·ʊnt·'nɔɪntsɪç] |
| noventa e dois | zweiundneunzig | ['tsvaɪ·ʊnt·'nɔɪntsɪç] |
| noventa e três | dreiundneunzig | ['dʁaɪ·ʊnt·'nɔɪntsɪç] |

## 4. Números cardinais. Parte 2

| cem | einhundert | ['aɪnˌhʊndɐt] |
| duzentos | zweihundert | ['tsvaɪˌhʊndɐt] |
| trezentos | dreihundert | ['dʁaɪˌhʊndɐt] |
| quatrocentos | vierhundert | ['fiːɐˌhʊndɐt] |
| quinhentos | fünfhundert | ['fʏnfˌhʊndɐt] |
| seiscentos | sechshundert | [zɛksˌhʊndɐt] |
| setecentos | siebenhundert | ['ziːbənˌhʊndɐt] |
| oitocentos | achthundert | ['aχtˌhʊndɐt] |
| novecentos | neunhundert | ['nɔɪnˌhʊndɐt] |

| mil | eintausend | ['aɪnˌtaʊzənt] |
| dois mil | zweitausend | ['tsvaɪˌtaʊzənt] |
| três mil | dreitausend | ['dʁaɪˌtaʊzənt] |
| dez mil | zehntausend | ['tsenˌtaʊzənt] |
| cem mil | hunderttausend | ['hʊndɐtˌtaʊzənt] |
| um milhão | Million (f) | [mɪˈljoːn] |
| um bilhão | Milliarde (f) | [mɪˈlɪaʁdə] |

## 5. Números. Frações

| fração (f) | Bruch (m) | [bʁʊχ] |
| um meio | Hälfte (f) | ['hɛlftə] |

| um terço | Drittel (n) | ['dʀɪtəl] |
| um quarto | Viertel (n) | ['fɪʁtəl] |

| um oitavo | Achtel (m, n) | ['aχtəl] |
| um décimo | Zehntel (m, n) | ['tse:ntəl] |
| dois terços | zwei Drittel | [tsvaɪ 'dʀɪtəl] |
| três quartos | drei Viertel | [dʀaɪ 'fɪʁtəl] |

## 6. Números. Operações básicas

| subtração (f) | Subtraktion (f) | [zʊptʀak'tsjo:n] |
| subtrair (vi, vt) | subtrahieren (vt) | [zʊptʀa'hi:ʀən] |
| divisão (f) | Division (f) | [divi'zjo:n] |
| dividir (vt) | dividieren (vt) | [divi'di:ʀən] |

| adição (f) | Addition (f) | [adi'tsjo:n] |
| somar (vt) | addieren (vt) | [a'di:ʀən] |
| adicionar (vt) | hinzufügen (vt) | [hɪn'tsu:ˌfy:gən] |
| multiplicação (f) | Multiplikation (f) | [mʊltiplika'tsjo:n] |
| multiplicar (vt) | multiplizieren (vt) | [mʊltipli'tsi:ʀən] |

## 7. Números. Diversos

| algarismo, dígito (m) | Ziffer (f) | ['tsɪfɐ] |
| número (m) | Zahl (f) | [tsa:l] |
| numeral (m) | Zahlwort (n) | ['tsa:lˌvɔʁt] |
| menos (m) | Minus (n) | ['mi:nʊs] |
| mais (m) | Plus (n) | [plʊs] |
| fórmula (f) | Formel (f) | ['fɔʁməl] |

| cálculo (m) | Berechnung (f) | [bə'ʀɛçnʊŋ] |
| contar (vt) | zählen (vt) | ['tsɛ:lən] |
| calcular (vt) | berechnen (vt) | [bə'ʀɛçnən] |
| comparar (vt) | vergleichen (vt) | [fɛɐ'glaɪçən] |

| Quanto? | Wie viel? | ['vi: fi:l] |
| Quantos? -as? | Wie viele? | [vi: 'fi:lə] |

| soma (f) | Summe (f) | ['zʊmə] |
| resultado (m) | Ergebnis (n) | [ɛɐ'ge:pnɪs] |
| resto (m) | Rest (m) | [ʀɛst] |

| alguns, algumas ... | einige | ['aɪnɪgə] |
| pouco (~ tempo) | wenig ... | ['ve:nɪç] |
| resto (m) | Übrige (n) | ['y:bʀɪgə] |
| um e meio | anderthalb | ['andɐt'halp] |
| dúzia (f) | Dutzend (n) | ['dʊtsənt] |

| ao meio | entzwei | [ɛn'tsvaɪ] |
| em partes iguais | zu gleichen Teilen | [tsu 'glaɪçən 'taɪlən] |
| metade (f) | Hälfte (f) | ['hɛlftə] |
| vez (f) | Mal (n) | [ma:l] |

## 8. Os verbos mais importantes. Parte 1

| | | |
|---|---|---|
| abrir (vt) | öffnen (vt) | ['œfnən] |
| acabar, terminar (vt) | beenden (vt) | [bə'ʔɛndən] |
| aconselhar (vt) | raten (vt) | ['ʀaːtən] |
| adivinhar (vt) | richtig raten (vt) | ['ʀɪçtɪç 'ʀaːtən] |
| advertir (vt) | warnen (vt) | ['vaʁnən] |
| | | |
| ajudar (vt) | helfen (vi) | ['hɛlfən] |
| almoçar (vi) | zu Mittag essen | [tsu 'mɪtaːk 'ɛsən] |
| alugar (~ um apartamento) | mieten (vt) | ['miːtən] |
| amar (pessoa) | lieben (vt) | ['liːbən] |
| ameaçar (vt) | drohen (vi) | ['dʀoːən] |
| | | |
| anotar (escrever) | aufschreiben (vt) | ['aʊfʃʀaɪbən] |
| apressar-se (vr) | sich beeilen | [zɪç bə'ʔaɪlən] |
| arrepender-se (vr) | bedauern (vt) | [bə'daʊən] |
| assinar (vt) | unterschreiben (vt) | [ˌʊntɐ'ʃʀaɪbən] |
| brincar (vi) | Witz machen | [vɪts 'maxən] |
| | | |
| brincar, jogar (vi, vt) | spielen (vi, vt) | ['ʃpiːlən] |
| buscar (vt) | suchen (vt) | ['zuːxən] |
| caçar (vi) | jagen (vi) | ['jagən] |
| cair (vi) | fallen (vi) | ['falən] |
| cavar (vt) | graben (vt) | ['gʀaːbən] |
| chamar (~ por socorro) | rufen (vi) | ['ʀuːfən] |
| | | |
| chegar (vi) | ankommen (vi) | ['anˌkɔmən] |
| chorar (vi) | weinen (vi) | ['vaɪnən] |
| começar (vt) | beginnen (vt) | [bə'gɪnən] |
| comparar (vt) | vergleichen (vt) | [fɛɐ'glaɪçən] |
| concordar (dizer "sim") | zustimmen (vi) | ['tsuːˌʃtɪmən] |
| | | |
| confiar (vt) | vertrauen (vi) | [fɛɐ'tʀaʊən] |
| confundir (equivocar-se) | verwechseln (vt) | [fɛɐ'vɛksəln] |
| conhecer (vt) | kennen (vt) | ['kɛnən] |
| contar (fazer contas) | rechnen (vt) | ['ʀɛçnən] |
| contar com ... | auf ... zählen | [aʊf ... 'tsɛːlən] |
| continuar (vt) | fortsetzen (vt) | ['fɔʁtˌzɛtsən] |
| | | |
| controlar (vt) | kontrollieren (vt) | [kɔntʀɔ'liːʀən] |
| convidar (vt) | einladen (vt) | ['aɪnˌlaːdən] |
| correr (vi) | laufen (vi) | ['laʊfən] |
| criar (vt) | schaffen (vt) | ['ʃafən] |
| custar (vt) | kosten (vt) | ['kɔstən] |

## 9. Os verbos mais importantes. Parte 2

| | | |
|---|---|---|
| dar (vt) | geben (vt) | ['geːbən] |
| dar uma dica | andeuten (vt) | ['anˌdɔɪtən] |
| decorar (enfeitar) | schmücken (vt) | ['ʃmʏkən] |
| defender (vt) | verteidigen (vt) | [fɛɐ'taɪdɪgən] |
| deixar cair (vt) | fallen lassen | ['falən 'lasən] |

| | | |
|---|---|---|
| descer (para baixo) | herabsteigen (vi) | [hɛˈʀapʃtaɪɡən] |
| desculpar-se (vr) | sich entschuldigen | [zɪç ɛntˈʃʊldɪɡən] |
| dirigir (~ uma empresa) | leiten (vt) | [ˈlaɪtən] |
| discutir (notícias, etc.) | besprechen (vt) | [bəˈʃpʀɛçən] |
| | | |
| disparar, atirar (vi) | schießen (vi) | [ˈʃiːsən] |
| dizer (vt) | sagen (vt) | [ˈzaːɡən] |
| duvidar (vt) | zweifeln (vi) | [ˈtsvaɪfəln] |
| encontrar (achar) | finden (vt) | [ˈfɪndən] |
| enganar (vt) | täuschen (vt) | [ˈtɔɪʃən] |
| | | |
| entender (vt) | verstehen (vt) | [fɛɐˈʃteːən] |
| entrar (na sala, etc.) | hereinkommen (vi) | [hɛˈʀaɪnˌkɔmən] |
| enviar (uma carta) | abschicken (vt) | [ˈapʃɪkən] |
| errar (enganar-se) | sich irren | [zɪç ˈɪʀən] |
| escolher (vt) | wählen (vt) | [ˈvɛːlən] |
| | | |
| esconder (vt) | verstecken (vt) | [fɛɐˈʃtɛkən] |
| escrever (vt) | schreiben (vi, vt) | [ˈʃʀaɪbən] |
| esperar (aguardar) | warten (vi) | [ˈvaʁtən] |
| esperar (ter esperança) | hoffen (vi) | [ˈhɔfən] |
| esquecer (vt) | vergessen (vt) | [fɛɐˈɡɛsən] |
| | | |
| estudar (vt) | lernen (vt) | [ˈlɛʁnən] |
| exigir (vt) | verlangen (vt) | [fɛɐˈlaŋən] |
| existir (vi) | existieren (vi) | [ˌɛksɪsˈtiːʀən] |
| explicar (vt) | erklären (vt) | [ɛɐˈklɛːʀən] |
| | | |
| falar (vi) | sprechen (vi) | [ˈʃpʀɛçən] |
| faltar (a la escuela, etc.) | versäumen (vt) | [fɛɐˈzɔɪmən] |
| fazer (vt) | machen (vt) | [ˈmaxən] |
| ficar em silêncio | schweigen (vi) | [ˈʃvaɪɡən] |
| gabar-se (vr) | prahlen (vi) | [ˈpʀaːlən] |
| | | |
| gostar (apreciar) | gefallen (vi) | [ɡəˈfalən] |
| gritar (vi) | schreien (vi) | [ˈʃʀaɪən] |
| guardar (fotos, etc.) | aufbewahren (vt) | [ˈaʊfbəˌvaːʀən] |
| informar (vt) | informieren (vt) | [ɪnfɔʁˈmiːʀən] |
| insistir (vi) | bestehen auf | [bəˈʃteːən aʊf] |
| | | |
| insultar (vt) | kränken (vt) | [ˈkʀɛŋkən] |
| interessar-se (vr) | sich interessieren | [zɪç ɪntəʀɛˈsiːʀən] |
| ir (a pé) | gehen (vi) | [ˈɡeːən] |
| ir nadar | schwimmen gehen | [ˈʃvɪmən ˈɡeːən] |
| jantar (vi) | zu Abend essen | [tsu ˈaːbənt ˈɛsən] |

## 10. Os verbos mais importantes. Parte 3

| | | |
|---|---|---|
| ler (vt) | lesen (vi, vt) | [ˈleːzən] |
| libertar, liberar (vt) | befreien (vt) | [bəˈfʀaɪən] |
| matar (vt) | ermorden (vt) | [ɛɐˈmɔʁdən] |
| mencionar (vt) | erwähnen (vt) | [ɛɐˈvɛːnən] |
| mostrar (vt) | zeigen (vt) | [ˈtsaɪɡən] |
| mudar (modificar) | ändern (vt) | [ˈɛndən] |

| nadar (vi) | schwimmen (vi) | ['ʃvɪmən] |
| negar-se a ... (vr) | sich weigern | [zɪç 'vaɪgən] |
| objetar (vt) | einwenden (vt) | ['aɪn͵vɛndən] |

| observar (vt) | beobachten (vt) | [bə'ʔo:baxtən] |
| ordenar (mil.) | befehlen (vt) | [͵bə'fe:lən] |
| ouvir (vt) | hören (vt) | ['hø:ʀən] |
| pagar (vt) | zahlen (vt) | ['tsa:lən] |
| parar (vi) | stoppen (vt) | ['ʃtɔpən] |

| parar, cessar (vt) | einstellen (vt) | ['aɪnʃtɛlən] |
| participar (vi) | teilnehmen (vi) | ['taɪl͵ne:mən] |
| pedir (comida, etc.) | bestellen (vt) | [bə'ʃtɛlən] |
| pedir (um favor, etc.) | bitten (vt) | ['bɪtən] |
| pegar (tomar) | nehmen (vt) | ['ne:mən] |

| pegar (uma bola) | fangen (vt) | ['faŋən] |
| pensar (vi, vt) | denken (vi, vt) | ['dɛŋkən] |
| perceber (ver) | bemerken (vt) | [bə'mɛʁkən] |
| perdoar (vt) | verzeihen (vt) | [fɛɐ'tsaɪən] |
| perguntar (vt) | fragen (vt) | ['fʀa:gən] |

| permitir (vt) | erlauben (vt) | [ɛɐ'laʊbən] |
| pertencer a ... (vi) | gehören (vi) | [gə'hø:ʀən] |
| planejar (vt) | planen (vt) | ['pla:nən] |
| poder (~ fazer algo) | können (v mod) | ['kœnən] |
| possuir (uma casa, etc.) | besitzen (vt) | [bə'zɪtsən] |

| preferir (vt) | vorziehen (vt) | ['foɐ͵tsi:ən] |
| preparar (vt) | zubereiten (vt) | ['tsu:bə͵ʀaɪtən] |
| prever (vt) | voraussehen (vt) | [fo'ʀaʊs͵ze:ən] |
| prometer (vt) | versprechen (vt) | [fɛɐ'ʃpʀɛçən] |
| pronunciar (vt) | aussprechen (vt) | ['aʊsʃpʀɛçən] |

| propor (vt) | vorschlagen (vt) | ['fo:ɐ͵ʃla:gən] |
| punir (castigar) | bestrafen (vt) | [bə'ʃtʀa:fən] |
| quebrar (vt) | brechen (vt) | ['bʀɛçən] |
| queixar-se de ... | klagen (vi) | ['kla:gən] |
| querer (desejar) | wollen (vt) | ['vɔlən] |

## 11. Os verbos mais importantes. Parte 4

| ralhar, repreender (vt) | schelten (vt) | ['ʃɛltən] |
| recomendar (vt) | empfehlen (vt) | [ɛm'pfe:lən] |
| repetir (dizer outra vez) | noch einmal sagen | [nɔx 'aɪnma:l 'za:gən] |
| reservar (~ um quarto) | reservieren (vt) | [ʀɛzɛʁ'vi:ʀən] |
| responder (vt) | antworten (vi) | ['ant͵vɔʁtən] |

| rezar, orar (vi) | beten (vi) | ['be:tən] |
| rir (vi) | lachen (vi) | ['laxən] |
| roubar (vt) | stehlen (vt) | ['ʃte:lən] |
| saber (vt) | wissen (vt) | ['vɪsən] |
| sair (~ de casa) | ausgehen (vi) | ['aʊs͵ge:ən] |
| salvar (resgatar) | retten (vt) | ['ʀɛtən] |

| seguir (~ alguém) | folgen (vi) | ['fɔlgən] |
| sentar-se (vr) | sich setzen | [zɪç 'zɛtsən] |
| ser necessário | nötig sein | ['nø:tɪç zaɪn] |

| ser, estar | sein (vi) | [zaɪn] |
| significar (vt) | bedeuten (vt) | [bə'dɔɪtən] |
| sorrir (vi) | lächeln (vi) | ['lɛçəln] |
| subestimar (vt) | unterschätzen (vt) | [ˌʊntɐ'ʃɛtsən] |
| surpreender-se (vr) | staunen (vi) | ['ʃtaunən] |

| tentar (~ fazer) | versuchen (vt) | [fɛɐ'zu:χən] |
| ter (vt) | haben (vt) | [ha:bən] |
| ter fome | hungrig sein | ['hʊŋRɪç zaɪn] |

| ter medo | Angst haben | ['aŋst 'ha:bən] |
| ter sede | Durst haben | ['dʊʁst 'ha:bən] |
| tocar (com as mãos) | berühren (vt) | [bə'Ry:Rən] |
| tomar café da manhã | frühstücken (vi) | ['fRy:ʃtʏkən] |
| trabalhar (vi) | arbeiten (vi) | ['aʁbaɪtən] |
| traduzir (vt) | übersetzen (vt) | [ˌy:bə'zɛtsən] |

| unir (vt) | vereinigen (vt) | [fɛɐ'ʔaɪnɪgən] |
| vender (vt) | verkaufen (vt) | [fɛɐ'kaʊfən] |
| ver (vt) | sehen (vi, vt) | ['ze:ən] |
| virar (~ para a direita) | abbiegen (vi) | ['apˌbi:gən] |
| voar (vi) | fliegen (vi) | ['fli:gən] |

## 12. Cores

| cor (f) | Farbe (f) | ['faʁbə] |
| tom (m) | Schattierung (f) | [ʃa'ti:Rʊŋ] |
| tonalidade (m) | Farbton (m) | ['faʁpˌto:n] |
| arco-íris (m) | Regenbogen (m) | ['Re:gənˌbo:gən] |

| branco (adj) | weiß | [vaɪs] |
| preto (adj) | schwarz | [ʃvaʁts] |
| cinza (adj) | grau | [gRaʊ] |

| verde (adj) | grün | [gRy:n] |
| amarelo (adj) | gelb | [gɛlp] |
| vermelho (adj) | rot | [Ro:t] |

| azul (adj) | blau | [blaʊ] |
| azul claro (adj) | hellblau | ['hɛlˌblaʊ] |
| rosa (adj) | rosa | ['Ro:za] |
| laranja (adj) | orange | [o'Raŋʃ] |
| violeta (adj) | violett | [vɪo'lɛt] |
| marrom (adj) | braun | [bRaʊn] |

| dourado (adj) | golden | ['gɔldən] |
| prateado (adj) | silbrig | ['zɪlbRɪç] |

| bege (adj) | beige | [be:ʃ] |
| creme (adj) | cremefarben | ['kRɛ:mˌfaʁbən] |

| | | |
|---|---|---|
| turquesa (adj) | türkis | [tʏʁ'ki:s] |
| vermelho cereja (adj) | kirschrot | ['kɪʁʃʀo:t] |
| lilás (adj) | lila | ['li:la] |
| carmim (adj) | himbeerrot | ['hɪmbe:ɐˌʀo:t] |
| | | |
| claro (adj) | hell | [hɛl] |
| escuro (adj) | dunkel | ['dʊŋkəl] |
| vivo (adj) | grell | [gʀɛl] |
| | | |
| de cor | Farb- | ['faʁp] |
| a cores | Farb- | ['faʁp] |
| preto e branco (adj) | schwarz-weiß | ['ʃvaʁtsˌvaɪs] |
| unicolor (de uma só cor) | einfarbig | ['aɪnˌfaʁbɪç] |
| multicolor (adj) | bunt | [bʊnt] |

## 13. Questões

| | | |
|---|---|---|
| Quem? | Wer? | [ve:ɐ] |
| O que? | Was? | [vas] |
| Onde? | Wo? | [vo:] |
| Para onde? | Wohin? | [vo'hɪn] |
| De onde? | Woher? | [vo'he:ɐ] |
| Quando? | Wann? | [van] |
| Para quê? | Wozu? | [vo'tsu:] |
| Por quê? | Warum? | [va'ʀʊm] |
| | | |
| Para quê? | Wofür? | [vo'fy:ɐ] |
| Como? | Wie? | [vi:] |
| Qual (~ é o problema?) | Welcher? | ['vɛlçɐ] |
| Qual (~ deles?) | Welcher? | ['vɛlçɐ] |
| | | |
| A quem? | Wem? | [ve:m] |
| De quem? | Über wen? | ['y:bɐ ve:n] |
| Do quê? | Wovon? | [vo:'fɔn] |
| Com quem? | Mit wem? | [mɪt ve:m] |
| | | |
| Quantos? -as? | Wie viele? | [vi: 'fi:lə] |
| Quanto? | Wie viel? | ['vi: fi:l] |
| De quem? (masc.) | Wessen? | ['vɛsən] |

## 14. Palavras funcionais. Advérbios. Parte 1

| | | |
|---|---|---|
| Onde? | Wo? | [vo:] |
| aqui | hier | [hi:ɐ] |
| lá, ali | dort | [dɔʁt] |
| | | |
| em algum lugar | irgendwo | ['ɪʁgənt'vo:] |
| em lugar nenhum | nirgends | ['nɪʁgənts] |
| | | |
| perto de ... | an | [an] |
| perto da janela | am Fenster | [am 'fɛnstɐ] |
| Para onde? | Wohin? | [vo'hɪn] |

| | | |
|---|---|---|
| aqui | hierher | ['hi:ɐ'he:ɐ] |
| para lá | dahin | [da'hɪn] |
| daqui | von hier | [fɔn hi:ɐ] |
| de lá, dali | von da | [fɔn da:] |
| | | |
| perto | nah | [na:] |
| longe | weit | [vaɪt] |
| | | |
| perto de ... | in der Nähe von ... | [ɪn de:ɐ 'nɛ:ə fɔn] |
| à mão, perto | in der Nähe | [ɪn de:ɐ 'nɛ:ə] |
| não fica longe | unweit | ['ʊnvaɪt] |
| | | |
| esquerdo (adj) | link | [lɪŋk] |
| à esquerda | links | [lɪŋks] |
| para a esquerda | nach links | [na:χ lɪŋks] |
| | | |
| direito (adj) | recht | [ʀɛçt] |
| à direita | rechts | [ʀɛçts] |
| para a direita | nach rechts | [na:χ ʀɛçts] |
| | | |
| em frente | vorne | ['fɔʀnə] |
| da frente | Vorder- | ['fɔʀdɐ] |
| adiante (para a frente) | vorwärts | ['fo:ɐvɛʀts] |
| | | |
| atrás de ... | hinten | ['hɪntən] |
| de trás | von hinten | [fɔn 'hɪntən] |
| para trás | rückwärts | ['ʀʏkˌvɛʀts] |
| | | |
| meio (m), metade (f) | Mitte (f) | ['mɪtə] |
| no meio | in der Mitte | [ɪn de:ɐ 'mɪtə] |
| | | |
| do lado | seitlich | ['zaɪtlɪç] |
| em todo lugar | überall | [y:bɐ'ʔal] |
| por todos os lados | ringsherum | [ˌʀɪŋshɛ'ʀʊm] |
| | | |
| de dentro | von innen | [fɔn 'ɪnən] |
| para algum lugar | irgendwohin | ['ɪʀgənt·vo'hɪn] |
| diretamente | geradeaus | [gəʀa:də'ʔaʊs] |
| de volta | zurück | [tsu'ʀʏk] |
| | | |
| de algum lugar | irgendwoher | ['ɪʀgənt·vo'he:ɐ] |
| de algum lugar | von irgendwo | [fɔn ˌɪʀgənt'vo:] |
| | | |
| em primeiro lugar | erstens | ['e:ɐstəns] |
| em segundo lugar | zweitens | ['tsvaɪtəns] |
| em terceiro lugar | drittens | ['dʀɪtəns] |
| | | |
| de repente | plötzlich | ['plœtslɪç] |
| no início | zuerst | [tsu'ʔe:ɐst] |
| pela primeira vez | zum ersten Mal | [tsʊm 'e:ɐstən 'ma:l] |
| muito antes de ... | lange vor ... | ['laŋə fo:ɐ] |
| de novo | von Anfang an | [fɔn 'anˌfaŋ an] |
| para sempre | für immer | [fy:ɐ 'ɪmɐ] |
| | | |
| nunca | nie | [ni:] |
| de novo | wieder | ['vi:dɐ] |

| agora | jetzt | [jɛtst] |
| frequentemente | oft | [ɔft] |
| então | damals | ['da:ma:ls] |
| urgentemente | dringend | ['dʀɪŋənt] |
| normalmente | gewöhnlich | [gə'vø:nlɪç] |

| a propósito, ... | übrigens, ... | ['y:bʀɪgəns] |
| é possível | möglicherweise | ['mø:klɪçe'vaɪzə] |
| provavelmente | wahrscheinlich | [va:ɐ'ʃaɪnlɪç] |
| talvez | vielleicht | [fi'laɪçt] |
| além disso, ... | außerdem ... | ['aʊsɐde:m] |
| por isso ... | deshalb ... | ['dɛs'halp] |
| apesar de ... | trotz ... | [tʀɔts] |
| graças a ... | dank ... | [daŋk] |

| que (pron.) | was | [vas] |
| que (conj.) | das | [das] |
| algo | etwas | ['ɛtvas] |
| alguma coisa | irgendwas | ['ɪʀgənt'vas] |
| nada | nichts | [nɪçts] |

| quem | wer | [ve:ɐ] |
| alguém (~ que ...) | jemand | ['je:mant] |
| alguém (com ~) | irgendwer | ['ɪʀgənt've:ɐ] |

| ninguém | niemand | ['ni:mant] |
| para lugar nenhum | nirgends | ['nɪʀgənts] |
| de ninguém | niemandes | ['ni:mandəs] |
| de alguém | jemandes | ['je:mandəs] |

| tão | so | [zo:] |
| também (gostaria ~ de ...) | auch | ['aʊχ] |
| também (~ eu) | ebenfalls | ['e:bən‚fals] |

## 15. Palavras funcionais. Advérbios. Parte 2

| Por quê? | Warum? | [va'ʀʊm] |
| por alguma razão | aus irgendeinem Grund | ['aʊs 'ɪʀgənt'ʔaɪnəm gʀʊnt] |
| porque ... | weil ... | [vaɪl] |
| por qualquer razão | zu irgendeinem Zweck | [tsu 'ɪʀgənt'ʔaɪnəm tsvɛk] |

| e (tu ~ eu) | und | [ʊnt] |
| ou (ser ~ não ser) | oder | ['o:dɐ] |
| mas (porém) | aber | ['a:bɐ] |
| para (~ a minha mãe) | für | [fy:ɐ] |

| muito, demais | zu | [tsu:] |
| só, somente | nur | [nu:ɐ] |
| exatamente | genau | [gə'naʊ] |
| cerca de (~ 10 kg) | etwa | ['ɛtva] |

| aproximadamente | ungefähr | ['ʊngəfɛ:ɐ] |
| aproximado (adj) | ungefähr | ['ʊngəfɛ:ɐ] |

| quase | fast | [fast] |
|---|---|---|
| resto (m) | Übrige (n) | ['y:brɪgə] |

| o outro (segundo) | der andere | [de:ɐ 'andəʀə] |
|---|---|---|
| outro (adj) | andere | ['andəʀə] |
| cada (adj) | jeder (m) | ['je:dɐ] |
| qualquer (adj) | beliebig | [bɛ'li:bɪç] |
| muito, muitos, muitas | viel | [fi:l] |
| muitas pessoas | viele Menschen | ['fi:lə 'mɛnʃən] |
| todos | alle | ['alə] |

| em troca de ... | im Austausch gegen ... | [ɪm 'aʊsˌtaʊʃ 'ge:gən] |
|---|---|---|
| em troca | dafür | [da'fy:ɐ] |
| à mão | mit der Hand | [mɪt de:ɐ hant] |
| pouco provável | schwerlich | ['ʃve:ɐlɪç] |

| provavelmente | wahrscheinlich | [va:ɐ'ʃaɪnlɪç] |
|---|---|---|
| de propósito | absichtlich | ['apˌzɪçtlɪç] |
| por acidente | zufällig | ['tsu:fɛlɪç] |

| muito | sehr | [ze:ɐ] |
|---|---|---|
| por exemplo | zum Beispiel | [tsʊm 'baɪʃpi:l] |
| entre | zwischen | ['tsvɪʃən] |
| entre (no meio de) | unter | ['ʊntɐ] |
| tanto | so viel | [zo: 'fi:l] |
| especialmente | besonders | [bə'zɔndɐs] |

# Conceitos básicos. Parte 2

## 16. Opostos

| | | |
|---|---|---|
| rico (adj) | reich | [ʀaɪç] |
| pobre (adj) | arm | [aʁm] |
| | | |
| doente (adj) | krank | [kʀaŋk] |
| bem (adj) | gesund | [gə'zʊnt] |
| | | |
| grande (adj) | groß | [gʀo:s] |
| pequeno (adj) | klein | [klaɪn] |
| | | |
| rapidamente | schnell | [ʃnɛl] |
| lentamente | langsam | ['laŋza:m] |
| | | |
| rápido (adj) | schnell | [ʃnɛl] |
| lento (adj) | langsam | ['laŋza:m] |
| | | |
| alegre (adj) | froh | [fʀo:] |
| triste (adj) | traurig | ['tʀaʊʀɪç] |
| | | |
| juntos (ir ~) | zusammen | [tsu'zamən] |
| separadamente | getrennt | [gə'tʀɛnt] |
| | | |
| em voz alta (ler ~) | laut | [laʊt] |
| para si (em silêncio) | still | [ʃtɪl] |
| | | |
| alto (adj) | hoch | [ho:χ] |
| baixo (adj) | niedrig | ['ni:dʀɪç] |
| | | |
| profundo (adj) | tief | [ti:f] |
| raso (adj) | flach | [flaχ] |
| | | |
| sim | ja | [ja:] |
| não | nein | [naɪn] |
| | | |
| distante (adj) | fern | [fɛʁn] |
| próximo (adj) | nah | [na:] |
| | | |
| longe | weit | [vaɪt] |
| à mão, perto | nebenan | [ne:bən'ʔan] |
| | | |
| longo (adj) | lang | [laŋ] |
| curto (adj) | kurz | [kʊʁts] |
| | | |
| bom (bondoso) | gut | [gu:t] |
| mal (adj) | böse | ['bø:zə] |
| | | |
| casado (adj) | verheiratet | [fɛʁ'haɪʀa:tət] |

| | | |
|---|---|---|
| solteiro (adj) | ledig | ['le:dɪç] |
| proibir (vt) | verbieten (vt) | [fɛɐ'bi:tən] |
| permitir (vt) | erlauben (vt) | [ɛɐ'laʊbən] |
| fim (m) | Ende (n) | ['ɛndə] |
| início (m) | Anfang (m) | ['anfaŋ] |
| esquerdo (adj) | link | [lɪŋk] |
| direito (adj) | recht | [ʀɛçt] |
| primeiro (adj) | der erste | [de:ɐ 'ɛʀstə] |
| último (adj) | der letzte | [de:ɐ 'lɛtstə] |
| crime (m) | Verbrechen (n) | [fɛɐ'bʀɛçən] |
| castigo (m) | Bestrafung (f) | [bə'ʃtʀa:fʊŋ] |
| ordenar (vt) | befehlen (vt) | [ˌbə'fe:lən] |
| obedecer (vt) | gehorchen (vi) | [gə'hɔʀçən] |
| reto (adj) | gerade | [gə'ʀa:də] |
| curvo (adj) | krumm | [kʀʊm] |
| paraíso (m) | Paradies (n) | [paʀa'di:s] |
| inferno (m) | Hölle (f) | ['hœlə] |
| nascer (vi) | geboren sein | [gə'bo:ʀən zaɪn] |
| morrer (vi) | sterben (vi) | ['ʃtɛʀbən] |
| forte (adj) | stark | [ʃtaʀk] |
| fraco, débil (adj) | schwach | ['ʃvaχ] |
| velho, idoso (adj) | alt | [alt] |
| jovem (adj) | jung | [jʊŋ] |
| velho (adj) | alt | [alt] |
| novo (adj) | neu | [nɔɪ] |
| duro (adj) | hart | [haʀt] |
| macio (adj) | weich | [vaɪç] |
| quente (adj) | warm | [vaʀm] |
| frio (adj) | kalt | [kalt] |
| gordo (adj) | dick | [dɪk] |
| magro (adj) | mager | ['ma:gə] |
| estreito (adj) | eng | [ɛŋ] |
| largo (adj) | breit | [bʀaɪt] |
| bom (adj) | gut | [gu:t] |
| mau (adj) | schlecht | [ʃlɛçt] |
| valente, corajoso (adj) | tapfer | ['tapfɐ] |
| covarde (adj) | feige | ['faɪgə] |

## 17. Dias da semana

| | | |
|---|---|---|
| segunda-feira (f) | Montag (m) | ['mo:nta:k] |
| terça-feira (f) | Dienstag (m) | ['di:nsta:k] |
| quarta-feira (f) | Mittwoch (m) | ['mɪtvɔχ] |
| quinta-feira (f) | Donnerstag (m) | ['dɔnɛsta:k] |
| sexta-feira (f) | Freitag (m) | ['fʀaɪta:k] |
| sábado (m) | Samstag (m) | ['zamsta:k] |
| domingo (m) | Sonntag (m) | ['zɔnta:k] |
| | | |
| hoje | heute | ['hɔɪtə] |
| amanhã | morgen | ['mɔʁgən] |
| depois de amanhã | übermorgen | ['y:bɐˌmɔʁgən] |
| ontem | gestern | ['gɛstɐn] |
| anteontem | vorgestern | ['fo:ɐgɛstɐn] |
| | | |
| dia (m) | Tag (m) | [ta:k] |
| dia (m) de trabalho | Arbeitstag (m) | ['aʁbaɪtsˌta:k] |
| feriado (m) | Feiertag (m) | ['faɪɐˌta:k] |
| dia (m) de folga | freier Tag (m) | ['fʀaɪɐ ta:k] |
| fim (m) de semana | Wochenende (n) | ['vɔχənˌʔɛndə] |
| | | |
| o dia todo | den ganzen Tag | [den 'gantsən 'ta:k] |
| no dia seguinte | am nächsten Tag | [am 'nɛːçstən ta:k] |
| há dois dias | zwei Tage vorher | [tsvaɪ 'ta:gə 'fo:ɐhe:ɐ] |
| na véspera | am Vortag | [am 'fo:ɐˌta:k] |
| diário (adj) | täglich | ['tɛ:klɪç] |
| todos os dias | täglich | ['tɛ:klɪç] |
| | | |
| semana (f) | Woche (f) | ['vɔχə] |
| na semana passada | letzte Woche | ['lɛtstə 'vɔχə] |
| semana que vem | nächste Woche | ['nɛːçstə 'vɔχə] |
| semanal (adj) | wöchentlich | ['vœçəntlɪç] |
| toda semana | wöchentlich | ['vœçəntlɪç] |
| duas vezes por semana | zweimal pro Woche | ['tsvaɪma:l pʀo 'vɔχə] |
| toda terça-feira | jeden Dienstag | ['je:dən 'di:nsta:k] |

## 18. Horas. Dia e noite

| | | |
|---|---|---|
| manhã (f) | Morgen (m) | ['mɔʁgən] |
| de manhã | morgens | ['mɔʁgəns] |
| meio-dia (m) | Mittag (m) | ['mɪta:k] |
| à tarde | nachmittags | ['na:χmɪˌta:ks] |
| | | |
| tardinha (f) | Abend (m) | ['a:bənt] |
| à tardinha | abends | ['a:bənts] |
| noite (f) | Nacht (f) | [naχt] |
| à noite | nachts | [naχts] |
| meia-noite (f) | Mitternacht (f) | ['mɪtɐˌnaχt] |
| | | |
| segundo (m) | Sekunde (f) | [ze'kʊndə] |
| minuto (m) | Minute (f) | [mi'nu:tə] |
| hora (f) | Stunde (f) | ['ʃtʊndə] |

| | | |
|---|---|---|
| meia hora (f) | **eine halbe Stunde** | ['aɪnə 'halbə 'ʃtʊndə] |
| quarto (m) de hora | **Viertelstunde** (f) | ['fɪʁtəlˌʃtʊndə] |
| quinze minutos | **fünfzehn Minuten** | ['fʏnftseːn mi'nuːtən] |
| vinte e quatro horas | **Tag und Nacht** | ['taːk ʊnt 'naxt] |
| | | |
| nascer (m) do sol | **Sonnenaufgang** (m) | ['zɔnənˌʔaʊfgaŋ] |
| amanhecer (m) | **Morgendämmerung** (f) | ['mɔʁgənˌdɛməʁʊŋ] |
| madrugada (f) | **früher Morgen** (m) | ['fʁyːɐ 'mɔʁgən] |
| pôr-do-sol (m) | **Sonnenuntergang** (m) | ['zɔnənˌʔʊntɐgaŋ] |
| | | |
| de madrugada | **früh am Morgen** | [fʁy: am 'mɔʁgən] |
| esta manhã | **heute morgen** | ['hɔɪtə 'mɔʁgən] |
| amanhã de manhã | **morgen früh** | ['mɔʁgən fʁy:] |
| | | |
| esta tarde | **heute Mittag** | ['hɔɪtə 'mɪtaːk] |
| à tarde | **nachmittags** | ['naːxmɪˌtaːks] |
| amanhã à tarde | **morgen Nachmittag** | ['mɔʁgən 'naːxmɪˌtaːk] |
| | | |
| esta noite, hoje à noite | **heute Abend** | ['hɔɪtə 'aːbənt] |
| amanhã à noite | **morgen Abend** | ['mɔʁgən 'aːbənt] |
| | | |
| às três horas em ponto | **Punkt drei Uhr** | [pʊŋkt dʁaɪ uːɐ] |
| por volta das quatro | **gegen vier Uhr** | ['geːgn fiːɐ uːɐ] |
| às doze | **um zwölf Uhr** | [ʊm tsvœlf uːɐ] |
| | | |
| em vinte minutos | **in zwanzig Minuten** | [ɪn 'tsvantsɪç mi'nuːtən] |
| em uma hora | **in einer Stunde** | [ɪn 'aɪnɐ 'ʃtʊndə] |
| a tempo | **rechtzeitig** | ['ʁɛçtˌtsaɪtɪç] |
| | | |
| … um quarto para | **Viertel vor …** | ['fɪʁtəl foːɐ] |
| dentro de uma hora | **innerhalb einer Stunde** | ['ɪnɐhalp 'aɪnɐ 'ʃtʊndə] |
| a cada quinze minutos | **alle fünfzehn Minuten** | ['alə 'fʏnftseːn mi'nuːtən] |
| as vinte e quatro horas | **Tag und Nacht** | ['taːk ʊnt 'naxt] |

## 19. Meses. Estações

| | | |
|---|---|---|
| janeiro (m) | **Januar** (m) | ['januaːɐ] |
| fevereiro (m) | **Februar** (m) | ['feːbʁuaːɐ] |
| março (m) | **März** (m) | [mɛʁts] |
| abril (m) | **April** (m) | [a'pʁɪl] |
| maio (m) | **Mai** (m) | [maɪ] |
| junho (m) | **Juni** (m) | ['juːni] |
| | | |
| julho (m) | **Juli** (m) | ['juːli] |
| agosto (m) | **August** (m) | [aʊ'gʊst] |
| setembro (m) | **September** (m) | [zɛp'tɛmbɐ] |
| outubro (m) | **Oktober** (m) | [ɔk'toːbɐ] |
| novembro (m) | **November** (m) | [no'vɛmbɐ] |
| dezembro (m) | **Dezember** (m) | [de'tsɛmbɐ] |
| | | |
| primavera (f) | **Frühling** (m) | ['fʁyːlɪŋ] |
| na primavera | **im Frühling** | [ɪm 'fʁyːlɪŋ] |
| primaveril (adj) | **Frühlings-** | ['fʁyːlɪŋs] |
| verão (m) | **Sommer** (m) | ['zɔmɐ] |

| no verão | im Sommer | [ɪm 'zɔmɐ] |
| de verão | Sommer- | ['zɔmɐ] |

| outono (m) | Herbst (m) | [hɛʁpst] |
| no outono | im Herbst | [ɪm hɛʁpst] |
| outonal (adj) | Herbst- | [hɛʁpst] |

| inverno (m) | Winter (m) | ['vɪntɐ] |
| no inverno | im Winter | [ɪm 'vɪntɐ] |
| de inverno | Winter- | ['vɪntɐ] |
| mês (m) | Monat (m) | ['moːnat] |
| este mês | in diesem Monat | [ɪn 'diːzəm 'moːnat] |
| mês que vem | nächsten Monat | ['nɛːçstən 'moːnat] |
| no mês passado | letzten Monat | ['lɛtstən 'moːnat] |

| um mês atrás | vor einem Monat | [foːɐ 'aɪnəm 'moːnat] |
| em um mês | über eine Monat | ['yːbɐ 'aɪnə 'moːnat] |
| em dois meses | in zwei Monaten | [ɪn tsvaɪ 'moːnatən] |
| todo o mês | einen ganzen Monat | ['aɪnən 'gantsən 'moːnat] |
| um mês inteiro | den ganzen Monat | [deːn 'gantsən 'moːnat] |

| mensal (adj) | monatlich | ['moːnatlɪç] |
| mensalmente | monatlich | ['moːnatlɪç] |
| todo mês | jeden Monat | ['jeːdən 'moːnat] |
| duas vezes por mês | zweimal pro Monat | ['tsvaɪmaːl pʁɔ 'moːnat] |

| ano (m) | Jahr (n) | [jaːɐ] |
| este ano | dieses Jahr | ['diːzəs jaːɐ] |
| ano que vem | nächstes Jahr | ['nɛːçstəs jaːɐ] |
| no ano passado | voriges Jahr | ['foːʁɪgəs jaːɐ] |
| há um ano | vor einem Jahr | [foːɐ 'aɪnəm jaːɐ] |
| em um ano | in einem Jahr | [ɪn 'aɪnəm jaːɐ] |
| dentro de dois anos | in zwei Jahren | [ɪn tsvaɪ 'jaːʁən] |
| todo o ano | ein ganzes Jahr | [aɪn 'gantsəs jaːɐ] |
| um ano inteiro | das ganze Jahr | [das 'gantsə jaːɐ] |

| cada ano | jedes Jahr | ['jeːdəs jaːɐ] |
| anual (adj) | jährlich | ['jɛːɐlɪç] |
| anualmente | jährlich | ['jɛːɐlɪç] |
| quatro vezes por ano | viermal pro Jahr | ['fiːɐmaːl pʁɔ jaːɐ] |

| data (~ de hoje) | Datum (n) | ['daːtʊm] |
| data (ex. ~ de nascimento) | Datum (n) | ['daːtʊm] |
| calendário (m) | Kalender (m) | [ka'lɛndɐ] |

| meio ano | ein halbes Jahr | [aɪn 'halbəs jaːɐ] |
| seis meses | Halbjahr (n) | ['halpˌjaːɐ] |
| estação (f) | Saison (f) | [zɛ'zɔŋ] |
| século (m) | Jahrhundert (n) | [jaːɐ'hʊndɐt] |

## 20. Tempo. Diversos

| tempo (m) | Zeit (f) | [tsaɪt] |
| momento (m) | Augenblick (m) | [ˌaʊgən'blɪk] |

| | | |
|---|---|---|
| instante (m) | Moment (m) | [mo'mɛnt] |
| instantâneo (adj) | augenblicklich | [ˌaʊɡən'blɪklɪç] |
| lapso (m) de tempo | Zeitspanne (f) | ['tsaɪtʃpanə] |
| vida (f) | Leben (n) | ['le:bən] |
| eternidade (f) | Ewigkeit (f) | ['e:vɪçkaɪt] |

| | | |
|---|---|---|
| época (f) | Epoche (f) | [e'pɔχə] |
| era (f) | Ära (f) | ['ɛːʀa] |
| ciclo (m) | Zyklus (m) | ['tsy:klʊs] |
| período (m) | Periode (f) | [pe'ʀɪoːdə] |
| prazo (m) | Frist (f) | [fʀɪst] |

| | | |
|---|---|---|
| futuro (m) | Zukunft (f) | ['tsuːˌkʊnft] |
| futuro (adj) | zukünftig | ['tsuːˌkʏnftɪç] |
| da próxima vez | nächstes Mal | ['nɛːçstəs mal] |
| passado (m) | Vergangenheit (f) | [ˌfɛɐ'ɡaŋənhaɪt] |
| passado (adj) | vorig | ['foːʀɪç] |
| na última vez | letztes Mal | ['lɛtstəs maːl] |
| mais tarde | später | ['ʃpɛːtɐ] |
| depois de ... | danach | [da'naːχ] |
| atualmente | zur Zeit | [tsuːɐ 'tsaɪt] |
| agora | jetzt | [jɛtst] |
| imediatamente | sofort | [zo'foʁt] |
| em breve | bald | [balt] |
| de antemão | im Voraus | [ɪm fo'ʀaʊs] |

| | | |
|---|---|---|
| há muito tempo | lange her | ['laŋə heːɐ] |
| recentemente | vor kurzem | [foːɐ 'kʊʁtsəm] |
| destino (m) | Schicksal (n) | ['ʃɪkˌzaːl] |
| recordações (f pl) | Erinnerungen (pl) | [ɛɐ'ʔɪnəʀʊŋən] |
| arquivo (m) | Archiv (n) | [aʁ'çiːf] |
| durante ... | während ... | ['vɛːʀənt] |
| durante muito tempo | lange | ['laŋə] |
| pouco tempo | nicht lange | [nɪçt 'laŋə] |
| cedo (levantar-se ~) | früh | [fʀyː] |
| tarde (deitar-se ~) | spät | [ʃpɛːt] |

| | | |
|---|---|---|
| para sempre | für immer | [fyːɐ 'ɪmɐ] |
| começar (vt) | beginnen (vt) | [bə'ɡɪnən] |
| adiar (vt) | verschieben (vt) | [fɛɐ'ʃiːbən] |

| | | |
|---|---|---|
| ao mesmo tempo | gleichzeitig | ['ɡlaɪçˌtsaɪtɪç] |
| permanentemente | ständig | ['ʃtɛndɪç] |
| constante (~ ruído, etc.) | konstant | [kɔn'stant] |
| temporário (adj) | zeitweilig | ['tsaɪtvaɪlɪç] |

| | | |
|---|---|---|
| às vezes | manchmal | ['mançmaːl] |
| raras vezes, raramente | selten | ['zɛltən] |
| frequentemente | oft | [ɔft] |

## 21. Linhas e formas

| | | |
|---|---|---|
| quadrado (m) | Quadrat (n) | [kva'dʀaːt] |
| quadrado (adj) | quadratisch | [kva'dʀaːtɪʃ] |

| | | |
|---|---|---|
| círculo (m) | **Kreis** (m) | [kʀaɪs] |
| redondo (adj) | **rund** | [ʀʊnt] |
| triângulo (m) | **Dreieck** (n) | ['dʀaɪʔɛk] |
| triangular (adj) | **dreieckig** | ['dʀaɪʔɛkɪç] |

| | | |
|---|---|---|
| oval (f) | **Oval** (n) | [o'va:l] |
| oval (adj) | **oval** | [o'va:l] |
| retângulo (m) | **Rechteck** (n) | ['ʀɛçt?ɛk] |
| retangular (adj) | **rechteckig** | ['ʀɛçt?ɛkɪç] |

| | | |
|---|---|---|
| pirâmide (f) | **Pyramide** (f) | [pyʀa'mi:də] |
| losango (m) | **Rhombus** (m) | ['ʀɔmbʊs] |
| trapézio (m) | **Trapez** (n) | [tʀa'pe:ts] |
| cubo (m) | **Würfel** (m) | ['vʏʀfəl] |
| prisma (m) | **Prisma** (n) | ['pʀɪsma] |

| | | |
|---|---|---|
| circunferência (f) | **Kreis** (m) | [kʀaɪs] |
| esfera (f) | **Sphäre** (f) | ['sfɛ:ʀə] |
| globo (m) | **Kugel** (f) | ['ku:gəl] |
| diâmetro (m) | **Durchmesser** (m) | ['dʊʀç͜mɛsɐ] |
| raio (m) | **Radius** (m) | ['ʀa:dɪʊs] |
| perímetro (m) | **Umfang** (m) | ['ʊmfaŋ] |
| centro (m) | **Zentrum** (n) | ['tsɛntʀʊm] |

| | | |
|---|---|---|
| horizontal (adj) | **waagerecht** | ['va:gəʀɛçt] |
| vertical (adj) | **senkrecht** | ['zɛŋkʀɛçt] |
| paralela (f) | **Parallele** (f) | [paʀa'le:lə] |
| paralelo (adj) | **parallel** | [paʀa'le:l] |

| | | |
|---|---|---|
| linha (f) | **Linie** (f) | ['li:niə] |
| traço (m) | **Strich** (m) | [ʃtʀɪç] |
| reta (f) | **Gerade** (f) | [gə'ʀa:də] |
| curva (f) | **Kurve** (f) | ['kʊʀvə] |
| fino (linha ~a) | **dünn** | [dʏn] |
| contorno (m) | **Kontur** (m, f) | [kɔn'tu:ɐ] |

| | | |
|---|---|---|
| interseção (f) | **Schnittpunkt** (m) | ['ʃnɪt͜pʊŋkt] |
| ângulo (m) reto | **rechter Winkel** (m) | ['ʀɛçtɐ 'vɪŋkəl] |
| segmento (m) | **Segment** (n) | [zɛ'gmɛnt] |
| setor (m) | **Sektor** (m) | ['zɛkto:ɐ] |
| lado (de um triângulo, etc.) | **Seite** (f) | ['zaɪtə] |
| ângulo (m) | **Winkel** (m) | ['vɪŋkəl] |

## 22. Unidades de medida

| | | |
|---|---|---|
| peso (m) | **Gewicht** (n) | [gə'vɪçt] |
| comprimento (m) | **Länge** (f) | ['lɛŋə] |
| largura (f) | **Breite** (f) | ['bʀaɪtə] |
| altura (f) | **Höhe** (f) | ['hø:ə] |
| profundidade (f) | **Tiefe** (f) | ['ti:fə] |
| volume (m) | **Volumen** (n) | [vo'lu:mən] |
| área (f) | **Fläche** (f) | ['flɛçə] |
| grama (m) | **Gramm** (n) | [gʀam] |
| miligrama (m) | **Milligramm** (n) | ['mɪli͜gʀam] |

| quilograma (m) | Kilo (n) | ['ki:lo] |
| tonelada (f) | Tonne (f) | ['tɔnə] |
| libra (453,6 gramas) | Pfund (n) | [pfʊnt] |
| onça (f) | Unze (f) | ['ʊntsə] |

| metro (m) | Meter (m, n) | ['me:tɐ] |
| milímetro (m) | Millimeter (m) | ['mɪliˌme:tɐ] |
| centímetro (m) | Zentimeter (m, n) | [ˌtsɛnti'me:tɐ] |
| quilômetro (m) | Kilometer (m) | [ˌkilo'me:tɐ] |
| milha (f) | Meile (f) | ['maɪlə] |

| polegada (f) | Zoll (m) | [tsɔl] |
| pé (304,74 mm) | Fuß (m) | [fu:s] |
| jarda (914,383 mm) | Yard (n) | [ja:et] |

| metro (m) quadrado | Quadratmeter (m) | [kva'dʀa:tˌme:tɐ] |
| hectare (m) | Hektar (n) | ['hɛkta:ɐ] |

| litro (m) | Liter (m, n) | ['li:tɐ] |
| grau (m) | Grad (m) | [gʀa:t] |
| volt (m) | Volt (n) | [vɔlt] |
| ampère (m) | Ampere (n) | [am'pe:ɐ] |
| cavalo (m) de potência | Pferdestärke (f) | ['pfe:ɐdəˌʃtɛʁkə] |

| quantidade (f) | Anzahl (f) | ['antsa:l] |
| um pouco de ... | etwas ... | ['ɛtvas] |
| metade (f) | Hälfte (f) | ['hɛlftə] |
| dúzia (f) | Dutzend (n) | ['dʊtsənt] |
| peça (f) | Stück (n) | [ʃtʏk] |

| tamanho (m), dimensão (f) | Größe (f) | ['gʀø:sə] |
| escala (f) | Maßstab (m) | ['ma:sˌʃta:p] |

| mínimo (adj) | minimal | [mini'ma:l] |
| menor, mais pequeno | der kleinste | [de:ɐ 'klaɪnstə] |
| médio (adj) | mittler, mittel- | ['mɪtlɐ], ['mɪtəl] |
| máximo (adj) | maximal | [maksi'ma:l] |
| maior, mais grande | der größte | [de:ɐ 'gʀø:stə] |

## 23. Recipientes

| pote (m) de vidro | Glas (n) | [gla:s] |
| lata (~ de cerveja) | Dose (f) | ['do:zə] |
| balde (m) | Eimer (m) | ['aɪmɐ] |
| barril (m) | Fass (n), Tonne (f) | [fas], ['tɔnə] |

| bacia (~ de plástico) | Waschschüssel (n) | ['vaʃʃʏsəl] |
| tanque (m) | Tank (m) | [taŋk] |
| cantil (m) de bolso | Flachmann (m) | ['flaxman] |
| galão (m) de gasolina | Kanister (m) | [ka'nɪstɐ] |
| cisterna (f) | Zisterne (f) | [tsɪs'tɛʁnə] |

| caneca (f) | Kaffeebecher (m) | ['kafeˌbɛçɐ] |
| xícara (f) | Tasse (f) | ['tasə] |

| | | |
|---|---|---|
| pires (m) | Untertasse (f) | ['ʊntɐˌtasə] |
| copo (m) | Wasserglas (n) | ['vasɐˌglaːs] |
| taça (f) de vinho | Weinglas (n) | ['vaɪnˌglaːs] |
| panela (f) | Kochtopf (m) | ['kɔχˌtɔpf] |

| | | |
|---|---|---|
| garrafa (f) | Flasche (f) | ['flaʃə] |
| gargalo (m) | Flaschenhals (m) | ['flaʃənˌhals] |

| | | |
|---|---|---|
| jarra (f) | Karaffe (f) | [ka'ʀafə] |
| jarro (m) | Tonkrug (m) | ['toːnˌkʀuːk] |
| recipiente (m) | Gefäß (n) | [gə'fɛːs] |
| pote (m) | Tontopf (m) | ['toːnˌtɔpf] |
| vaso (m) | Vase (f) | ['vaːzə] |

| | | |
|---|---|---|
| frasco (~ de perfume) | Flakon (n) | [fla'kɔŋ] |
| frasquinho (m) | Fläschchen (n) | ['flɛʃçən] |
| tubo (m) | Tube (f) | ['tuːbə] |

| | | |
|---|---|---|
| saco (ex. ~ de açúcar) | Sack (m) | [zak] |
| sacola (~ plastica) | Tüte (f) | ['tyːtə] |
| maço (de cigarros, etc.) | Schachtel (f) | ['ʃaχtəl] |

| | | |
|---|---|---|
| caixa (~ de sapatos, etc.) | Karton (m) | [kaʀ'tɔŋ] |
| caixote (~ de madeira) | Kiste (f) | ['kɪstə] |
| cesto (m) | Korb (m) | [kɔʀp] |

## 24. Materiais

| | | |
|---|---|---|
| material (m) | Stoff (n) | [ʃtɔf] |
| madeira (f) | Holz (n) | [hɔlts] |
| de madeira | hölzern | ['hœltsɐn] |

| | | |
|---|---|---|
| vidro (m) | Glas (n) | [glaːs] |
| de vidro | gläsern, Glas- | ['glɛːzɐn], [glaːs] |

| | | |
|---|---|---|
| pedra (f) | Stein (m) | [ʃtaɪn] |
| de pedra | steinern | ['ʃtaɪnɐn] |

| | | |
|---|---|---|
| plástico (m) | Kunststoff (m) | ['kʊnstʃtɔf] |
| plástico (adj) | Kunststoff- | ['kʊnstʃtɔf] |

| | | |
|---|---|---|
| borracha (f) | Gummi (m, n) | ['gʊmi] |
| de borracha | Gummi- | ['gʊmi] |

| | | |
|---|---|---|
| tecido, pano (m) | Stoff (m) | [ʃtɔf] |
| de tecido | aus Stoff | ['aʊs ʃtɔf] |

| | | |
|---|---|---|
| papel (m) | Papier (n) | [pa'piːɐ] |
| de papel | Papier- | [pa'piːɐ] |

| | | |
|---|---|---|
| papelão (m) | Pappe (f) | ['papə] |
| de papelão | Pappen- | ['papən] |
| polietileno (m) | Polyäthylen (n) | [polyʔɛty'leːn] |
| celofane (m) | Zellophan (n) | [tsɛlo'faːn] |

| linóleo (m) | Linoleum (n) | [li'no:leʊm] |
| madeira (f) compensada | Furnier (n) | [fʊʁ'ni:ɐ] |

| porcelana (f) | Porzellan (n) | [pɔʁtsɛ'la:n] |
| de porcelana | aus Porzellan | ['aʊs pɔʁtsɛ'la:n] |
| argila (f), barro (m) | Ton (m) | [to:n] |
| de barro | Ton- | [to:n] |
| cerâmica (f) | Keramik (f) | [ke'ʀa:mɪk] |
| de cerâmica | keramisch | [ke'ʀa:mɪʃ] |

## 25. Metais

| metal (m) | Metall (n) | [me'tal] |
| metálico (adj) | metallisch, Metall- | [me'talɪʃ], [me'tal] |
| liga (f) | Legierung (f) | [le'gi:ʀʊŋ] |

| ouro (m) | Gold (n) | [gɔlt] |
| de ouro | golden | ['gɔldən] |
| prata (f) | Silber (n) | ['zɪlbɐ] |
| de prata | silbern, Silber- | ['zɪlbɐn], ['zɪlbɐ] |

| ferro (m) | Eisen (n) | ['aɪzən] |
| de ferro | eisern, Eisen- | ['aɪzɐn], ['aɪzən] |
| aço (m) | Stahl (m) | [ʃta:l] |
| de aço (adj) | stählern | ['ʃtɛ:lɐn] |
| cobre (m) | Kupfer (n) | ['kʊpfɐ] |
| de cobre | kupfern, Kupfer- | ['kʊpfɐn], ['kʊpfɐ] |

| alumínio (m) | Aluminium (n) | [alu'mi:njʊm] |
| de alumínio | Aluminium- | [alu'mi:njʊm] |
| bronze (m) | Bronze (f) | ['bʀɔŋsə] |
| de bronze | bronzen | ['bʀɔŋsɐn] |

| latão (m) | Messing (n) | ['mɛsɪŋ] |
| níquel (m) | Nickel (n) | ['nɪkəl] |
| platina (f) | Platin (n) | ['pla:ti:n] |
| mercúrio (m) | Quecksilber (n) | ['kvɛkˌzɪlbɐ] |
| estanho (m) | Zinn (n) | [tsɪn] |
| chumbo (m) | Blei (n) | [blaɪ] |
| zinco (m) | Zink (n) | [tsɪŋk] |

# O SER HUMANO

## O ser humano. O corpo

### 26. Humanos. Conceitos básicos

| | | |
|---|---|---|
| ser (m) humano | **Mensch** (m) | [mɛnʃ] |
| homem (m) | **Mann** (m) | [man] |
| mulher (f) | **Frau** (f) | [fʀaʊ] |
| criança (f) | **Kind** (n) | [kɪnt] |
| | | |
| menina (f) | **Mädchen** (n) | ['mɛ:tçən] |
| menino (m) | **Junge** (m) | ['jʊŋə] |
| adolescente (m) | **Teenager** (m) | ['ti:ne:dʒɐ] |
| velho (m) | **Greis** (m) | [gʀaɪs] |
| velha (f) | **alte Frau** (f) | ['altə 'fʀaʊ] |

### 27. Anatomia humana

| | | |
|---|---|---|
| organismo (m) | **Organismus** (m) | [ˌɔʀga'nɪsmʊs] |
| coração (m) | **Herz** (n) | [hɛʀts] |
| sangue (n) | **Blut** (n) | [blu:t] |
| artéria (f) | **Arterie** (f) | [aʀ'te:ʀiə] |
| veia (f) | **Vene** (f) | ['ve:nə] |
| | | |
| cérebro (m) | **Gehirn** (n) | [gə'hɪʀn] |
| nervo (m) | **Nerv** (m) | [nɛʀf] |
| nervos (m pl) | **Nerven** (pl) | ['nɛʀfən] |
| vértebra (f) | **Wirbel** (m) | ['vɪʀbəl] |
| coluna (f) vertebral | **Wirbelsäule** (f) | ['vɪʀbəlˌzɔɪlə] |
| | | |
| estômago (m) | **Magen** (m) | ['ma:gən] |
| intestinos (m pl) | **Gedärm** (n) | [gə'dɛʀm] |
| intestino (m) | **Darm** (m) | [daʀm] |
| fígado (m) | **Leber** (f) | ['le:bɐ] |
| rim (m) | **Niere** (f) | ['ni:ʀə] |
| | | |
| osso (m) | **Knochen** (m) | ['knɔχən] |
| esqueleto (m) | **Skelett** (n) | [ske'lɛt] |
| costela (f) | **Rippe** (f) | ['ʀɪpə] |
| crânio (m) | **Schädel** (m) | ['ʃɛ:dəl] |
| | | |
| músculo (m) | **Muskel** (m) | ['mʊskəl] |
| bíceps (m) | **Bizeps** (m) | ['bi:tsɛps] |
| tríceps (m) | **Trizeps** (m) | ['tʀi:tsɛps] |
| tendão (m) | **Sehne** (f) | ['ze:nə] |
| articulação (f) | **Gelenk** (n) | [gə'lɛŋk] |

| | | |
|---|---|---|
| pulmões (m pl) | Lungen (pl) | ['lʊŋən] |
| órgãos (m pl) genitais | Geschlechtsorgane (pl) | [gə'ʃlɛçts?ɔʁˌga:nə] |
| pele (f) | Haut (f) | [haʊt] |

## 28. Cabeça

| | | |
|---|---|---|
| cabeça (f) | Kopf (m) | [kɔpf] |
| rosto, cara (f) | Gesicht (n) | [gə'zɪçt] |
| nariz (m) | Nase (f) | ['na:zə] |
| boca (f) | Mund (m) | [mʊnt] |

| | | |
|---|---|---|
| olho (m) | Auge (n) | ['aʊgə] |
| olhos (m pl) | Augen (pl) | ['aʊgən] |
| pupila (f) | Pupille (f) | [pu'pɪlə] |
| sobrancelha (f) | Augenbraue (f) | ['aʊgənˌbʁaʊə] |
| cílio (f) | Wimper (f) | ['vɪmpə] |
| pálpebra (f) | Augenlid (n) | ['aʊgənˌli:t] |

| | | |
|---|---|---|
| língua (f) | Zunge (f) | ['tsʊŋə] |
| dente (m) | Zahn (m) | [tsa:n] |
| lábios (m pl) | Lippen (pl) | ['lɪpən] |
| maçãs (f pl) do rosto | Backenknochen (pl) | ['bakənˌknɔχən] |
| gengiva (f) | Zahnfleisch (n) | ['tsa:nˌflaɪʃ] |
| palato (m) | Gaumen (m) | ['gaʊmən] |

| | | |
|---|---|---|
| narinas (f pl) | Nasenlöcher (pl) | ['na:zənˌlœçə] |
| queixo (m) | Kinn (n) | [kɪn] |
| mandíbula (f) | Kiefer (m) | ['ki:fə] |
| bochecha (f) | Wange (f) | ['vaŋə] |

| | | |
|---|---|---|
| testa (f) | Stirn (f) | [ʃtɪʁn] |
| têmpora (f) | Schläfe (f) | ['ʃlɛ:fə] |
| orelha (f) | Ohr (n) | [o:ɐ] |
| costas (f pl) da cabeça | Nacken (m) | ['nakən] |
| pescoço (m) | Hals (m) | [hals] |
| garganta (f) | Kehle (f) | ['ke:lə] |

| | | |
|---|---|---|
| cabelo (m) | Haare (pl) | ['ha:ʁə] |
| penteado (m) | Frisur (f) | [ˌfʁi'zu:ɐ] |
| corte (m) de cabelo | Haarschnitt (m) | ['ha:ɐˌʃnɪt] |
| peruca (f) | Perücke (f) | [pe'ʁʏkə] |

| | | |
|---|---|---|
| bigode (m) | Schnurrbart (m) | ['ʃnʊʁˌba:ɐt] |
| barba (f) | Bart (m) | [ba:ɐt] |
| ter (~ barba, etc.) | haben (vt) | [ha:bən] |
| trança (f) | Zopf (m) | [tsɔpf] |
| suíças (f pl) | Backenbart (m) | ['bakənˌba:ɐt] |

| | | |
|---|---|---|
| ruivo (adj) | rothaarig | ['ʁo:tˌha:ʁɪç] |
| grisalho (adj) | grau | [gʁaʊ] |
| careca (adj) | kahl | [ka:l] |
| calva (f) | Glatze (f) | ['glatsə] |
| rabo-de-cavalo (m) | Pferdeschwanz (m) | ['pfe:ɐdəˌʃvants] |
| franja (f) | Pony (m) | ['pɔni] |

## 29. Corpo humano

| | | |
|---|---|---|
| mão (f) | **Hand** (f) | [hant] |
| braço (m) | **Arm** (m) | [aʁm] |

| | | |
|---|---|---|
| dedo (m) | **Finger** (m) | ['fɪŋɐ] |
| dedo (m) do pé | **Zehe** (f) | ['tse:ə] |
| polegar (m) | **Daumen** (m) | ['daʊmən] |
| dedo (m) mindinho | **kleiner Finger** (m) | ['klaɪnɐ 'fɪŋɐ] |
| unha (f) | **Nagel** (m) | ['na:gəl] |

| | | |
|---|---|---|
| punho (m) | **Faust** (f) | [faʊst] |
| palma (f) | **Handfläche** (f) | ['hant·ˌflɛçə] |
| pulso (m) | **Handgelenk** (n) | ['hant·gəˌlɛŋk] |
| antebraço (m) | **Unterarm** (m) | ['ʊntɐˌʔaʁm] |
| cotovelo (m) | **Ellbogen** (m) | ['ɛlˌbo:gən] |
| ombro (m) | **Schulter** (f) | ['ʃʊltɐ] |

| | | |
|---|---|---|
| perna (f) | **Bein** (n) | [baɪn] |
| pé (m) | **Fuß** (m) | [fu:s] |
| joelho (m) | **Knie** (n) | [kni:] |
| panturrilha (f) | **Wade** (f) | ['va:də] |
| quadril (m) | **Hüfte** (f) | ['hʏftə] |
| calcanhar (m) | **Ferse** (f) | ['fɛʁzə] |

| | | |
|---|---|---|
| corpo (m) | **Körper** (m) | ['kœʁpɐ] |
| barriga (f), ventre (m) | **Bauch** (m) | ['baʊx] |
| peito (m) | **Brust** (f) | [bʁʊst] |
| seio (m) | **Busen** (m) | ['bu:zən] |
| lado (m) | **Seite** (f), **Flanke** (f) | ['zaɪtə], ['flaŋkə] |
| costas (dorso) | **Rücken** (m) | ['ʁʏkən] |
| região (f) lombar | **Kreuz** (n) | [kʁɔɪts] |
| cintura (f) | **Taille** (f) | ['taljə] |

| | | |
|---|---|---|
| umbigo (m) | **Nabel** (m) | ['na:bəl] |
| nádegas (f pl) | **Gesäßbacken** (pl) | [gə'zɛ:s·bakən] |
| traseiro (m) | **Hinterteil** (n) | ['hɪntɐˌtaɪl] |

| | | |
|---|---|---|
| sinal (m), pinta (f) | **Leberfleck** (m) | ['le:bɐˌflɛk] |
| sinal (m) de nascença | **Muttermal** (n) | ['mu:tɐˌma:l] |
| tatuagem (f) | **Tätowierung** (f) | [tɛto'vi:ʁʊŋ] |
| cicatriz (f) | **Narbe** (f) | ['naʁbə] |

# Vestuário & Acessórios

## 30. Roupa exterior. Casacos

| | | |
|---|---|---|
| roupa (f) | Kleidung (f) | ['klaɪdʊŋ] |
| roupa (f) exterior | Oberkleidung (f) | ['o:bɐˌklaɪdʊŋ] |
| roupa (f) de inverno | Winterkleidung (f) | ['vɪntɐˌklaɪdʊŋ] |
| | | |
| sobretudo (m) | Mantel (m) | ['mantəl] |
| casaco (m) de pele | Pelzmantel (m) | ['pɛltsˌmantəl] |
| jaqueta (f) de pele | Pelzjacke (f) | ['pɛltsˌjakə] |
| casaco (m) acolchoado | Daunenjacke (f) | ['daʊnənˌjakə] |
| | | |
| casaco (m), jaqueta (f) | Jacke (f) | ['jakə] |
| impermeável (m) | Regenmantel (m) | ['ʀe:gənˌmantəl] |
| a prova d'água | wasserdicht | ['vasɐˌdɪçt] |

## 31. Vestuário de homem & mulher

| | | |
|---|---|---|
| camisa (f) | Hemd (n) | [hɛmt] |
| calça (f) | Hose (f) | ['ho:zə] |
| jeans (m) | Jeans (f) | [dʒi:ns] |
| paletó, terno (m) | Jackett (n) | [ʒa'kɛt] |
| terno (m) | Anzug (m) | ['anˌtsu:k] |
| | | |
| vestido (ex. ~ de noiva) | Kleid (n) | [klaɪt] |
| saia (f) | Rock (m) | [ʀɔk] |
| blusa (f) | Bluse (f) | ['blu:zə] |
| casaco (m) de malha | Strickjacke (f) | ['ʃtʀɪkˌjakə] |
| casaco, blazer (m) | Jacke (f) | ['jakə] |
| | | |
| camiseta (f) | T-Shirt (n) | ['ti:ˌʃø:ɐt] |
| short (m) | Shorts (pl) | [ʃɔɐts] |
| training (m) | Sportanzug (m) | ['ʃpɔɐtˌantsu:k] |
| roupão (m) de banho | Bademantel (m) | ['ba:dəˌmantəl] |
| pijama (m) | Schlafanzug (m) | ['ʃla:fʔanˌtsu:k] |
| | | |
| suéter (m) | Sweater (m) | ['swɛtɐ] |
| pulôver (m) | Pullover (m) | [pʊ'lo:vɐ] |
| | | |
| colete (m) | Weste (f) | ['vɛstə] |
| fraque (m) | Frack (m) | [fʀak] |
| smoking (m) | Smoking (m) | ['smo:kɪŋ] |
| | | |
| uniforme (m) | Uniform (f) | ['ʊniˌfɔɐm] |
| roupa (f) de trabalho | Arbeitskleidung (f) | ['aɐbaɪtsˌklaɪdʊŋ] |
| macacão (m) | Overall (m) | ['o:vɐʀal] |
| jaleco (m), bata (f) | Kittel (m) | ['kɪtəl] |

## 32. Vestuário. Roupa interior

| | | |
|---|---|---|
| roupa (f) íntima | Unterwäsche (f) | ['ʊntɐˌvɛʃə] |
| cueca boxer (f) | Herrenslip (m) | ['hɛʀənˌslɪp] |
| calcinha (f) | Damenslip (m) | ['daːmənˌslɪp] |
| camiseta (f) | Unterhemd (n) | ['ʊntɐˌhɛmt] |
| meias (f pl) | Socken (pl) | ['zɔkən] |
| | | |
| camisola (f) | Nachthemd (n) | ['naxtˌhɛmt] |
| sutiã (m) | Büstenhalter (m) | ['bystənˌhaltɐ] |
| meias longas (f pl) | Kniestrümpfe (pl) | ['kniːʃtʀympfə] |
| meias-calças (f pl) | Strumpfhose (f) | ['ʃtʀʊmpfˌhoːzə] |
| meias (~ de nylon) | Strümpfe (pl) | ['ʃtʀympfə] |
| maiô (m) | Badeanzug (m) | ['baːdəˌʔantsuːk] |

## 33. Adereços de cabeça

| | | |
|---|---|---|
| chapéu (m), touca (f) | Mütze (f) | ['mʏtsə] |
| chapéu (m) de feltro | Filzhut (m) | ['fɪltsˌhuːt] |
| boné (m) de beisebol | Baseballkappe (f) | ['bɛɪsbɔːlˌkapə] |
| boina (~ italiana) | Schiebermütze (f) | ['ʃiːbɐˌmʏtsə] |
| | | |
| boina (ex. ~ basca) | Baskenmütze (f) | ['baskənˌmʏtsə] |
| capuz (m) | Kapuze (f) | [ka'puːtsə] |
| chapéu panamá (m) | Panamahut (m) | ['panamaːˌhuːt] |
| touca (f) | Strickmütze (f) | ['ʃtʀɪkˌmʏtsə] |
| | | |
| lenço (m) | Kopftuch (n) | ['kɔpfˌtuːx] |
| chapéu (m) feminino | Damenhut (m) | ['daːmənˌhuːt] |
| | | |
| capacete (m) de proteção | Schutzhelm (m) | ['ʃʊtsˌhɛlm] |
| bibico (m) | Feldmütze (f) | ['fɛltˌmʏtsə] |
| capacete (m) | Helm (m) | [hɛlm] |
| | | |
| chapéu-coco (m) | Melone (f) | [me'loːnə] |
| cartola (f) | Zylinder (m) | [tsy'lɪndɐ] |

## 34. Calçado

| | | |
|---|---|---|
| calçado (m) | Schuhe (pl) | ['ʃuːə] |
| botinas (f pl), sapatos (m pl) | Stiefeletten (pl) | [ʃtiːfə'lɛtən] |
| sapatos (de salto alto, etc.) | Halbschuhe (pl) | ['halpˌʃuːə] |
| botas (f pl) | Stiefel (pl) | ['ʃtiːfəl] |
| pantufas (f pl) | Hausschuhe (pl) | ['haʊsˌʃuːə] |
| | | |
| tênis (~ Nike, etc.) | Tennisschuhe (pl) | ['tɛnɪsˌʃuːə] |
| tênis (~ Converse) | Leinenschuhe (pl) | ['laɪnənˌʃuːə] |
| sandálias (f pl) | Sandalen (pl) | [zan'daːlən] |
| | | |
| sapateiro (m) | Schuster (m) | ['ʃuːstɐ] |
| salto (m) | Absatz (m) | ['apˌzats] |

| par (m) | Paar (n) | [pa:ɐ] |
| cadarço (m) | Schnürsenkel (m) | ['ʃny:ɐˌsɛŋkəl] |
| amarrar os cadarços | schnüren (vt) | ['ʃny:Rən] |
| calçadeira (f) | Schuhlöffel (m) | ['ʃu:ˌlœfəl] |
| graxa (f) para calçado | Schuhcreme (f) | ['ʃu:ˌkRɛ:m] |

## 35. Têxtil. Tecidos

| algodão (m) | Baumwolle (f) | ['baʊmˌvɔlə] |
| de algodão | Baumwolle- | ['baʊmˌvɔlə] |
| linho (m) | Leinen (m) | ['laɪnən] |
| de linho | Leinen- | ['laɪnən] |

| seda (f) | Seide (f) | ['zaɪdə] |
| de seda | Seiden- | ['zaɪdən] |
| lã (f) | Wolle (f) | ['vɔlə] |
| de lã | Woll- | ['vɔl] |

| veludo (m) | Samt (m) | [zamt] |
| camurça (f) | Wildleder (n) | ['vɪltˌle:dɐ] |
| veludo (m) cotelê | Cord (m) | [kɔʁt] |

| nylon (m) | Nylon (n) | ['naɪlɔn] |
| de nylon | Nylon- | ['naɪlɔn] |
| poliéster (m) | Polyester (m) | [polɪˈɛstɐ] |
| de poliéster | Polyester- | [polɪˈɛstɐ] |

| couro (m) | Leder (n) | ['le:dɐ] |
| de couro | Leder | ['le:dɐ] |
| pele (f) | Pelz (m) | [pɛlts] |
| de pele | Pelz- | [pɛlts] |

## 36. Acessórios pessoais

| luva (f) | Handschuhe (pl) | ['hantʃu:ə] |
| mitenes (f pl) | Fausthandschuhe (pl) | ['faʊst·hantʃu:ə] |
| cachecol (m) | Schal (m) | [ʃa:l] |

| óculos (m pl) | Brille (f) | ['bRɪlə] |
| armação (f) | Brillengestell (n) | ['bRɪlən·gəˈʃtɛl] |
| guarda-chuva (m) | Regenschirm (m) | ['Re:gənˌʃɪʁm] |
| bengala (f) | Spazierstock (m) | [ʃpaˈtsi:ɐˌʃtɔk] |
| escova (f) para o cabelo | Haarbürste (f) | ['ha:ɐˌbyʁstə] |
| leque (m) | Fächer (m) | ['fɛçɐ] |

| gravata (f) | Krawatte (f) | [kRaˈvatə] |
| gravata-borboleta (f) | Fliege (f) | ['fli:gə] |
| suspensórios (m pl) | Hosenträger (pl) | ['ho:zənˌtRɛ:gɐ] |
| lenço (m) | Taschentuch (n) | ['taʃənˌtu:χ] |

| pente (m) | Kamm (m) | [kam] |
| fivela (f) para cabelo | Haarspange (f) | ['ha:ɐʃpaŋə] |

| grampo (m) | Haarnadel (f) | ['ha:ɐˌna:dəl] |
| fivela (f) | Schnalle (f) | ['ʃnalə] |

| cinto (m) | Gürtel (m) | ['ɡʏʁtəl] |
| alça (f) de ombro | Umhängegurt (m) | ['ʊmhɛŋəˌɡʊʁt] |

| bolsa (f) | Tasche (f) | ['taʃə] |
| bolsa (feminina) | Handtasche (f) | ['hantˌtaʃə] |
| mochila (f) | Rucksack (m) | ['ʁʊkˌzak] |

## 37. Vestuário. Diversos

| moda (f) | Mode (f) | ['mo:də] |
| na moda (adj) | modisch | ['mo:dɪʃ] |
| estilista (m) | Modedesigner (m) | ['mo:dəˈdiˈzaɪnɐ] |

| colarinho (m) | Kragen (m) | ['kʁa:ɡən] |
| bolso (m) | Tasche (f) | ['taʃə] |
| de bolso | Taschen- | ['taʃən] |
| manga (f) | Ärmel (m) | ['ɛʁməl] |
| ganchinho (m) | Aufhänger (m) | ['aʊfˌhɛŋɐ] |
| bragueta (f) | Hosenschlitz (m) | ['ho:zənˌʃlɪts] |

| zíper (m) | Reißverschluss (m) | ['ʁaɪsˈfɛɐˌʃlʊs] |
| colchete (m) | Verschluss (m) | [fɛɐˈʃlʊs] |
| botão (m) | Knopf (m) | [knɔpf] |
| botoeira (casa de botão) | Knopfloch (n) | ['knɔpfˌlɔχ] |
| soltar-se (vr) | abgehen (vi) | ['apˌɡe:ən] |

| costurar (vi) | nähen (vi, vt) | ['nɛ:ən] |
| bordar (vt) | sticken (vt) | ['ʃtɪkən] |
| bordado (m) | Stickerei (f) | [ʃtɪkəˈʁaɪ] |
| agulha (f) | Nadel (f) | ['na:dəl] |
| fio, linha (f) | Faden (m) | ['fa:dən] |
| costura (f) | Naht (f) | [na:t] |

| sujar-se (vr) | sich beschmutzen | [zɪç bəˈʃmʊtsən] |
| mancha (f) | Fleck (m) | [flɛk] |
| amarrotar-se (vr) | sich knittern | [zɪç 'knɪtən] |
| rasgar (vt) | zerreißen (vt) | [tsɛɐˈʁaɪsən] |
| traça (f) | Motte (f) | ['mɔtə] |

## 38. Cuidados pessoais. Cosméticos

| pasta (f) de dente | Zahnpasta (f) | ['tsa:nˌpasta] |
| escova (f) de dente | Zahnbürste (f) | ['tsa:nˌbʏʁstə] |
| escovar os dentes | Zähne putzen | ['tsɛːnə 'pʊtsən] |

| gilete (f) | Rasierer (m) | [ʁaˈzi:ʁɐ] |
| creme (m) de barbear | Rasiercreme (f) | [ʁaˈzi:ɐˌkʁe:m] |
| barbear-se (vr) | sich rasieren | [zɪç ʁaˈzi:ʁən] |
| sabonete (m) | Seife (f) | ['zaɪfə] |

| | | |
|---|---|---|
| xampu (m) | Shampoo (n) | ['ʃampu] |
| tesoura (f) | Schere (f) | ['ʃeːʀə] |
| lixa (f) de unhas | Nagelfeile (f) | ['naːgəlˌfaɪlə] |
| corta-unhas (m) | Nagelzange (f) | ['naːgəlˌtsaŋə] |
| pinça (f) | Pinzette (f) | [pɪn'tsɛtə] |

| | | |
|---|---|---|
| cosméticos (m pl) | Kosmetik (f) | [kɔs'meːtɪk] |
| máscara (f) | Gesichtsmaske (f) | [gə'zɪçtsˌmaskə] |
| manicure (f) | Maniküre (f) | [mani'kyːʀə] |
| fazer as unhas | Maniküre machen | [mani'kyːʀə 'maχən] |
| pedicure (f) | Pediküre (f) | [pedi'kyːʀə] |

| | | |
|---|---|---|
| bolsa (f) de maquiagem | Kosmetiktasche (f) | [kɔs'meːtɪkˌtaʃə] |
| pó (de arroz) | Puder (m) | ['puːdɐ] |
| pó (m) compacto | Puderdose (f) | ['puːdɐˌdoːzə] |
| blush (m) | Rouge (n) | [ʀuːʒ] |

| | | |
|---|---|---|
| perfume (m) | Parfüm (n) | [paʀ'fyːm] |
| água-de-colônia (f) | Duftwasser (n) | ['dʊftˌvasɐ] |
| loção (f) | Lotion (f) | [lo'tsjoːn] |
| colônia (f) | Kölnischwasser (n) | ['kœlnɪʃˌvasɐ] |

| | | |
|---|---|---|
| sombra (f) de olhos | Lidschatten (m) | ['liːtʃatən] |
| delineador (m) | Kajalstift (m) | [ka'jaːlˌʃtɪft] |
| máscara (f), rímel (m) | Wimperntusche (f) | ['vɪmpɛnˌtʊʃə] |

| | | |
|---|---|---|
| batom (m) | Lippenstift (m) | ['lɪpənˌʃtɪft] |
| esmalte (m) | Nagellack (m) | ['naːgəlˌlak] |
| laquê (m), spray fixador (m) | Haarlack (m) | ['haːɐˌlak] |
| desodorante (m) | Deodorant (n) | [deodo'ʀant] |

| | | |
|---|---|---|
| creme (m) | Creme (f) | [kʀɛːm] |
| creme (m) de rosto | Gesichtscreme (f) | [gə'zɪçtsˌkʀɛːm] |
| creme (m) de mãos | Handcreme (f) | ['hantˌkʀɛːm] |
| creme (m) antirrugas | Anti-Falten-Creme (f) | [ˌanti'faltənˈkʀɛːm] |
| creme (m) de dia | Tagescreme (f) | ['taːgəsˌkʀɛːm] |
| creme (m) de noite | Nachtcreme (f) | ['naχtˌkʀɛːm] |
| de dia | Tages- | ['taːgəs] |
| da noite | Nacht- | [naχt] |

| | | |
|---|---|---|
| absorvente (m) interno | Tampon (m) | ['tampoːn] |
| papel (m) higiênico | Toilettenpapier (n) | [toa'lɛtən·paˌpiːɐ] |
| secador (m) de cabelo | Föhn (m) | ['føːn] |

## 39. Joalheria

| | | |
|---|---|---|
| joias (f pl) | Schmuck (m) | [ʃmʊk] |
| precioso (adj) | Edel- | ['eːdəl] |
| marca (f) de contraste | Repunze (f) | [ʀe'pʊntsə] |

| | | |
|---|---|---|
| anel (m) | Ring (m) | [ʀɪŋ] |
| aliança (f) | Ehering (m) | ['eːəˌʀɪŋ] |
| pulseira (f) | Armband (n) | ['aʁmˌbant] |
| brincos (m pl) | Ohrringe (pl) | ['oːɐˌʀɪŋə] |

| colar (m) | Kette (f) | ['kɛtə] |
| coroa (f) | Krone (f) | ['kʀoːnə] |
| colar (m) de contas | Halskette (f) | ['hals͵kɛtə] |

| diamante (m) | Brillant (m) | [bʀɪl'jant] |
| esmeralda (f) | Smaragd (m) | [sma'ʀakt] |
| rubi (m) | Rubin (m) | [ʀu'biːn] |
| safira (f) | Saphir (m) | ['zaːfiɐ] |
| pérola (f) | Perle (f) | ['pɛʀlə] |
| âmbar (m) | Bernstein (m) | ['bɛʀnˌʃtaɪn] |

## 40. Relógios de pulso. Relógios

| relógio (m) de pulso | Armbanduhr (f) | ['aʀmbantˌʔuːɐ] |
| mostrador (m) | Zifferblatt (n) | ['tsɪfɐˌblat] |
| ponteiro (m) | Zeiger (m) | ['tsaɪgɐ] |
| bracelete (em aço) | Metallarmband (n) | [me'talˌʔaʀmbant] |
| bracelete (em couro) | Uhrenarmband (n) | ['uːʀənˌʔaʀmbant] |

| pilha (f) | Batterie (f) | [batə'ʀiː] |
| acabar (vi) | verbraucht sein | [fɛɐ'bʀauxt zaɪn] |
| trocar a pilha | die Batterie wechseln | [di batə'ʀiː 'vɛksəln] |
| estar adiantado | vorgehen (vi) | ['foːɐˌgeːən] |
| estar atrasado | nachgehen (vi) | ['naːxˌgeːən] |

| relógio (m) de parede | Wanduhr (f) | ['vantˌʔuːɐ] |
| ampulheta (f) | Sanduhr (f) | ['zantˌʔuːɐ] |
| relógio (m) de sol | Sonnenuhr (f) | ['zɔnənˌʔuːɐ] |
| despertador (m) | Wecker (m) | ['vɛkɐ] |
| relojoeiro (m) | Uhrmacher (m) | ['uːɐˌmaxɐ] |
| reparar (vt) | reparieren (vt) | [ʀepa'ʀiːʀən] |

# Alimentação. Nutrição

## 41. Comida

| | | |
|---|---|---|
| carne (f) | Fleisch (n) | [flaɪʃ] |
| galinha (f) | Hühnerfleisch (n) | ['hy:nəˌflaɪʃ] |
| frango (m) | Küken (n) | ['ky:kən] |
| pato (m) | Ente (f) | ['ɛntə] |
| ganso (m) | Gans (f) | [gans] |
| caça (f) | Wild (n) | [vɪlt] |
| peru (m) | Pute (f) | ['pu:tə] |
| | | |
| carne (f) de porco | Schweinefleisch (n) | ['ʃvaɪnəˌflaɪʃ] |
| carne (f) de vitela | Kalbfleisch (n) | ['kalpˌflaɪʃ] |
| carne (f) de carneiro | Hammelfleisch (n) | ['haməlˌflaɪʃ] |
| carne (f) de vaca | Rindfleisch (n) | ['ʀɪntˌflaɪʃ] |
| carne (f) de coelho | Kaninchenfleisch (n) | [ka'ni:nçənˌflaɪʃ] |
| | | |
| linguiça (f), salsichão (m) | Wurst (f) | [vʊʀst] |
| salsicha (f) | Würstchen (n) | ['vʏʀstçən] |
| bacon (m) | Schinkenspeck (m) | ['ʃɪŋkənˌʃpɛk] |
| presunto (m) | Schinken (m) | ['ʃɪŋkən] |
| pernil (m) de porco | Räucherschinken (m) | ['ʀɔɪçəˌʃɪŋkən] |
| | | |
| patê (m) | Pastete (f) | [pas'te:tə] |
| fígado (m) | Leber (f) | ['le:bə] |
| guisado (m) | Hackfleisch (n) | ['hakˌflaɪʃ] |
| língua (f) | Zunge (f) | ['tsʊŋə] |
| | | |
| ovo (m) | Ei (n) | [aɪ] |
| ovos (m pl) | Eier (pl) | ['aɪɐ] |
| clara (f) de ovo | Eiweiß (n) | ['aɪvaɪs] |
| gema (f) de ovo | Eigelb (n) | ['aɪgɛlp] |
| | | |
| peixe (m) | Fisch (m) | [fɪʃ] |
| mariscos (m pl) | Meeresfrüchte (pl) | ['me:ʀəsˌfʀʏçtə] |
| crustáceos (m pl) | Krebstiere (pl) | ['kʀe:psˌti:ʀə] |
| caviar (m) | Kaviar (m) | ['ka:vɪaʀ] |
| | | |
| caranguejo (m) | Krabbe (f) | ['kʀabə] |
| camarão (m) | Garnele (f) | [gaʀ'ne:lə] |
| ostra (f) | Auster (f) | ['aʊstə] |
| lagosta (f) | Languste (f) | [laŋ'gʊstə] |
| polvo (m) | Krake (m) | ['kʀa:kə] |
| lula (f) | Kalmar (m) | ['kalmaʀ] |
| | | |
| esturjão (m) | Störfleisch (n) | ['ʃtø:əˌflaɪʃ] |
| salmão (m) | Lachs (m) | [laks] |
| halibute (m) | Heilbutt (m) | ['haɪlbʊt] |
| bacalhau (m) | Dorsch (m) | [dɔʀʃ] |

| cavala, sarda (f) | Makrele (f) | [ma'kʀeːlə] |
| atum (m) | Tunfisch (m) | ['tuːnfɪʃ] |
| enguia (f) | Aal (m) | [aːl] |

| truta (f) | Forelle (f) | [ˌfo'ʀɛlə] |
| sardinha (f) | Sardine (f) | [zaʁ'diːnə] |
| lúcio (m) | Hecht (m) | [hɛçt] |
| arenque (m) | Hering (m) | ['heːʀɪŋ] |

| pão (m) | Brot (n) | [bʀoːt] |
| queijo (m) | Käse (m) | ['kɛːzə] |
| açúcar (m) | Zucker (m) | ['tsʊkɐ] |
| sal (m) | Salz (n) | [zalts] |

| arroz (m) | Reis (m) | [ʀaɪs] |
| massas (f pl) | Teigwaren (pl) | ['taɪkˌvaːʀən] |
| talharim, miojo (m) | Nudeln (pl) | ['nuːdəln] |

| manteiga (f) | Butter (f) | ['bʊtɐ] |
| óleo (m) vegetal | Pflanzenöl (n) | ['pflantsənˌʔøːl] |
| óleo (m) de girassol | Sonnenblumenöl (n) | ['zɔnənbluːmənˌʔøːl] |
| margarina (f) | Margarine (f) | [maʁga'ʀiːnə] |

| azeitonas (f pl) | Oliven (pl) | [o'liːvən] |
| azeite (m) | Olivenöl (n) | [o'liːvənˌʔøːl] |

| leite (m) | Milch (f) | [mɪlç] |
| leite (m) condensado | Kondensmilch (f) | [kɔn'dɛnsˌmɪlç] |
| iogurte (m) | Joghurt (m, f) | ['joːgʊʁt] |
| creme (m) azedo | saure Sahne (f) | ['zaʊʀə 'zaːnə] |
| creme (m) de leite | Sahne (f) | ['zaːnə] |

| maionese (f) | Mayonnaise (f) | [majo'nɛːzə] |
| creme (m) | Buttercreme (f) | ['bʊtɐˌkʀɛːm] |

| grãos (m pl) de cereais | Grütze (f) | ['gʀʏtsə] |
| farinha (f) | Mehl (n) | [meːl] |
| enlatados (m pl) | Konserven (pl) | [kɔn'zɛʀvən] |

| flocos (m pl) de milho | Maisflocken (pl) | [maɪs'flɔkən] |
| mel (m) | Honig (m) | ['hoːnɪç] |
| geleia (m) | Marmelade (f) | [ˌmaʁmə'laːdə] |
| chiclete (m) | Kaugummi (m, n) | ['kaʊˌgʊmi] |

## 42. Bebidas

| água (f) | Wasser (n) | ['vasɐ] |
| água (f) potável | Trinkwasser (n) | ['tʀɪŋkˌvasɐ] |
| água (f) mineral | Mineralwasser (n) | [mine'ʀaːlˌvasɐ] |

| sem gás (adj) | still | [ʃtɪl] |
| gaseificada (adj) | mit Kohlensäure | [mɪt 'koːlənˌzɔɪʀə] |
| com gás | mit Gas | [mɪt gaːs] |
| gelo (m) | Eis (n) | [aɪs] |

| com gelo | mit Eis | [mɪt aɪs] |
| não alcoólico (adj) | alkoholfrei | ['alkoho:l·fʀaɪ] |
| refrigerante (m) | alkoholfreies Getränk (n) | ['alkoho:l·fʀaɪəs gə'tʀɛŋk] |
| refresco (m) | Erfrischungsgetränk (n) | [ɛɐ'fʀɪʃʊŋs·gə͵tʀɛŋk] |
| limonada (f) | Limonade (f) | [limo'na:də] |

| bebidas (f pl) alcoólicas | Spirituosen (pl) | [ʃpiʀi'tʊo:zən] |
| vinho (m) | Wein (m) | [vaɪn] |
| vinho (m) branco | Weißwein (m) | ['vaɪs͵vaɪn] |
| vinho (m) tinto | Rotwein (m) | ['ʀo:t͵vaɪn] |

| licor (m) | Likör (m) | [li'kø:ɐ] |
| champanhe (m) | Champagner (m) | [ʃam'panjɐ] |
| vermute (m) | Wermut (m) | ['ve:ɐmu:t] |

| uísque (m) | Whisky (m) | ['vɪski] |
| vodca (f) | Wodka (m) | ['vɔtka] |
| gim (m) | Gin (m) | [dʒɪn] |
| conhaque (m) | Kognak (m) | ['kɔnjak] |
| rum (m) | Rum (m) | [ʀʊm] |

| café (m) | Kaffee (m) | ['kafe] |
| café (m) preto | schwarzer Kaffee (m) | ['ʃvaʀtsɐ 'kafe] |
| café (m) com leite | Milchkaffee (m) | ['mɪlç·ka͵fe:] |
| cappuccino (m) | Cappuccino (m) | [͵kapʊ'tʃi:no] |
| café (m) solúvel | Pulverkaffee (m) | ['pʊlfɐ͵kafe] |

| leite (m) | Milch (f) | [mɪlç] |
| coquetel (m) | Cocktail (m) | ['kɔktɛɪl] |
| batida (f), milkshake (m) | Milchcocktail (m) | ['mɪlç͵kɔktɛɪl] |

| suco (m) | Saft (m) | [zaft] |
| suco (m) de tomate | Tomatensaft (m) | [to'ma:tən͵zaft] |
| suco (m) de laranja | Orangensaft (m) | [o'ʀa:ŋʒən͵zaft] |
| suco (m) fresco | frisch gepresster Saft (m) | [fʀɪʃ gə'pʀɛstə zaft] |

| cerveja (f) | Bier (n) | [bi:ɐ] |
| cerveja (f) clara | Helles (n) | ['hɛlɛs] |
| cerveja (f) preta | Dunkelbier (n) | ['dʊŋkəl͵bi:ɐ] |

| chá (m) | Tee (m) | [te:] |
| chá (m) preto | schwarzer Tee (m) | ['ʃvaʀtsɐ 'te:] |
| chá (m) verde | grüner Tee (m) | ['gʀy:nɐ te:] |

## 43. Vegetais

| vegetais (m pl) | Gemüse (n) | [gə'my:zə] |
| verdura (f) | grünes Gemüse (pl) | ['gʀy:nəs gə'my:zə] |

| tomate (m) | Tomate (f) | [to'ma:tə] |
| pepino (m) | Gurke (f) | ['gʊʀkə] |
| cenoura (f) | Karotte (f) | [ka'ʀɔtə] |
| batata (f) | Kartoffel (f) | [kaʀ'tɔfəl] |
| cebola (f) | Zwiebel (f) | ['tsvi:bəl] |

| alho (m) | **Knoblauch** (m) | ['kno:p‚laʊχ] |
| couve (f) | **Kohl** (m) | [ko:l] |
| couve-flor (f) | **Blumenkohl** (m) | ['blu:mən‚ko:l] |
| couve-de-bruxelas (f) | **Rosenkohl** (m) | ['ʀo:zən‚ko:l] |
| brócolis (m pl) | **Brokkoli** (m) | ['bʀɔkoli] |

| beterraba (f) | **Rote Bete** (f) | [‚ʀo:tə'be:tə] |
| berinjela (f) | **Aubergine** (f) | [‚obɛʀ'ʒi:nə] |
| abobrinha (f) | **Zucchini** (f) | [tsʊ'ki:ni] |
| abóbora (f) | **Kürbis** (m) | ['kʏʀbɪs] |
| nabo (m) | **Rübe** (f) | ['ʀy:bə] |

| salsa (f) | **Petersilie** (f) | [petɐ'zi:lɪə] |
| endro, aneto (m) | **Dill** (m) | [dɪl] |
| alface (f) | **Kopf Salat** (m) | [kɔpf za'la:t] |
| aipo (m) | **Sellerie** (m) | ['zɛlɘʀi] |
| aspargo (m) | **Spargel** (m) | ['ʃpaʀgəl] |
| espinafre (m) | **Spinat** (m) | [ʃpi'na:t] |

| ervilha (f) | **Erbse** (f) | ['ɛʀpsə] |
| feijão (~ soja, etc.) | **Bohnen** (pl) | ['bo:nən] |
| milho (m) | **Mais** (m) | ['maɪs] |
| feijão (m) roxo | **weiße Bohne** (f) | ['vaɪsə 'bo:nə] |

| pimentão (m) | **Paprika** (m) | ['papʀika] |
| rabanete (m) | **Radieschen** (n) | [ʀa'di:sçən] |
| alcachofra (f) | **Artischocke** (f) | [aʀti'ʃɔkə] |

## 44. Frutos. Nozes

| fruta (f) | **Frucht** (f) | [fʀʊχt] |
| maçã (f) | **Apfel** (m) | ['apfəl] |
| pera (f) | **Birne** (f) | ['bɪʀnə] |
| limão (m) | **Zitrone** (f) | [tsi'tʀo:nə] |
| laranja (f) | **Apfelsine** (f) | [apfəl'zi:nə] |
| morango (m) | **Erdbeere** (f) | ['e:ɐt‚be:ʀə] |

| tangerina (f) | **Mandarine** (f) | [‚manda'ʀi:nə] |
| ameixa (f) | **Pflaume** (f) | ['pflaʊmə] |
| pêssego (m) | **Pfirsich** (m) | ['pfɪʀzɪç] |
| damasco (m) | **Aprikose** (f) | [‚apʀi'ko:zə] |
| framboesa (f) | **Himbeere** (f) | ['hɪm‚be:ʀə] |
| abacaxi (m) | **Ananas** (f) | ['ananas] |

| banana (f) | **Banane** (f) | [ba'na:nə] |
| melancia (f) | **Wassermelone** (f) | ['vasɐme‚lo:nə] |
| uva (f) | **Weintrauben** (pl) | ['vaɪn‚tʀaʊbən] |
| ginja (f) | **Sauerkirsche** (f) | ['zaʊɐ‚kɪʀʃə] |
| cereja (f) | **Süßkirsche** (f) | ['zy:s‚kɪʀʃə] |
| melão (m) | **Melone** (f) | [me'lo:nə] |

| toranja (f) | **Grapefruit** (f) | ['gʀɛɪp‚fʀu:t] |
| abacate (m) | **Avocado** (f) | [avo'ka:do] |
| mamão (m) | **Papaya** (f) | [pa'pa:ja] |

| manga (f) | Mango (f) | ['maŋgo] |
| romã (f) | Granatapfel (m) | [gʀa'na:t̯ʔapfəl] |

| groselha (f) vermelha | rote Johannisbeere (f) | ['ʀo:tə jo:'hanɪsbe:ʀə] |
| groselha (f) negra | schwarze Johannisbeere (f) | ['ʃvaʁtsə jo:'hanɪsbe:ʀə] |
| groselha (f) espinhosa | Stachelbeere (f) | ['ʃtaχəl̩be:ʀə] |
| mirtilo (m) | Heidelbeere (f) | ['haɪdəl̩be:ʀə] |
| amora (f) silvestre | Brombeere (f) | ['bʀɔm̩be:ʀə] |

| passa (f) | Rosinen (pl) | [ʀo'zi:nən] |
| figo (m) | Feige (f) | ['faɪgə] |
| tâmara (f) | Dattel (f) | ['datəl] |

| amendoim (m) | Erdnuss (f) | ['e:ɐt̯nʊs] |
| amêndoa (f) | Mandel (f) | ['mandəl] |
| noz (f) | Walnuss (f) | ['val̩nʊs] |
| avelã (f) | Haselnuss (f) | ['ha:zəl̩nʊs] |
| coco (m) | Kokosnuss (f) | ['ko:kɔs̩nʊs] |
| pistaches (m pl) | Pistazien (pl) | [pɪs'ta:tsɪən] |

## 45. Pão. Bolaria

| pastelaria (f) | Konditorwaren (pl) | [kɔn'dito:ɐ̯va:ʀən] |
| pão (m) | Brot (n) | [bʀo:t] |
| biscoito (m), bolacha (f) | Keks (m, n) | [ke:ks] |

| chocolate (m) | Schokolade (f) | [ʃoko'la:də] |
| de chocolate | Schokoladen- | [ʃoko'la:dən] |
| bala (f) | Bonbon (m, n) | [bɔŋ'bɔŋ] |
| doce (bolo pequeno) | Kuchen (m) | ['ku:χən] |
| bolo (m) de aniversário | Torte (f) | ['tɔʁtə] |

| torta (f) | Kuchen (m) | ['ku:χən] |
| recheio (m) | Füllung (f) | ['fʏlʊŋ] |

| geleia (m) | Konfitüre (f) | [ˌkɔnfi'ty:ʀə] |
| marmelada (f) | Marmelade (f) | [ˌmaʁmə'la:də] |
| wafers (m pl) | Waffeln (pl) | [vafəln] |
| sorvete (m) | Eis (n) | [aɪs] |
| pudim (m) | Pudding (m) | ['pʊdɪŋ] |

## 46. Pratos cozinhados

| prato (m) | Gericht (n) | [gə'ʀɪçt] |
| cozinha (~ portuguesa) | Küche (f) | ['kʏçə] |
| receita (f) | Rezept (n) | [ʀe'tsɛpt] |
| porção (f) | Portion (f) | [pɔʁ'tsjo:n] |

| salada (f) | Salat (m) | [za'la:t] |
| sopa (f) | Suppe (f) | ['zʊpə] |
| caldo (m) | Brühe (f), Bouillon (f) | ['bʀy:ə], [bul'jɔŋ] |
| sanduíche (m) | belegtes Brot (n) | [bə'le:ktəs bʀo:t] |

| ovos (m pl) fritos | Spiegelei (n) | ['ʃpi:gəl‚ʔaɪ] |
| hambúrguer (m) | Hamburger (m) | ['ham‚buʁgɐ] |
| bife (m) | Beefsteak (n) | ['bi:fʃte:k] |

| acompanhamento (m) | Beilage (f) | ['baɪ‚la:gə] |
| espaguete (m) | Spaghetti (pl) | [ʃpa'gɛti] |
| purê (m) de batata | Kartoffelpüree (n) | [kaʁ'tɔfəl·py‚ʀe:] |
| pizza (f) | Pizza (f) | ['pɪtsa] |
| mingau (m) | Brei (m) | [bʀaɪ] |
| omelete (f) | Omelett (n) | [ɔm'lɛt] |

| fervido (adj) | gekocht | [gə'kɔχt] |
| defumado (adj) | geräuchert | [gə'ʀɔɪçɐt] |
| frito (adj) | gebraten | [gə'bʀa:tən] |
| seco (adj) | getrocknet | [gə'tʀɔknət] |
| congelado (adj) | tiefgekühlt | ['ti:fgə‚ky:lt] |
| em conserva (adj) | mariniert | [maʀi'ni:ɐt] |

| doce (adj) | süß | [zy:s] |
| salgado (adj) | salzig | ['zaltsɪç] |
| frio (adj) | kalt | [kalt] |
| quente (adj) | heiß | [haɪs] |
| amargo (adj) | bitter | ['bɪtə] |
| gostoso (adj) | lecker | ['lɛkɐ] |

| cozinhar em água fervente | kochen (vt) | ['kɔχən] |
| preparar (vt) | zubereiten (vt) | ['tsu:bə‚ʀaɪtən] |
| fritar (vt) | braten (vt) | ['bʀa:tən] |
| aquecer (vt) | aufwärmen (vt) | ['aʊf‚vɛʁmən] |

| salgar (vt) | salzen (vt) | ['zaltsən] |
| apimentar (vt) | pfeffern (vt) | ['pfɛfɐn] |
| ralar (vt) | reiben (vt) | ['ʀaɪbən] |
| casca (f) | Schale (f) | ['ʃa:lə] |
| descascar (vt) | schälen (vt) | ['ʃɛ:lən] |

## 47. Especiarias

| sal (m) | Salz (n) | [zalts] |
| salgado (adj) | salzig | ['zaltsɪç] |
| salgar (vt) | salzen (vt) | ['zaltsən] |

| pimenta-do-reino (f) | schwarzer Pfeffer (m) | ['ʃvaʁtsɐ 'pfɛfɐ] |
| pimenta (f) vermelha | roter Pfeffer (m) | ['ʀo:tɐ 'pfɛfɐ] |
| mostarda (f) | Senf (m) | [zɛnf] |
| raiz-forte (f) | Meerrettich (m) | ['me:ɐ‚ʀɛtɪç] |

| condimento (m) | Gewürz (n) | [gə'vyʁts] |
| especiaria (f) | Gewürz (n) | [gə'vyʁts] |
| molho (~ inglês) | Soße (f) | ['zo:sə] |
| vinagre (m) | Essig (m) | ['ɛsɪç] |

| anis estrelado (m) | Anis (m) | [a'ni:s] |
| manjericão (m) | Basilikum (n) | [ba'zi:likʊm] |

| | | |
|---|---|---|
| cravo (m) | **Nelke** (f) | ['nɛlkə] |
| gengibre (m) | **Ingwer** (m) | ['ɪŋvɐ] |
| coentro (m) | **Koriander** (m) | [ko'ʀɪandɐ] |
| canela (f) | **Zimt** (m) | [tsɪmt] |

| | | |
|---|---|---|
| gergelim (m) | **Sesam** (m) | ['ze:zam] |
| folha (f) de louro | **Lorbeerblatt** (n) | ['loʁbe:ɐˌblat] |
| páprica (f) | **Paprika** (m) | ['papʁika] |
| cominho (m) | **Kümmel** (m) | ['kʏməl] |
| açafrão (m) | **Safran** (m) | ['zafʀan] |

## 48. Refeições

| | | |
|---|---|---|
| comida (f) | **Essen** (n) | ['ɛsən] |
| comer (vt) | **essen** (vi, vt) | ['ɛsən] |

| | | |
|---|---|---|
| café (m) da manhã | **Frühstück** (n) | ['fʀy:ʃtʏk] |
| tomar café da manhã | **frühstücken** (vi) | ['fʀy:ʃtʏkən] |
| almoço (m) | **Mittagessen** (n) | ['mɪta:kˌʔɛsən] |
| almoçar (vi) | **zu Mittag essen** | [tsu 'mɪta:k 'ɛsən] |
| jantar (m) | **Abendessen** (n) | ['a:bəntˌʔɛsən] |
| jantar (vi) | **zu Abend essen** | [tsu 'a:bənt 'ɛsən] |

| | | |
|---|---|---|
| apetite (m) | **Appetit** (m) | [ape'ti:t] |
| Bom apetite! | **Guten Appetit!** | [ˌgutən ˌʔapə'ti:t] |

| | | |
|---|---|---|
| abrir (~ uma lata, etc.) | **öffnen** (vt) | ['œfnən] |
| derramar (~ líquido) | **verschütten** (vt) | [fɛɐ'ʃʏtən] |
| derramar-se (vr) | **verschüttet werden** | [fɛɐ'ʃʏtət 've:ɐdən] |

| | | |
|---|---|---|
| ferver (vi) | **kochen** (vi) | ['kɔχən] |
| ferver (vt) | **kochen** (vt) | ['kɔχən] |
| fervido (adj) | **gekocht** | [gə'kɔχt] |

| | | |
|---|---|---|
| esfriar (vt) | **kühlen** (vt) | ['ky:lən] |
| esfriar-se (vr) | **abkühlen** (vi) | ['apˌky:lən] |

| | | |
|---|---|---|
| sabor, gosto (m) | **Geschmack** (m) | [gə'ʃmak] |
| fim (m) de boca | **Beigeschmack** (m) | ['baɪgəˌʃmak] |

| | | |
|---|---|---|
| emagrecer (vi) | **auf Diät sein** | [aʊf di'ɛ:t zaɪn] |
| dieta (f) | **Diät** (f) | [di'ɛ:t] |
| vitamina (f) | **Vitamin** (n) | [vita'mi:n] |
| caloria (f) | **Kalorie** (f) | [kalo'ʀi:] |

| | | |
|---|---|---|
| vegetariano (m) | **Vegetarier** (m) | [vege'ta:ʀɪɐ] |
| vegetariano (adj) | **vegetarisch** | [vege'ta:ʀɪʃ] |

| | | |
|---|---|---|
| gorduras (f pl) | **Fett** (n) | [fɛt] |
| proteínas (f pl) | **Protein** (n) | [pʀote'i:n] |
| carboidratos (m pl) | **Kohlenhydrat** (n) | ['ko:lənhyˌdʀa:t] |
| fatia (~ de limão, etc.) | **Scheibchen** (n) | ['ʃaɪpçən] |
| pedaço (~ de bolo) | **Stück** (n) | [ʃtʏk] |
| migalha (f), farelo (m) | **Krümel** (m) | ['kʀy:məl] |

## 49. Por a mesa

| colher (f) | Löffel (m) | ['lœfəl] |
| faca (f) | Messer (n) | ['mɛsɐ] |
| garfo (m) | Gabel (f) | [gaːbəl] |

| xícara (f) | Tasse (f) | ['tasə] |
| prato (m) | Teller (m) | ['tɛlɐ] |
| pires (m) | Untertasse (f) | ['ʊntɐˌtasə] |
| guardanapo (m) | Serviette (f) | [zɛʁ'vɪɛtə] |
| palito (m) | Zahnstocher (m) | ['tsaːnˌʃtɔχɐ] |

## 50. Restaurante

| restaurante (m) | Restaurant (n) | [ʀɛsto'ʀaŋ] |
| cafeteria (f) | Kaffeehaus (n) | [ka'feːˌhaʊs] |
| bar (m), cervejaria (f) | Bar (f) | [baːɐ] |
| salão (m) de chá | Teesalon (m) | ['teːˑzaˈlɔŋ] |

| garçom (m) | Kellner (m) | ['kɛlnɐ] |
| garçonete (f) | Kellnerin (f) | ['kɛlnəʀɪn] |
| barman (m) | Barmixer (m) | ['baːɐˌmɪksɐ] |

| cardápio (m) | Speisekarte (f) | ['ʃpaɪzəˌkaʁtə] |
| lista (f) de vinhos | Weinkarte (f) | ['vaɪnˌkaʁtə] |
| reservar uma mesa | einen Tisch reservieren | ['aɪnən tɪʃ ʀɛzɛʁˈviːʀən] |

| prato (m) | Gericht (n) | [gə'ʀɪçt] |
| pedir (vt) | bestellen (vt) | [bə'ʃtɛlən] |
| fazer o pedido | eine Bestellung aufgeben | ['aɪnə bə'ʃtɛlʊŋ 'aʊfˌgeːbən] |

| aperitivo (m) | Aperitif (m) | [apeʀi'tiːf] |
| entrada (f) | Vorspeise (f) | ['foːɐˌʃpaɪzə] |
| sobremesa (f) | Nachtisch (m) | ['naːχˌtɪʃ] |

| conta (f) | Rechnung (f) | ['ʀɛçnʊŋ] |
| pagar a conta | Rechnung bezahlen | ['ʀɛçnʊŋ bə'tsaːlən] |
| dar o troco | das Wechselgeld geben | [das 'vɛksəlˌgɛlt 'geːbən] |
| gorjeta (f) | Trinkgeld (n) | ['tʀɪŋkˌgɛlt] |

# Família, parentes e amigos

## 51. Informação pessoal. Formulários

| | | |
|---|---|---|
| nome (m) | **Vorname** (m) | ['fo:ɐˌna:mə] |
| sobrenome (m) | **Name** (m) | ['na:mə] |
| data (f) de nascimento | **Geburtsdatum** (n) | [gə'bu:ɛtsˌda:tʊm] |
| local (m) de nascimento | **Geburtsort** (m) | [gə'bu:ɛtsˌʔɔʁt] |
| | | |
| nacionalidade (f) | **Nationalität** (f) | [natsjɔnali'tɛ:t] |
| lugar (m) de residência | **Wohnort** (m) | ['vo:nˌʔɔʁt] |
| país (m) | **Land** (n) | [lant] |
| profissão (f) | **Beruf** (m) | [bə'ʁu:f] |
| | | |
| sexo (m) | **Geschlecht** (n) | [gə'ʃlɛçt] |
| estatura (f) | **Größe** (f) | ['gʁø:sə] |
| peso (m) | **Gewicht** (n) | [gə'vɪçt] |

## 52. Membros da família. Parentes

| | | |
|---|---|---|
| mãe (f) | **Mutter** (f) | ['mʊtə] |
| pai (m) | **Vater** (m) | ['fa:tə] |
| filho (m) | **Sohn** (m) | [zo:n] |
| filha (f) | **Tochter** (f) | ['tɔχtə] |
| | | |
| caçula (f) | **jüngste Tochter** (f) | ['jʏŋstə 'tɔχtə] |
| caçula (m) | **jüngste Sohn** (m) | ['jʏŋstə 'zo:n] |
| filha (f) mais velha | **ältere Tochter** (f) | ['ɛltəʁə 'tɔχtə] |
| filho (m) mais velho | **älterer Sohn** (m) | ['ɛltəʁə 'zo:n] |
| | | |
| irmão (m) | **Bruder** (m) | ['bʁu:də] |
| irmã (f) | **Schwester** (f) | ['ʃvɛstə] |
| | | |
| primo (m) | **Cousin** (m) | [ku'zɛŋ] |
| prima (f) | **Cousine** (f) | [ku'zi:nə] |
| mamãe (f) | **Mama** (f) | ['mama] |
| papai (m) | **Papa** (m) | ['papa] |
| pais (pl) | **Eltern** (pl) | ['ɛltən] |
| criança (f) | **Kind** (n) | [kɪnt] |
| crianças (f pl) | **Kinder** (pl) | ['kɪndə] |
| | | |
| avó (f) | **Großmutter** (f) | ['gʁo:sˌmʊtə] |
| avô (m) | **Großvater** (m) | ['gʁo:sˌfa:tə] |
| neto (m) | **Enkel** (m) | ['ɛŋkəl] |
| neta (f) | **Enkelin** (f) | ['ɛŋkəlɪn] |
| netos (pl) | **Enkelkinder** (pl) | ['ɛŋkəlˌkɪndə] |
| tio (m) | **Onkel** (m) | ['ɔŋkəl] |
| tia (f) | **Tante** (f) | ['tantə] |

| | | |
|---|---|---|
| sobrinho (m) | Neffe (m) | ['nɛfə] |
| sobrinha (f) | Nichte (f) | ['nɪçtə] |
| | | |
| sogra (f) | Schwiegermutter (f) | ['ʃviːgəˌmʊtə] |
| sogro (m) | Schwiegervater (m) | ['ʃviːgəˌfaːtə] |
| genro (m) | Schwiegersohn (m) | ['ʃviːgəˌzoːn] |
| madrasta (f) | Stiefmutter (f) | ['ʃtiːfˌmʊtə] |
| padrasto (m) | Stiefvater (m) | ['ʃtiːfˌfaːtə] |
| | | |
| criança (f) de colo | Säugling (m) | ['zɔɪklɪŋ] |
| bebê (m) | Kleinkind (n) | ['klaɪnˌkɪnt] |
| menino (m) | Kleine (m) | ['klaɪnə] |
| | | |
| mulher (f) | Frau (f) | [fʀaʊ] |
| marido (m) | Mann (m) | [man] |
| esposo (m) | Ehemann (m) | ['eːəˌman] |
| esposa (f) | Gemahlin (f) | [gə'maːlɪn] |
| | | |
| casado (adj) | verheiratet | [fɛɛ'haɪʀaːtət] |
| casada (adj) | verheiratet | [fɛɛ'haɪʀaːtət] |
| solteiro (adj) | ledig | ['leːdɪç] |
| solteirão (m) | Junggeselle (m) | ['jʊŋgəˌzɛlə] |
| divorciado (adj) | geschieden | [gə'ʃiːdən] |
| viúva (f) | Witwe (f) | ['vɪtvə] |
| viúvo (m) | Witwer (m) | ['vɪtvə] |
| | | |
| parente (m) | Verwandte (m) | [fɛɛ'vantə] |
| parente (m) próximo | naher Verwandter (m) | ['naːɛ fɛɛ'vantə] |
| parente (m) distante | entfernter Verwandter (m) | [ɛnt'fɛʁntə fɛɛ'vantə] |
| parentes (m pl) | Verwandte (pl) | [fɛɛ'vantə] |
| | | |
| órfão (m), órfã (f) | Waise (m, f) | ['vaɪzə] |
| tutor (m) | Vormund (m) | ['foːɐˌmʊnt] |
| adotar (um filho) | adoptieren (vt) | [adɔp'tiːʀən] |
| adotar (uma filha) | adoptieren (vt) | [adɔp'tiːʀən] |

## 53. Amigos. Colegas de trabalho

| | | |
|---|---|---|
| amigo (m) | Freund (m) | [fʀɔɪnt] |
| amiga (f) | Freundin (f) | ['fʀɔɪndɪn] |
| amizade (f) | Freundschaft (f) | ['fʀɔɪntʃaft] |
| ser amigos | befreundet sein | [bə'fʀɔɪndət zaɪn] |
| | | |
| amigo (m) | Freund (m) | [fʀɔɪnt] |
| amiga (f) | Freundin (f) | ['fʀɔɪndɪn] |
| parceiro (m) | Partner (m) | ['paʁtnə] |
| | | |
| chefe (m) | Chef (m) | [ʃɛf] |
| superior (m) | Vorgesetzte (m) | ['foːɐgəˌzɛtstə] |
| proprietário (m) | Besitzer (m) | [bə'zɪtsə] |
| subordinado (m) | Untergeordnete (m) | ['ʊntəgəˌʔɔʁtnətə] |
| colega (m, f) | Kollege (m), Kollegin (f) | [kɔ'leːgə], [kɔ'leːgɪn] |
| conhecido (m) | Bekannte (m) | [bə'kantə] |
| companheiro (m) de viagem | Reisegefährte (m) | ['ʀaɪzəˌgə'fɛːɐtə] |

| | | |
|---|---|---|
| colega (m) de classe | Mitschüler (m) | ['mɪtʃy:lɐ] |
| vizinho (m) | Nachbar (m) | ['naχˌba:ɐ] |
| vizinha (f) | Nachbarin (f) | ['naχba:ʀɪn] |
| vizinhos (pl) | Nachbarn (pl) | ['naχba:ɐn] |

## 54. Homem. Mulher

| | | |
|---|---|---|
| mulher (f) | Frau (f) | [fʀaʊ] |
| menina (f) | Mädchen (n) | ['mɛ:tçən] |
| noiva (f) | Braut (f) | [bʀaʊt] |
| | | |
| bonita, bela (adj) | schöne | ['ʃø:nə] |
| alta (adj) | große | ['gʀo:sə] |
| esbelta (adj) | schlanke | ['ʃlaŋkə] |
| baixa (adj) | kleine | ['klaɪnə] |
| | | |
| loira (f) | Blondine (f) | [blɔn'di:nə] |
| morena (f) | Brünette (f) | [bʀy'nɛtə] |
| | | |
| de senhora | Damen- | ['da:mən] |
| virgem (f) | Jungfrau (f) | ['jʊŋfʀaʊ] |
| grávida (adj) | schwangere | ['ʃvaŋəʀə] |
| | | |
| homem (m) | Mann (m) | [man] |
| loiro (m) | Blonde (m) | ['blɔndə] |
| moreno (m) | Brünette (m) | [bʀy'nɛtə] |
| alto (adj) | hoch | [ho:χ] |
| baixo (adj) | klein | [klaɪn] |
| | | |
| rude (adj) | grob | [gʀo:p] |
| atarracado (adj) | untersetzt | [ˌʊntɐ'zɛtst] |
| robusto (adj) | robust | [ʀo'bʊst] |
| forte (adj) | stark | [ʃtaʁk] |
| força (f) | Kraft (f) | [kʀaft] |
| | | |
| gordo (adj) | dick | [dɪk] |
| moreno (adj) | dunkelhäutig | ['dʊŋkəlˌhɔɪtɪç] |
| esbelto (adj) | schlank | [ʃlaŋk] |
| elegante (adj) | elegant | [ele'gant] |

## 55. Idade

| | | |
|---|---|---|
| idade (f) | Alter (n) | ['altə] |
| juventude (f) | Jugend (f) | ['ju:gənt] |
| jovem (adj) | jung | [jʊŋ] |
| | | |
| mais novo (adj) | jünger | ['jʏŋɐ] |
| mais velho (adj) | älter | ['ɛltɐ] |
| | | |
| jovem (m) | Junge (m) | ['jʊŋə] |
| adolescente (m) | Teenager (m) | ['ti:ne:dʒɐ] |
| rapaz (m) | Bursche (m) | ['bʊʁʃə] |

| velho (m) | Greis (m) | [gʀaɪs] |
| velha (f) | alte Frau (f) | ['altə 'fʀaʊ] |

| adulto | Erwachsene (f) | [ɛɐ'vaksənə] |
| de meia-idade | in mittleren Jahren | [ɪn 'mɪtləʀən 'ja:ʀən] |
| idoso, de idade (adj) | älterer | ['ɛltəʀɐ] |
| velho (adj) | alt | [alt] |

| aposentadoria (f) | Ruhestand (m) | ['ʀu:əʃtant] |
| aposentar-se (vr) | in Rente gehen | [ɪn 'ʀɛntə 'ge:ən] |
| aposentado (m) | Rentner (m) | ['ʀɛntnɐ] |

## 56. Crianças

| criança (f) | Kind (n) | [kɪnt] |
| crianças (f pl) | Kinder (pl) | ['kɪndɐ] |
| gêmeos (m pl), gêmeas (f pl) | Zwillinge (pl) | ['tsvɪlɪŋə] |

| berço (m) | Wiege (f) | ['vi:gə] |
| chocalho (m) | Rassel (f) | ['ʀasəl] |
| fralda (f) | Windel (f) | ['vɪndəl] |

| chupeta (f), bico (m) | Schnuller (m) | ['ʃnʊlɐ] |
| carrinho (m) de bebê | Kinderwagen (m) | ['kɪndɐˌva:gən] |
| jardim (m) de infância | Kindergarten (m) | ['kɪndɐˌgaʁtən] |
| babysitter, babá (f) | Kinderfrau (f) | ['kɪndɐˌfʀaʊ] |

| infância (f) | Kindheit (f) | ['kɪnthaɪt] |
| boneca (f) | Puppe (f) | ['pʊpə] |
| brinquedo (m) | Spielzeug (n) | ['ʃpi:lˌtsɔɪk] |
| jogo (m) de montar | Baukasten (m) | ['baʊˌkastən] |

| bem-educado (adj) | wohlerzogen | ['vo:lɛɐˌtso:gən] |
| malcriado (adj) | ungezogen | ['ʊngəˌtso:gən] |
| mimado (adj) | verwöhnt | [fɛɐ'vø:nt] |

| ser travesso | unartig sein | ['ʊnʔaʁtɪç zaɪn] |
| travesso, traquinas (adj) | unartig | ['ʊnʔaʁtɪç] |
| travessura (f) | Unart (f) | ['ʊnʔaʁt] |
| criança (f) travessa | Schelm (m) | [ʃɛlm] |

| obediente (adj) | gehorsam | [gə'ho:ɐza:m] |
| desobediente (adj) | ungehorsam | ['ʊngəˌho:ɐza:m] |

| dócil (adj) | fügsam | [fy:ksam] |
| inteligente (adj) | klug | [klu:k] |
| prodígio (m) | Wunderkind (n) | ['vʊndɐˌkɪnt] |

## 57. Casais. Vida de família

| beijar (vt) | küssen (vt) | ['kʏsən] |
| beijar-se (vr) | sich küssen | [zɪç 'kʏsən] |

| família (f) | Familie (f) | [fa'mi:liə] |
| familiar (vida ~) | Familien- | [fa'mi:liən] |
| casal (m) | Paar (n) | [pa:ɐ] |
| matrimônio (m) | Ehe (f) | ['e:ə] |
| lar (m) | Heim (n) | ['haɪm] |
| dinastia (f) | Dynastie (f) | [dynas'ti:] |

| encontro (m) | Rendezvous (n) | [ʀaŋde'vu:] |
| beijo (m) | Kuss (m) | [kʊs] |

| amor (m) | Liebe (f) | ['li:bə] |
| amar (pessoa) | lieben (vt) | ['li:bən] |
| amado, querido (adj) | geliebt | [gə'li:pt] |

| ternura (f) | Zärtlichkeit (f) | ['tsɛ:etlɪçkaɪt] |
| afetuoso (adj) | zärtlich | ['tsɛ:etlɪç] |
| fidelidade (f) | Treue (f) | ['tʀɔɪə] |
| fiel (adj) | treu | [tʀɔɪ] |
| cuidado (m) | Fürsorge (f) | ['fy:ɐˌzɔʀgə] |
| carinhoso (adj) | sorgsam | ['zɔʀkza:m] |

| recém-casados (pl) | Frischvermählte (pl) | ['fʀɪʃ·fɛɐ'mɛ:ltə] |
| lua (f) de mel | Flitterwochen (pl) | ['flɪtɐˌvɔχən] |
| casar-se (com um homem) | heiraten (vi) | ['haɪʀa:tən] |
| casar-se (com uma mulher) | heiraten (vi) | ['haɪʀa:tən] |

| casamento (m) | Hochzeit (f) | ['hɔχˌtsaɪt] |
| bodas (f pl) de ouro | goldene Hochzeit (f) | ['gɔldənə 'hɔχˌtsaɪt] |
| aniversário (m) | Jahrestag (m) | ['ja:ʀəsˌta:k] |

| amante (m) | Geliebte (m) | [gə'li:ptə] |
| amante (f) | Geliebte (f) | [gə'li:ptə] |

| adultério (m), traição (f) | Ehebruch (m) | ['e:əˌbʀʊχ] |
| cometer adultério | Ehebruch begehen | ['e:əˌbʀʊχ bə'ge:ən] |
| ciumento (adj) | eifersüchtig | ['aɪfɐˌzʏçtɪç] |
| ser ciumento, -a | eifersüchtig sein | ['aɪfɐˌzʏçtɪç zaɪn] |
| divórcio (m) | Scheidung (f) | ['ʃaɪdʊŋ] |
| divorciar-se (vr) | sich scheiden lassen | [zɪç 'ʃaɪdən 'lasən] |

| brigar (discutir) | streiten (vi) | ['ʃtʀaɪtən] |
| fazer as pazes | sich versöhnen | [zɪç fɛɐ'zø:nən] |
| juntos (ir ~) | zusammen | [tsu'zamən] |
| sexo (m) | Sex (m) | [sɛks], [zɛks] |

| felicidade (f) | Glück (n) | [glʏk] |
| feliz (adj) | glücklich | ['glʏklɪç] |
| infelicidade (f) | Unglück (n) | ['ʊnˌglʏk] |
| infeliz (adj) | unglücklich | ['ʊnˌglʏklɪç] |

# Caráter. Sentimentos. Emoções

## 58. Sentimentos. Emoções

| | | |
|---|---|---|
| sentimento (m) | **Gefühl** (n) | [gə'fy:l] |
| sentimentos (m pl) | **Gefühle** (pl) | [gə'fy:lə] |
| sentir (vt) | **fühlen** (vt) | ['fy:lən] |
| | | |
| fome (f) | **Hunger** (m) | ['huŋɐ] |
| ter fome | **hungrig sein** | ['huŋʀɪç zaɪn] |
| sede (f) | **Durst** (m) | [duʁst] |
| ter sede | **Durst haben** | ['duʁst 'ha:bən] |
| sonolência (f) | **Schläfrigkeit** (f) | ['ʃlɛ:fʀɪçkaɪt] |
| estar sonolento | **schlafen wollen** | ['ʃla:fən 'vɔlən] |
| | | |
| cansaço (m) | **Müdigkeit** (f) | ['my:dɪçkaɪt] |
| cansado (adj) | **müde** | ['my:də] |
| ficar cansado | **müde werden** | ['my:də 've:ɐdən] |
| | | |
| humor (m) | **Laune** (f) | ['laʊnə] |
| tédio (m) | **Langeweile** (f) | ['laŋəˌvaɪlə] |
| entediar-se (vr) | **sich langweilen** | [zɪç 'laŋˌvaɪlən] |
| reclusão (isolamento) | **Zurückgezogenheit** (n) | [tsu'ʀʏkgəˌtso:gənhaɪt] |
| isolar-se (vr) | **sich zurückziehen** | [zɪç tsu'ʀʏkˌtsi:ən] |
| | | |
| preocupar (vt) | **beunruhigen** (vt) | [bə'ʔʊnˌʀu:ɪgən] |
| estar preocupado | **sorgen** (vi) | ['zɔʁgən] |
| preocupação (f) | **Besorgnis** (f) | [bə'zɔʁknɪs] |
| ansiedade (f) | **Angst** (f) | ['aŋst] |
| preocupado (adj) | **besorgt** | [bə'zɔʁkt] |
| estar nervoso | **nervös sein** | [nɛʁ'vø:s zaɪn] |
| entrar em pânico | **in Panik verfallen** (vi) | [ɪn 'pa:nɪk fɛɐ'falən] |
| | | |
| esperança (f) | **Hoffnung** (f) | ['hɔfnʊŋ] |
| esperar (vt) | **hoffen** (vi) | ['hɔfən] |
| | | |
| certeza (f) | **Sicherheit** (f) | ['zɪçɐhaɪt] |
| certo, seguro de ... | **sicher** | ['zɪçɐ] |
| indecisão (f) | **Unsicherheit** (f) | ['ʊnˌzɪçɐhaɪt] |
| indeciso (adj) | **unsicher** | ['ʊnˌzɪçɐ] |
| | | |
| bêbado (adj) | **betrunken** | [bə'tʀʊŋkən] |
| sóbrio (adj) | **nüchtern** | ['nʏçtɐn] |
| fraco (adj) | **schwach** | ['ʃvax] |
| feliz (adj) | **glücklich** | ['glʏklɪç] |
| assustar (vt) | **erschrecken** (vt) | [ɛɐ'ʃʀɛkən] |
| fúria (f) | **Wut** (f) | [vu:t] |
| ira, raiva (f) | **Rage** (f) | ['ʀa:ʒə] |
| depressão (f) | **Depression** (f) | [depʀɛ'sjo:n] |
| desconforto (m) | **Unbehagen** (n) | ['ʊnbəˌha:gən] |

| | | |
|---|---|---|
| conforto (m) | Komfort (m) | [kɔm'fo:ɐ] |
| arrepender-se (vr) | bedauern (vt) | [bə'daʊən] |
| arrependimento (m) | Bedauern (n) | [bə'daʊən] |
| azar (m), má sorte (f) | Missgeschick (n) | ['mɪsgəˌʃɪk] |
| tristeza (f) | Kummer (m) | ['kʊmɐ] |

| | | |
|---|---|---|
| vergonha (f) | Scham (f) | [ʃa:m] |
| alegria (f) | Freude (f) | ['fRɔɪdə] |
| entusiasmo (m) | Begeisterung (f) | [bə'gaɪstəRʊŋ] |
| entusiasta (m) | Enthusiast (m) | [ɛntu'zɪast] |
| mostrar entusiasmo | Begeisterung zeigen | [bə'gaɪstəRʊŋ 'tsaɪgən] |

## 59. Caráter. Personalidade

| | | |
|---|---|---|
| caráter (m) | Charakter (m) | [ka'Raktɐ] |
| falha (f) de caráter | Charakterfehler (m) | [ka'Raktɐˌfe:lɐ] |
| mente (f) | Verstand (m) | [fɛɐ'ʃtant] |
| razão (f) | Vernunft (f) | [fɛɐ'nʊnft] |

| | | |
|---|---|---|
| consciência (f) | Gewissen (n) | [gə'vɪsən] |
| hábito, costume (m) | Gewohnheit (f) | [gə'vo:nhaɪt] |
| habilidade (f) | Fähigkeit (f) | ['fɛ:ɪçkaɪt] |
| saber (~ nadar, etc.) | können (v mod) | ['kœnən] |

| | | |
|---|---|---|
| paciente (adj) | geduldig | [gə'dʊldɪç] |
| impaciente (adj) | ungeduldig | ['ʊngədʊldɪç] |
| curioso (adj) | neugierig | ['nɔɪˌgi:Rɪç] |
| curiosidade (f) | Neugier (f) | ['nɔɪˌgi:ɐ] |

| | | |
|---|---|---|
| modéstia (f) | Bescheidenheit (f) | [bə'ʃaɪdənhaɪt] |
| modesto (adj) | bescheiden | [bə'ʃaɪdən] |
| imodesto (adj) | unbescheiden | ['ʊnbə'ʃaɪdən] |

| | | |
|---|---|---|
| preguiça (f) | Faulheit (f) | ['faʊlhaɪt] |
| preguiçoso (adj) | faul | [faʊl] |
| preguiçoso (m) | Faulenzer (m) | ['faʊlɛntsɐ] |

| | | |
|---|---|---|
| astúcia (f) | Listigkeit (f) | ['lɪstɪçkaɪt] |
| astuto (adj) | listig | ['lɪstɪç] |
| desconfiança (f) | Misstrauen (n) | ['mɪsˌtRaʊən] |
| desconfiado (adj) | misstrauisch | ['mɪstRaʊɪʃ] |

| | | |
|---|---|---|
| generosidade (f) | Freigebigkeit (f) | ['fRaɪˌge:bɪçkaɪt] |
| generoso (adj) | freigebig | ['fRaɪˌge:bɪç] |
| talentoso (adj) | talentiert | [talɛn'ti:ɐt] |
| talento (m) | Talent (n) | [ta'lɛnt] |

| | | |
|---|---|---|
| corajoso (adj) | tapfer | ['tapfɐ] |
| coragem (f) | Tapferkeit (f) | ['tapfɐkaɪt] |
| honesto (adj) | ehrlich | ['e:ɐlɪç] |
| honestidade (f) | Ehrlichkeit (f) | ['e:ɐlɪçkaɪt] |

| | | |
|---|---|---|
| prudente, cuidadoso (adj) | vorsichtig | ['fo:ɐˌzɪçtɪç] |
| valoroso (adj) | tapfer | ['tapfɐ] |

| sério (adj) | ernst | [εʁnst] |
| severo (adj) | streng | [ʃtʁεŋ] |

| decidido (adj) | entschlossen | [εnt'ʃlɔsən] |
| indeciso (adj) | unentschlossen | ['ʊnʔεntʃlɔsən] |
| tímido (adj) | schüchtern | ['ʃʏçtɐn] |
| timidez (f) | Schüchternheit (f) | ['ʃʏçtɐnhaɪt] |

| confiança (f) | Vertrauen (n) | [fεɐ'tʁaʊən] |
| confiar (vt) | vertrauen (vi) | [fεɐ'tʁaʊən] |
| crédulo (adj) | vertrauensvoll | [fεɐ'tʁaʊəns,fɔl] |

| sinceramente | aufrichtig | ['aʊf,ʁɪçtɪç] |
| sincero (adj) | aufrichtig | ['aʊf,ʁɪçtɪç] |
| sinceridade (f) | Aufrichtigkeit (f) | ['aʊf,ʁɪçtɪçkaɪt] |
| aberto (adj) | offen | ['ɔfən] |

| calmo (adj) | still | [ʃtɪl] |
| franco (adj) | freimütig | ['fʁaɪ,my:tɪç] |
| ingênuo (adj) | naiv | [na'i:f] |
| distraído (adj) | zerstreut | [tsεɐ'ʃtʁɔɪt] |
| engraçado (adj) | drollig, komisch | ['dʁɔlɪç], ['ko:mɪʃ] |

| ganância (f) | Gier (f) | [gi:ɐ] |
| ganancioso (adj) | habgierig | ['ha:p,gi:ʁɪç] |
| avarento, sovina (adj) | geizig | ['gaɪtsɪç] |
| mal (adj) | böse | ['bø:zə] |
| teimoso (adj) | hartnäckig | ['haʁt,nεkɪç] |
| desagradável (adj) | unangenehm | ['ʊnʔangə,ne:m] |

| egoísta (m) | Egoist (m) | [ego'ɪst] |
| egoísta (adj) | egoistisch | [ego'ɪstɪʃ] |
| covarde (m) | Feigling (m) | ['faɪklɪŋ] |
| covarde (adj) | feige | ['faɪgə] |

## 60. O sono. Sonhos

| dormir (vi) | schlafen (vi) | ['ʃla:fən] |
| sono (m) | Schlaf (m) | [ʃla:f] |
| sonho (m) | Traum (m) | [tʁaʊm] |
| sonhar (ver sonhos) | träumen (vi, vt) | ['tʁɔɪmən] |
| sonolento (adj) | verschlafen | [fεɐ'ʃla:fən] |

| cama (f) | Bett (n) | [bεt] |
| colchão (m) | Matratze (f) | [ma'tʁatsə] |
| cobertor (m) | Decke (f) | ['dεkə] |
| travesseiro (m) | Kissen (n) | ['kɪsən] |
| lençol (m) | Laken (n) | ['la:kən] |

| insônia (f) | Schlaflosigkeit (f) | ['ʃla:flo:zɪçkaɪt] |
| sem sono (adj) | schlaflos | ['ʃla:flo:s] |
| sonífero (m) | Schlafmittel (n) | ['ʃla:f,mɪtəl] |
| tomar um sonífero | Schlafmittel nehmen | ['ʃla:f,mɪtəl 'ne:mən] |
| estar sonolento | schlafen wollen | ['ʃla:fən 'vɔlən] |

| bocejar (vi) | gähnen (vi) | ['gɛ:nən] |
| ir para a cama | schlafen gehen | ['ʃla:fən 'ge:ən] |
| fazer a cama | das Bett machen | [das bɛt 'maχən] |
| adormecer (vi) | einschlafen (vi) | ['aɪnˌʃaltən] |

| pesadelo (m) | Alptraum (m) | ['alpˌtʀaʊm] |
| ronco (m) | Schnarchen (n) | ['ʃnaʁçən] |
| roncar (vi) | schnarchen (vi) | ['ʃnaʁçən] |

| despertador (m) | Wecker (m) | ['vɛkɐ] |
| acordar, despertar (vt) | aufwecken (vt) | ['aʊfˌvɛkən] |
| acordar (vi) | erwachen (vi) | [ɛɐ'vaχən] |
| levantar-se (vr) | aufstehen (vi) | ['aʊfˌʃte:ən] |
| lavar-se (vr) | sich waschen | [zɪç 'vaʃən] |

## 61. Humor. Riso. Alegria

| humor (m) | Humor (m) | [hu'mo:ɐ] |
| senso (m) de humor | Sinn (m) für Humor | [zɪn fy:ɐ hu'mo:ɐ] |
| divertir-se (vr) | sich amüsieren | [zɪç amy'zi:ʀən] |
| alegre (adj) | froh | [fʀo:] |
| diversão (f) | Fröhlichkeit (f) | ['fʀø:lɪçˌkaɪt] |

| sorriso (m) | Lächeln (n) | ['lɛçəln] |
| sorrir (vi) | lächeln (vi) | ['lɛçəln] |
| começar a rir | auflachen (vi) | ['aʊflaχən] |
| rir (vi) | lachen (vi) | ['laχən] |
| riso (m) | Lachen (n) | ['laχən] |

| anedota (f) | Anekdote, Witz (m) | [anɛk'do:tə], [vɪts] |
| engraçado (adj) | lächerlich | ['lɛçɐlɪç] |
| ridículo, cômico (adj) | komisch | ['ko:mɪʃ] |

| brincar (vi) | Witz machen | [vɪts 'maχən] |
| piada (f) | Spaß (m) | [ʃpa:s] |
| alegria (f) | Freude (f) | ['fʀɔɪdə] |
| regozijar-se (vr) | sich freuen | [zɪç 'fʀɔɪən] |
| alegre (adj) | froh | [fʀo:] |

## 62. Discussão, conversação. Parte 1

| comunicação (f) | Kommunikation (f) | [kɔmunɪka'tsɪo:n] |
| comunicar-se (vr) | kommunizieren (vi) | [kɔmuni'tsi:ʀən] |

| conversa (f) | Konversation (f) | [kɔnvɛʁza'tsjo:n] |
| diálogo (m) | Dialog (m) | [dia'lo:k] |
| discussão (f) | Diskussion (f) | [dɪskʊ'sjo:n] |
| debate (m) | Streitgespräch (n) | ['ʃtʀaɪt·gə'ʃpʀɛ:ç] |
| debater (vt) | streiten (vi) | ['ʃtʀaɪtən] |

| interlocutor (m) | Gesprächspartner (m) | [gə'ʃpʀɛ:çsˌpaʁtnɐ] |
| tema (m) | Thema (n) | ['te:ma] |

| ponto (m) de vista | Gesichtspunkt (m) | [gə'zɪçts͜pʊŋkt] |
| opinião (f) | Meinung (f) | ['maɪnʊŋ] |
| discurso (m) | Rede (f) | ['ʀeːdə] |

| discussão (f) | Besprechung (f) | [bə'ʃpʀɛçʊŋ] |
| discutir (vt) | besprechen (vt) | [bə'ʃpʀɛçən] |
| conversa (f) | Gespräch (n) | [gə'ʃpʀɛːç] |
| conversar (vi) | Gespräche führen | [gə'ʃpʀɛːçə 'fyːʀən] |
| reunião (f) | Treffen (n) | ['tʀɛfən] |
| encontrar-se (vr) | sich treffen | [zɪç 'tʀɛfən] |

| provérbio (m) | Sprichwort (n) | ['ʃpʀɪç͜vɔʀt] |
| ditado, provérbio (m) | Redensart (f) | ['ʀeːdəns͜ʔaːɐt] |
| adivinha (f) | Rätsel (n) | ['ʀɛːtsəl] |
| dizer uma adivinha | ein Rätsel aufgeben | [aɪn 'ʀɛːtsəl 'aʊf͜geːbən] |
| senha (f) | Parole (f) | [pa'ʀoːlə] |
| segredo (m) | Geheimnis (n) | [gə'haɪmnɪs] |

| juramento (m) | Eid (m), Schwur (m) | [aɪt], [ʃvuːɐ] |
| jurar (vi) | schwören (vi, vt) | ['ʃvøːʀən] |
| promessa (f) | Versprechen (n) | [fɛɐ'ʃpʀɛçən] |
| prometer (vt) | versprechen (vt) | [fɛɐ'ʃpʀɛçən] |

| conselho (m) | Rat (m) | [ʀaːt] |
| aconselhar (vt) | raten (vt) | ['ʀaːtən] |
| seguir o conselho | einen Rat befolgen | ['aɪnən ʀaːt bə'fɔlgən] |
| escutar (~ os conselhos) | gehorchen (vi) | [gə'hɔʀçən] |

| novidade, notícia (f) | Neuigkeit (f) | ['nɔjɪçkaɪt] |
| sensação (f) | Sensation (f) | [zɛnza'tsjoːn] |
| informação (f) | Informationen (pl) | [ɪnfɔʀma'tsjoːnən] |
| conclusão (f) | Schlussfolgerung (f) | ['ʃlʊs͜fɔlgəʀʊŋ] |
| voz (f) | Stimme (f) | ['ʃtɪmə] |
| elogio (m) | Kompliment (n) | [͜kɔmpli'mɛnt] |
| amável, querido (adj) | freundlich | ['fʀɔɪntlɪç] |

| palavra (f) | Wort (n) | [vɔʀt] |
| frase (f) | Phrase (f) | ['fʀaːzə] |
| resposta (f) | Antwort (f) | ['antvɔʀt] |
| verdade (f) | Wahrheit (f) | ['vaːɐhaɪt] |
| mentira (f) | Lüge (f) | ['lyːgə] |

| pensamento (m) | Gedanke (m) | [gə'daŋkə] |
| ideia (f) | Idee (f) | [i'deː] |
| fantasia (f) | Phantasie (f) | [fanta'ziː] |

## 63. Discussão, conversação. Parte 2

| estimado, respeitado (adj) | angesehen | ['angə͜zeːən] |
| respeitar (vt) | respektieren (vt) | [ʀɛspɛk'tiːʀən] |
| respeito (m) | Respekt (m) | [ʀe'spɛkt] |
| Estimado ..., Caro ... | Sehr geehrter ... | [zeːɐ gə'leːɐtə] |
| apresentar (alguém a alguém) | bekannt machen | [bə'kant 'maχən] |

| conhecer (vt) | kennenlernen (vt) | ['kɛnən‚lɛʁnən] |
| intenção (f) | Absicht (f) | ['apzɪçt] |
| tencionar (~ fazer algo) | beabsichtigen (vt) | [bə'ʔapzɪçtɪgən] |
| desejo (de boa sorte) | Wunsch (m) | [vʊnʃ] |
| desejar (ex. ~ boa sorte) | wünschen (vt) | ['vʏnʃən] |

| surpresa (f) | Staunen (n) | ['ʃtaunən] |
| surpreender (vt) | erstaunen (vt) | [ɛɐ'ʃtaʊnən] |
| surpreender-se (vr) | staunen (vi) | ['ʃtaunən] |

| dar (vt) | geben (vt) | ['ge:bən] |
| pegar (tomar) | nehmen (vt) | ['ne:mən] |
| devolver (vt) | herausgeben (vt) | [hɛ'ʀaʊs‚ge:bən] |
| retornar (vt) | zurückgeben (vt) | [tsu'ʀʏk‚ge:bən] |

| desculpar-se (vr) | sich entschuldigen | [zɪç ɛnt'ʃʊldɪgən] |
| desculpa (f) | Entschuldigung (f) | [ɛnt'ʃʊldɪgʊn] |
| perdoar (vt) | verzeihen (vt) | [fɛɐ'tsaɪən] |

| falar (vi) | sprechen (vi) | ['ʃpʀɛçən] |
| escutar (vt) | hören (vt), zuhören (vi) | ['hø:ʀən], ['tsu:‚hø:ʀən] |
| ouvir até o fim | sich anhören | [zɪç 'an‚hø:ʀən] |
| entender (compreender) | verstehen (vt) | [fɛɐ'ʃte:ən] |

| mostrar (vt) | zeigen (vt) | ['tsaɪgən] |
| olhar para ... | ansehen (vt) | ['anze:ən] |
| chamar (alguém para ...) | rufen (vt) | ['ʀu:fən] |
| perturbar, distrair (vt) | belästigen (vt) | [bə'lɛstɪgən] |
| perturbar (vt) | stören (vt) | ['ʃtø:ʀən] |
| entregar (~ em mãos) | übergeben (vt) | [y:bə'ge:bən] |

| pedido (m) | Bitte (f) | ['bɪtə] |
| pedir (ex. ~ ajuda) | bitten (vt) | ['bɪtən] |
| exigência (f) | Verlangen (n) | [fɛɐ'laŋən] |
| exigir (vt) | verlangen (vt) | [fɛɐ'laŋən] |

| insultar (chamar nomes) | necken (vt) | ['nɛkən] |
| zombar (vt) | spotten (vi) | ['ʃpotən] |
| zombaria (f) | Spott (m) | [ʃpot] |
| alcunha (f), apelido (m) | Spitzname (m) | ['ʃpɪts‚na:mə] |

| insinuação (f) | Andeutung (f) | ['an‚dɔɪtʊŋ] |
| insinuar (vt) | andeuten (vt) | ['an‚dɔɪtən] |
| querer dizer | meinen (vt) | ['maɪnən] |

| descrição (f) | Beschreibung (f) | [bə'ʃʀaɪbʊŋ] |
| descrever (vt) | beschreiben (vt) | [bə'ʃʀaɪbən] |
| elogio (m) | Lob (n) | [lo:p] |
| elogiar (vt) | loben (vt) | ['lo:bən] |

| desapontamento (m) | Enttäuschung (f) | [ɛnt'tɔɪʃʊŋ] |
| desapontar (vt) | enttäuschen (vt) | [ɛnt'tɔɪʃən] |
| desapontar-se (vr) | enttäuscht sein | [ɛnt'tɔɪʃt zaɪn] |

| suposição (f) | Vermutung (f) | [fɛɐ'mu:tʊŋ] |
| supor (vt) | vermuten (vt) | [fɛɐ'mu:tən] |

| advertência (f) | **Warnung** (f) | ['vaʁnʊŋ] |
| advertir (vt) | **warnen** (vt) | ['vaʁnən] |

## 64. Discussão, conversação. Parte 3

| convencer (vt) | **überreden** (vt) | [y:bɐ'ʀe:dən] |
| acalmar (vt) | **beruhigen** (vt) | [bə'ʀu:ɪgən] |

| silêncio (o ~ é de ouro) | **Schweigen** (n) | ['ʃvaɪgən] |
| ficar em silêncio | **schweigen** (vi) | ['ʃvaɪgən] |
| sussurrar (vt) | **flüstern** (vt) | ['flʏstɐn] |
| sussurro (m) | **Flüstern** (n) | ['flʏstɐn] |

| francamente | **offen** | ['ɔfən] |
| na minha opinião ... | **meiner Meinung nach ...** | ['maɪnə 'maɪnʊŋ na:χ] |

| detalhe (~ da história) | **Detail** (n) | [de'taɪ] |
| detalhado (adj) | **ausführlich** | ['aʊsˌfy:ɐlɪç] |
| detalhadamente | **ausführlich** | ['aʊsˌfy:ɐlɪç] |

| dica (f) | **Tipp** (m) | [tɪp] |
| dar uma dica | **einen Tipp geben** | ['aɪnən tɪp 'ge:bən] |

| olhar (m) | **Blick** (m) | [blɪk] |
| dar uma olhada | **anblicken** (vt) | ['anblikən] |
| fixo (olhada ~a) | **starr** | [ʃtaʁ] |
| piscar (vi) | **blinzeln** (vi) | ['blɪntsəln] |
| piscar (vt) | **zwinkern** (vi) | ['tsvɪŋkən] |
| acenar com a cabeça | **nicken** (vi) | ['nɪkən] |

| suspiro (m) | **Seufzer** (m) | ['zɔɪftsɐ] |
| suspirar (vi) | **aufseufzen** (vi) | ['aʊfˌzɔɪftsən] |
| estremecer (vi) | **zusammenzucken** (vi) | [tsu'zamənˌtsʊkən] |
| gesto (m) | **Geste** (f) | ['gɛstə] |
| tocar (com as mãos) | **berühren** (vt) | [bə'ʀy:ʀən] |
| agarrar (~ pelo braço) | **ergreifen** (vt) | [ɛɐ'gʀaɪfən] |
| bater de leve | **klopfen** (vt) | ['klɔpfən] |

| Cuidado! | **Vorsicht!** | ['fo:ɐˌzɪçt] |
| Sério? | **Wirklich?** | ['vɪʁklɪç] |
| Boa sorte! | **Viel Glück!** | [fi:l glʏk] |
| Entendi! | **Klar!** | [kla:ɐ] |
| Que pena! | **Schade!** | ['ʃa:də] |

## 65. Acordo. Recusa

| consentimento (~ mútuo) | **Einverständnis** (n) | ['aɪnfɛɐˌʃtɛntnɪs] |
| consentir (vi) | **zustimmen** (vi) | ['tsu:ˌʃtɪmən] |
| aprovação (f) | **Billigung** (f) | ['bɪlɪgʊŋ] |
| aprovar (vt) | **billigen** (vt) | ['bɪlɪgən] |
| recusa (f) | **Absage** (f) | ['apˌza:gə] |
| negar-se a ... | **sich weigern** | [zɪç 'vaɪgən] |

| Ótimo! | Ausgezeichnet! | ['aʊsgəˌtsaɪçnət] |
| Tudo bem! | Ganz recht! | [gants ʀɛçt] |
| Está bem! De acordo! | Gut! Okay! | [guːt], [o'keː] |

| proibido (adj) | verboten | [fɛɛ'boːtən] |
| é proibido | Es ist verboten | [ɛs ist fɛɛ'boːtən] |
| é impossível | Es ist unmöglich | [ɛs ist 'ʊnmøːklɪç] |
| incorreto (adj) | falsch | [falʃ] |

| rejeitar (~ um pedido) | ablehnen (vt) | ['apˌleːnən] |
| apoiar (vt) | unterstützen (vt) | [ˌʊntɐ'ʃtʏtsən] |
| aceitar (desculpas, etc.) | akzeptieren (vt) | [ˌaktsɛp'tiːʀən] |

| confirmar (vt) | bestätigen (vt) | [bə'ʃtɛːtɪgən] |
| confirmação (f) | Bestätigung (f) | [bə'ʃtɛːtɪgʊŋ] |
| permissão (f) | Erlaubnis (f) | [ɛɛ'laʊpnɪs] |
| permitir (vt) | erlauben (vt) | [ɛɛ'laʊbən] |
| decisão (f) | Entscheidung (f) | [ɛnt'ʃaɪdʊŋ] |
| não dizer nada | schweigen (vi) | ['ʃvaɪgən] |

| condição (com uma ~) | Bedingung (f) | [bə'dɪŋʊŋ] |
| pretexto (m) | Ausrede (f) | ['aʊsˌʀeːdə] |
| elogio (m) | Lob (n) | [loːp] |
| elogiar (vt) | loben (vt) | ['loːbən] |

## 66. Sucesso. Boa sorte. Insucesso

| êxito, sucesso (m) | Erfolg (m) | [ɛɛ'fɔlk] |
| com êxito | erfolgreich | [ɛɛ'fɔlkʀaɪç] |
| bem sucedido (adj) | erfolgreich | [ɛɛ'fɔlkʀaɪç] |

| sorte (fortuna) | Glück (n) | [glʏk] |
| Boa sorte! | Viel Glück! | [fiːl glʏk] |

| de sorte | Glücks- | [glʏks] |
| sortudo, felizardo (adj) | glücklich | ['glʏklɪç] |

| fracasso (m) | Misserfolg (m) | ['mɪsʔɛɛˌfɔlk] |
| pouca sorte (f) | Missgeschick (n) | ['mɪsgəˌʃɪk] |
| azar (m), má sorte (f) | Unglück (n) | ['ʊnˌglʏk] |

| mal sucedido (adj) | missglückt | [mɪs'glʏkt] |
| catástrofe (f) | Katastrophe (f) | [ˌkatas'tʀoːfə] |

| orgulho (m) | Stolz (m) | [ʃtɔlts] |
| orgulhoso (adj) | stolz | [ʃtɔlts] |
| estar orgulhoso, -a | stolz sein | [ʃtɔlts zaɪn] |

| vencedor (m) | Sieger (m) | ['ziːgɐ] |
| vencer (vi, vt) | siegen (vi) | ['ziːgən] |
| perder (vt) | verlieren (vt) | [fɛɛ'liːʀən] |
| tentativa (f) | Versuch (m) | [fɛɛ'zuːχ] |
| tentar (vt) | versuchen (vt) | [fɛɛ'zuːχən] |
| chance (m) | Chance (f) | ['ʃaŋsə] |

## 67. Conflitos. Emoções negativas

| | | |
|---|---|---|
| grito (m) | **Schrei** (m) | [ʃʀaɪ] |
| gritar (vi) | **schreien** (vi) | [ˈʃʀaɪən] |
| começar a gritar | **beginnen zu schreien** | [bəˈɡɪnən tsu ˈʃʀaɪən] |
| | | |
| discussão (f) | **Zank** (m) | [tsaŋk] |
| brigar (discutir) | **sich zanken** | [zɪç ˈtsaŋkən] |
| escândalo (m) | **Riesenkrach** (m) | [ˈʀiːzənˌkʀaχ] |
| criar escândalo | **Krach haben** | [ˈkʀaχ haːbən] |
| conflito (m) | **Konflikt** (m) | [kɔnˈflɪkt] |
| mal-entendido (m) | **Missverständnis** (n) | [ˈmɪsfɛɐʃtɛntnɪs] |
| | | |
| insulto (m) | **Kränkung** (f) | [ˈkʀɛŋkʊŋ] |
| insultar (vt) | **kränken** (vt) | [ˈkʀɛŋkən] |
| insultado (adj) | **gekränkt** | [ɡəˈkʀɛŋkt] |
| ofensa (f) | **Beleidigung** (f) | [bəˈlaɪdɪɡʊŋ] |
| ofender (vt) | **beleidigen** (vt) | [bəˈlaɪdɪɡən] |
| ofender-se (vr) | **sich beleidigt fühlen** | [zɪç bəˈlaɪdɪçt ˈfyːlən] |
| | | |
| indignação (f) | **Empörung** (f) | [ɛmˈpøːʀʊŋ] |
| indignar-se (vr) | **sich empören** | [zɪç ɛmˈpøːʀən] |
| queixa (f) | **Klage** (f) | [ˈklaːɡə] |
| queixar-se (vr) | **klagen** (vi) | [ˈklaːɡən] |
| | | |
| desculpa (f) | **Entschuldigung** (f) | [ɛntˈʃʊldɪɡʊŋ] |
| desculpar-se (vr) | **sich entschuldigen** | [zɪç ɛntˈʃʊldɪɡən] |
| pedir perdão | **um Entschuldigung bitten** | [ʊm ɛntˈʃʊldɪɡʊŋ ˈbɪtən] |
| | | |
| crítica (f) | **Kritik** (f) | [kʀiˈtiːk] |
| criticar (vt) | **kritisieren** (vt) | [kʀitiˈziːʀən] |
| acusação (f) | **Anklage** (f) | [ˈanklaːɡə] |
| acusar (vt) | **anklagen** (vt) | [ˈanˌklaːɡən] |
| | | |
| vingança (f) | **Rache** (f) | [ˈʀaχə] |
| vingar (vt) | **rächen** (vt) | [ˈʀɛçən] |
| vingar-se de | **sich rächen** | [zɪç ˈʀɛçən] |
| | | |
| desprezo (m) | **Verachtung** (f) | [fɛɐˈʔaχtʊŋ] |
| desprezar (vt) | **verachten** (vt) | [fɛɐˈʔaχtən] |
| ódio (m) | **Hass** (m) | [has] |
| odiar (vt) | **hassen** (vt) | [ˈhasən] |
| | | |
| nervoso (adj) | **nervös** | [nɛʀˈvøːs] |
| estar nervoso | **nervös sein** | [nɛʀˈvøːs zaɪn] |
| zangado (adj) | **verärgert** | [fɛɐˈʔɛʀɡet] |
| zangar (vt) | **ärgern** (vt) | [ˈɛʀɡən] |
| | | |
| humilhação (f) | **Erniedrigung** (f) | [ɛɐˈniːdʀɪɡʊŋ] |
| humilhar (vt) | **erniedrigen** (vt) | [ɛɐˈniːdʀɪɡən] |
| humilhar-se (vr) | **sich erniedrigen** | [zɪç ɛɐˈniːdʀɪɡən] |
| | | |
| choque (m) | **Schock** (m) | [ʃɔk] |
| chocar (vt) | **schockieren** (vt) | [ʃɔˈkiːʀən] |
| aborrecimento (m) | **Ärger** (m) | [ˈɛʀɡɐ] |

| | | |
|---|---|---|
| desagradável (adj) | unangenehm | ['ʊnʔangəˌneːm] |
| medo (m) | Angst (f) | ['aŋst] |
| terrível (tempestade, etc.) | furchtbar | ['fʊʁçtbaːɐ] |
| assustador (ex. história ~a) | schrecklich | ['ʃʁɛklɪç] |
| horror (m) | Entsetzen (n) | [ɛnt'zɛtsən] |
| horrível (crime, etc.) | entsetzlich | [ɛnt'zɛtslɪç] |

| | | |
|---|---|---|
| começar a tremer | zittern (vi) | ['tsɪtən] |
| chorar (vi) | weinen (vi) | ['vaɪnən] |
| começar a chorar | anfangen zu weinen | ['anˌfaŋən tsu: 'vaɪnən] |
| lágrima (f) | Träne (f) | ['tʁɛːnə] |

| | | |
|---|---|---|
| falta (f) | Schuld (f) | [ʃʊlt] |
| culpa (f) | Schuldgefühl (n) | ['ʃʊltgəˌfyːl] |
| desonra (f) | Schmach (f) | [ʃmaːχ] |
| protesto (m) | Protest (m) | [pʁo'tɛst] |
| estresse (m) | Stress (m) | [stʁɛs] |

| | | |
|---|---|---|
| perturbar (vt) | stören (vt) | ['ʃtøːʁən] |
| zangar-se com ... | sich ärgern | [zɪç 'ɛʁgən] |
| zangado (irritado) | ärgerlich | ['ɛʁgəˌlɪç] |
| terminar (vt) | abbrechen (vi) | ['apˌbʁɛçən] |
| praguejar | schelten (vi) | ['ʃɛltən] |

| | | |
|---|---|---|
| assustar-se | erschrecken (vi) | [ɛʁ'ʃʁɛkən] |
| golpear (vt) | schlagen (vt) | ['ʃlaːgən] |
| brigar (na rua, etc.) | sich prügeln | [zɪç 'pʁyːgəln] |

| | | |
|---|---|---|
| resolver (o conflito) | beilegen (vt) | ['baɪˌleːgən] |
| descontente (adj) | unzufrieden | ['ʊntsuˌfʁiːdən] |
| furioso (adj) | wütend | ['vyːtənt] |

| | | |
|---|---|---|
| Não está bem! | Das ist nicht gut! | [das is nɪçt guːt] |
| É ruim! | Das ist schlecht! | [das is ʃlɛçt] |

# Medicina

## 68. Doenças

| | | |
|---|---|---|
| doença (f) | Krankheit (f) | ['kʀaŋkhaɪt] |
| estar doente | krank sein | [kʀaŋk zaɪn] |
| saúde (f) | Gesundheit (f) | [gə'zʊnthaɪt] |
| | | |
| nariz (m) escorrendo | Schnupfen (m) | ['ʃnʊpfən] |
| amigdalite (f) | Angina (f) | [aŋ'gi:na] |
| resfriado (m) | Erkältung (f) | [ɛɐ'kɛltʊŋ] |
| ficar resfriado | sich erkälten | [zɪç ɛɐ'kɛltən] |
| | | |
| bronquite (f) | Bronchitis (f) | [bʀɔn'çi:tɪs] |
| pneumonia (f) | Lungenentzündung (f) | ['lʊŋən?ɛnt̩tsʏndʊŋ] |
| gripe (f) | Grippe (f) | ['gʀɪpə] |
| | | |
| míope (adj) | kurzsichtig | ['kʊɐts̩zɪçtɪç] |
| presbita (adj) | weitsichtig | ['vaɪt̩zɪçtɪç] |
| estrabismo (m) | Schielen (n) | ['ʃi:lən] |
| estrábico, vesgo (adj) | schielend | ['ʃi:lənt] |
| catarata (f) | grauer Star (m) | ['gʀaʊɐ ʃta:ɐ] |
| glaucoma (m) | Glaukom (n) | [glau'ko:m] |
| | | |
| AVC (m), apoplexia (f) | Schlaganfall (m) | ['ʃla:k?an̩fal] |
| ataque (m) cardíaco | Infarkt (m) | [ɪn'faʀkt] |
| enfarte (m) do miocárdio | Herzinfarkt (m) | ['hɛɐts?ɪn̩faʀkt] |
| paralisia (f) | Lähmung (f) | ['lɛ:mʊŋ] |
| paralisar (vt) | lähmen (vt) | ['lɛ:mən] |
| | | |
| alergia (f) | Allergie (f) | [ˌalɛʀ'gi:] |
| asma (f) | Asthma (n) | ['astma] |
| diabetes (f) | Diabetes (m) | [dia'be:tɛs] |
| | | |
| dor (f) de dente | Zahnschmerz (m) | ['tsa:n̩ʃmɛʀts] |
| cárie (f) | Karies (f) | ['ka:ʀɪɛs] |
| | | |
| diarreia (f) | Durchfall (m) | ['dʊʀç̩fal] |
| prisão (f) de ventre | Verstopfung (f) | [fɛɐ'ʃtɔpfʊŋ] |
| desarranjo (m) intestinal | Magenverstimmung (f) | ['ma:gən·fɛɐ̯ʃtɪmʊŋ] |
| intoxicação (f) alimentar | Vergiftung (f) | [fɛɐ'gɪftʊŋ] |
| intoxicar-se | Vergiftung bekommen | [fɛɐ'gɪftʊŋ bə'kɔmən] |
| | | |
| artrite (f) | Arthritis (f) | [aʀ'tʀi:tɪs] |
| raquitismo (m) | Rachitis (f) | [ʀa'xi:tɪs] |
| reumatismo (m) | Rheumatismus (m) | [ʀɔɪma'tɪsmʊs] |
| arteriosclerose (f) | Atherosklerose (f) | [atɛʀɔskle'ʀo:zə] |
| | | |
| gastrite (f) | Gastritis (f) | [gas'tʀi:tɪs] |
| apendicite (f) | Blinddarmentzündung (f) | ['blɪntdaʀm?ɛnt̩tsʏndʊŋ] |

| colecistite (f) | Cholezystitis (f) | [çoletsʏs'ti:tɪs] |
| úlcera (f) | Geschwür (n) | [gə'ʃvy:ɐ] |

| sarampo (m) | Masern (pl) | ['ma:zɐn] |
| rubéola (f) | Röteln (pl) | ['ʀø:təln] |
| icterícia (f) | Gelbsucht (f) | ['gɛlp,zʊxt] |
| hepatite (f) | Hepatitis (f) | [ˌhepa'ti:tɪs] |

| esquizofrenia (f) | Schizophrenie (f) | [ʃitsofʀe'ni:] |
| raiva (f) | Tollwut (f) | ['tɔl,vu:t] |
| neurose (f) | Neurose (f) | [nɔɪ'ʀo:zə] |
| contusão (f) cerebral | Gehirnerschütterung (f) | [gə'hɪʀn?ɛɐ,ʃʏtəʀʊŋ] |

| câncer (m) | Krebs (m) | [kʀe:ps] |
| esclerose (f) | Sklerose (f) | [skle'ʀo:zə] |
| esclerose (f) múltipla | multiple Sklerose (f) | [mʊl'ti:plə skle'ʀo:zə] |

| alcoolismo (m) | Alkoholismus (m) | [ˌalkoho'lɪsmʊs] |
| alcoólico (m) | Alkoholiker (m) | [alko'ho:likɐ] |
| sífilis (f) | Syphilis (f) | ['zy:filɪs] |
| AIDS (f) | AIDS | ['eɪts] |

| tumor (m) | Tumor (m) | ['tu:mo:ɐ] |
| maligno (adj) | bösartig | ['bø:s,?a:ɐtɪç] |
| benigno (adj) | gutartig | ['gu:t,?a:ɐtɪç] |
| febre (f) | Fieber (n) | ['fi:bɐ] |
| malária (f) | Malaria (f) | [ma'la:ʀɪa] |
| gangrena (f) | Gangrän (f, n) | [gaŋ'gʀɛ:n] |
| enjoo (m) | Seekrankheit (f) | ['ze:,kʀaŋkhaɪt] |
| epilepsia (f) | Epilepsie (f) | [epilɛ'psi:] |

| epidemia (f) | Epidemie (f) | [epide'mi:] |
| tifo (m) | Typhus (m) | ['ty:fʊs] |
| tuberculose (f) | Tuberkulose (f) | [tubɛʀku'lo:zə] |
| cólera (f) | Cholera (f) | ['ko:leʀa] |
| peste (f) bubônica | Pest (f) | [pɛst] |

## 69. Sintomas. Tratamentos. Parte 1

| sintoma (m) | Symptom (n) | [zʏmp'to:m] |
| temperatura (f) | Temperatur (f) | [tɛmpəʀa'tu:ɐ] |
| febre (f) | Fieber (n) | ['fi:bɐ] |
| pulso (m) | Puls (m) | [pʊls] |

| vertigem (f) | Schwindel (m) | ['ʃvɪndəl] |
| quente (testa, etc.) | heiß | [haɪs] |
| calafrio (m) | Schüttelfrost (m) | ['ʃʏtəl,fʀɔst] |
| pálido (adj) | blass | [blas] |

| tosse (f) | Husten (m) | ['hu:stən] |
| tossir (vi) | husten (vi) | ['hu:stən] |
| espirrar (vi) | niesen (vi) | ['ni:zən] |
| desmaio (m) | Ohnmacht (f) | ['o:n,maxt] |
| desmaiar (vi) | ohnmächtig werden | ['o:n,mɛçtɪç 've:ɐdən] |

| | | |
|---|---|---|
| mancha (f) preta | blauer Fleck (m) | ['blaʊɐ flɛk] |
| galo (m) | Beule (f) | ['bɔɪlə] |
| machucar-se (vr) | sich stoßen | [zɪç 'ʃto:sən] |
| contusão (f) | Prellung (f) | ['pʀɛlʊŋ] |
| machucar-se (vr) | sich stoßen | [zɪç 'ʃto:sən] |

| | | |
|---|---|---|
| mancar (vi) | hinken (vi) | ['hɪŋkən] |
| deslocamento (f) | Verrenkung (f) | [fɛɐ'ʀɛnkuŋ] |
| deslocar (vt) | ausrenken (vt) | ['aʊsˌʀɛŋkən] |
| fratura (f) | Fraktur (f) | [fʀak'tu:ɐ] |
| fraturar (vt) | brechen (vt) | ['bʀɛçən] |

| | | |
|---|---|---|
| corte (m) | Schnittwunde (f) | ['ʃnɪtˌvʊndə] |
| cortar-se (vr) | sich schneiden | [zɪç 'ʃnaɪdən] |
| hemorragia (f) | Blutung (f) | ['blu:tʊŋ] |

| | | |
|---|---|---|
| queimadura (f) | Verbrennung (f) | [fɛɐ'bʀɛnʊŋ] |
| queimar-se (vr) | sich verbrennen | [zɪç fɛɐ'bʀɛnən] |

| | | |
|---|---|---|
| picar (vt) | stechen (vt) | ['ʃtɛçən] |
| picar-se (vr) | sich stechen | [zɪç 'ʃtɛçən] |
| lesionar (vt) | verletzen (vt) | [fɛɐ'lɛtsən] |
| lesão (m) | Verletzung (f) | [fɛɐ'lɛtsʊŋ] |
| ferida (f), ferimento (m) | Wunde (f) | ['vʊndə] |
| trauma (m) | Trauma (n) | ['tʀaʊma] |

| | | |
|---|---|---|
| delirar (vi) | irrereden (vi) | ['ɪʀəˌʀe:dən] |
| gaguejar (vi) | stottern (vi) | ['ʃtɔtɐn] |
| insolação (f) | Sonnenstich (m) | ['zɔnənˌʃtɪç] |

## 70. Sintomas. Tratamentos. Parte 2

| | | |
|---|---|---|
| dor (f) | Schmerz (m) | [ʃmɛʁts] |
| farpa (no dedo, etc.) | Splitter (m) | ['ʃplɪtɐ] |

| | | |
|---|---|---|
| suor (m) | Schweiß (m) | [ʃvaɪs] |
| suar (vi) | schwitzen (vi) | ['ʃvɪtsən] |
| vômito (m) | Erbrechen (n) | [ɛɐ'bʀɛçən] |
| convulsões (f pl) | Krämpfe (pl) | ['kʀɛmpfə] |

| | | |
|---|---|---|
| grávida (adj) | schwanger | ['ʃvaŋɐ] |
| nascer (vi) | geboren sein | [gə'bo:ʀən zaɪn] |
| parto (m) | Geburt (f) | [gə'bu:ɐt] |
| dar à luz | gebären (vt) | [gə'bɛ:ʀən] |
| aborto (m) | Abtreibung (f) | ['apˌtʀaɪbʊŋ] |

| | | |
|---|---|---|
| respiração (f) | Atem (m) | ['a:təm] |
| inspiração (f) | Atemzug (m) | ['a:təmˌtsu:k] |
| expiração (f) | Ausatmung (f) | ['aʊsʔa:tmʊŋ] |
| expirar (vi) | ausatmen (vt) | ['aʊsˌʔa:tmən] |
| inspirar (vi) | einatmen (vt) | ['aɪnˌʔa:tmən] |

| | | |
|---|---|---|
| inválido (m) | Invalide (m) | [ɪnva'li:də] |
| aleijado (m) | Krüppel (m) | ['kʀʏpəl] |

| drogado (m) | Drogenabhängiger (m) | ['dʀo:gən‚?aphɛŋɪgɐ] |
| surdo (adj) | taub | [taʊp] |
| mudo (adj) | stumm | [ʃtʊm] |
| surdo-mudo (adj) | taubstumm | ['taʊpˌʃtʊm] |

| louco, insano (adj) | verrückt | [fɛɐ'ʀʏkt] |
| louco (m) | Irre (m) | ['ɪʀə] |
| louca (f) | Irre (f) | ['ɪʀə] |
| ficar louco | den Verstand verlieren | [den fɛɐ'ʃtant fɛɐ'li:ʀən] |

| gene (m) | Gen (n) | [ge:n] |
| imunidade (f) | Immunität (f) | [ɪmuni'tɛ:t] |
| hereditário (adj) | erblich | ['ɛɐplɪç] |
| congênito (adj) | angeboren | ['angəˌbo:ʀən] |

| vírus (m) | Virus (m, n) | ['vi:ʀʊs] |
| micróbio (m) | Mikrobe (f) | [mi'kʀo:bə] |
| bactéria (f) | Bakterie (f) | [bak'te:ʀɪə] |
| infecção (f) | Infektion (f) | [ɪnfɛk'tsjo:n] |

## 71. Sintomas. Tratamentos. Parte 3

| hospital (m) | Krankenhaus (n) | ['kʀaŋkənˌhaʊs] |
| paciente (m) | Patient (m) | [pa'tsiɛnt] |

| diagnóstico (m) | Diagnose (f) | [dia'gno:zə] |
| cura (f) | Heilung (f) | ['haɪlʊŋ] |
| tratamento (m) médico | Behandlung (f) | [bə'handlʊŋ] |
| curar-se (vr) | Behandlung bekommen | [bə'handlʊŋ bə'kɔmən] |
| tratar (vt) | behandeln (vt) | [bə'handəln] |
| cuidar (pessoa) | pflegen (vt) | ['pfle:gən] |
| cuidado (m) | Pflege (f) | ['pfle:gə] |

| operação (f) | Operation (f) | [opəʀa'tsjo:n] |
| enfaixar (vt) | verbinden (vt) | [fɛɐ'bɪndən] |
| enfaixamento (m) | Verband (m) | [fɛɐ'bant] |

| vacinação (f) | Impfung (f) | ['ɪmpfʊŋ] |
| vacinar (vt) | impfen (vt) | ['ɪmpfən] |
| injeção (f) | Spritze (f) | ['ʃpʀɪtsə] |
| dar uma injeção | eine Spritze geben | ['aɪnə 'ʃpʀɪtsə 'ge:bən] |

| ataque (~ de asma, etc.) | Anfall (m) | ['anˌfal] |
| amputação (f) | Amputation (f) | [amputa'tsjo:n] |
| amputar (vt) | amputieren (vt) | [ampu'ti:ʀən] |
| coma (f) | Koma (n) | ['ko:ma] |
| estar em coma | im Koma liegen | [ɪm 'ko:ma 'li:gən] |
| reanimação (f) | Reanimation (f) | [ʀe?anima'tsjo:n] |

| recuperar-se (vr) | genesen von ... | [gə'ne:zən fɔn] |
| estado (~ de saúde) | Zustand (m) | ['tsu:ˌʃtant] |
| consciência (perder a ~) | Bewusstsein (n) | [bə'vʊstzaɪn] |
| memória (f) | Gedächtnis (n) | [gə'dɛçtnɪs] |
| tirar (vt) | ziehen (vt) | ['tsi:ən] |

| | | |
|---|---|---|
| obturação (f) | **Plombe** (f) | ['plɔmbə] |
| obturar (vt) | **plombieren** (vt) | [plɔm'bi:ʁən] |
| | | |
| hipnose (f) | **Hypnose** (f) | [hʏp'no:zə] |
| hipnotizar (vt) | **hypnotisieren** (vt) | [hʏpnoti'zi:ʁən] |

## 72. Médicos

| | | |
|---|---|---|
| médico (m) | **Arzt** (m) | [aʁtst] |
| enfermeira (f) | **Krankenschwester** (f) | [kʁaŋkənʃvɛstə] |
| médico (m) pessoal | **Privatarzt** (m) | [pʁi'va:t͜ʔaʁtst] |
| | | |
| dentista (m) | **Zahnarzt** (m) | ['tsa:n͜ʔaʁtst] |
| oculista (m) | **Augenarzt** (m) | ['aʊɡən͜ʔaʁtst] |
| terapeuta (m) | **Internist** (m) | [ɪntɐ'nɪst] |
| cirurgião (m) | **Chirurg** (m) | [çi'ʁuʁk] |
| | | |
| psiquiatra (m) | **Psychiater** (m) | [psy'çɪa:tɐ] |
| pediatra (m) | **Kinderarzt** (m) | ['kɪndɐ͜ʔaʁtst] |
| psicólogo (m) | **Psychologe** (m) | [psyço'lo:ɡə] |
| ginecologista (m) | **Frauenarzt** (m) | ['fʁaʊən͜ʔaʁtst] |
| cardiologista (m) | **Kardiologe** (m) | [kaʁdɪo'lo:ɡə] |

## 73. Medicina. Drogas. Acessórios

| | | |
|---|---|---|
| medicamento (m) | **Arznei** (f) | [aʁts'naɪ] |
| remédio (m) | **Heilmittel** (n) | ['haɪl͵mɪtəl] |
| receitar (vt) | **verschreiben** (vt) | [fɛɐ'ʃʁaɪbən] |
| receita (f) | **Rezept** (n) | [ʁe'tsɛpt] |
| | | |
| comprimido (m) | **Tablette** (f) | [tab'letə] |
| unguento (m) | **Salbe** (f) | ['zalbə] |
| ampola (f) | **Ampulle** (f) | [am'pʊlə] |
| solução, preparado (m) | **Mixtur** (f) | [mɪks'tu:ɐ] |
| xarope (m) | **Sirup** (m) | ['zi:ʁʊp] |
| cápsula (f) | **Pille** (f) | ['pɪlə] |
| pó (m) | **Pulver** (n) | ['pʊlfɐ] |
| | | |
| atadura (f) | **Verband** (m) | [fɛɐ'bant] |
| algodão (m) | **Watte** (f) | ['vatə] |
| iodo (m) | **Jod** (n) | [jo:t] |
| | | |
| curativo (m) adesivo | **Pflaster** (n) | ['pflastɐ] |
| conta-gotas (m) | **Pipette** (f) | [pi'pɛtə] |
| termômetro (m) | **Thermometer** (n) | [tɛʁmo'me:tɐ] |
| seringa (f) | **Spritze** (f) | ['ʃpʁɪtsə] |
| | | |
| cadeira (f) de rodas | **Rollstuhl** (m) | ['ʁɔlʃtu:l] |
| muletas (f pl) | **Krücken** (pl) | ['kʁʏkən] |
| | | |
| analgésico (m) | **Betäubungsmittel** (n) | [bə'tɔɪbʊŋs͵mɪtəl] |
| laxante (m) | **Abführmittel** (n) | ['apfy:ɐ͵mɪtəl] |

| álcool (m) | Spiritus (m) | ['spi:ʀitʊs] |
| ervas (f pl) medicinais | Heilkraut (n) | ['haɪlˌkʀaʊt] |
| de ervas (chá ~) | Kräuter- | ['kʀɔɪtɐ] |

## 74. Fumar. Produtos tabágicos

| tabaco (m) | Tabak (m) | ['ta:bak] |
| cigarro (m) | Zigarette (f) | [tsiga'ʀɛtə] |
| charuto (m) | Zigarre (f) | [tsi'gaʀə] |
| cachimbo (m) | Pfeife (f) | ['pfaɪfə] |
| maço (~ de cigarros) | Packung (f) | ['pakʊŋ] |

| fósforos (m pl) | Streichhölzer (pl) | ['ʃtʀaɪçˌhœltsɐ] |
| caixa (f) de fósforos | Streichholzschachtel (f) | ['ʃtʀaɪç·hɔltsˌʃaχtəl] |
| isqueiro (m) | Feuerzeug (n) | ['fɔɪɐˌtsɔɪk] |
| cinzeiro (m) | Aschenbecher (m) | ['aʃən·bɛçɐ] |
| cigarreira (f) | Zigarettenetui (n) | [tsiga'ʀɛtən?ɛtˌvi:] |

| piteira (f) | Mundstück (n) | ['mʊntʃtʏk] |
| filtro (m) | Filter (n) | ['fɪltɐ] |

| fumar (vi, vt) | rauchen (vi, vt) | ['ʀaʊχən] |
| acender um cigarro | anrauchen (vt) | ['anˌʀaʊχən] |
| tabagismo (m) | Rauchen (n) | ['ʀaʊχən] |
| fumante (m) | Raucher (m) | ['ʀaʊχɐ] |

| bituca (f) | Stummel (m) | ['ʃtʊməl] |
| fumaça (f) | Rauch (m) | [ʀaʊχ] |
| cinza (f) | Asche (f) | ['aʃə] |

# HABITAT HUMANO

## Cidade

### 75. Cidade. Vida na cidade

| | | |
|---|---|---|
| cidade (f) | Stadt (f) | [ʃtat] |
| capital (f) | Hauptstadt (f) | ['haʊptˌʃtat] |
| aldeia (f) | Dorf (n) | [dɔʁf] |
| | | |
| mapa (m) da cidade | Stadtplan (m) | ['ʃtatˌplaːn] |
| centro (m) da cidade | Stadtzentrum (n) | ['ʃtatˌtsɛntʁʊm] |
| subúrbio (m) | Vorort (m) | ['foːɐˌʔɔʁt] |
| suburbano (adj) | Vorort- | ['foːɐˌʔɔʁt] |
| | | |
| periferia (f) | Stadtrand (m) | ['ʃtatˌʁant] |
| arredores (m pl) | Umgebung (f) | [ʊm'geːbʊŋ] |
| quarteirão (m) | Stadtviertel (n) | ['ʃtatˌfɪʁtəl] |
| quarteirão (m) residencial | Wohnblock (m) | ['voːnˌblɔk] |
| | | |
| tráfego (m) | Straßenverkehr (m) | ['ʃtʁaːsənˌfɛɐˌkeːɐ] |
| semáforo (m) | Ampel (f) | ['ampəl] |
| transporte (m) público | Stadtverkehr (m) | ['ʃtatˌfɛɐ'keːɐ] |
| cruzamento (m) | Straßenkreuzung (f) | ['ʃtʁaːsənˌkʁɔɪtsʊŋ] |
| | | |
| faixa (f) | Übergang (m) | ['yːbɐˌgaŋ] |
| túnel (m) subterrâneo | Fußgängerunterführung (f) | ['fuːsˌgɛŋɐ·ʊntɐ'fyːʁʊŋ] |
| cruzar, atravessar (vt) | überqueren (vt) | [yːbɐ'kveːʁən] |
| pedestre (m) | Fußgänger (m) | ['fuːsˌgɛŋɐ] |
| calçada (f) | Gehweg (m) | ['geːˌveːk] |
| | | |
| ponte (f) | Brücke (f) | ['bʁʏkə] |
| margem (f) do rio | Kai (m) | [kaɪ] |
| fonte (f) | Springbrunnen (m) | ['ʃpʁɪŋˌbʁʊnən] |
| | | |
| alameda (f) | Allee (f) | [a'leː] |
| parque (m) | Park (m) | [paʁk] |
| bulevar (m) | Boulevard (m) | [bulə'vaːɐ] |
| praça (f) | Platz (m) | [plats] |
| avenida (f) | Avenue (f) | [avə'nyː] |
| rua (f) | Straße (f) | ['ʃtʁaːsə] |
| travessa (f) | Gasse (f) | ['gasə] |
| beco (m) sem saída | Sackgasse (f) | ['zakˌgasə] |
| | | |
| casa (f) | Haus (n) | [haʊs] |
| edifício, prédio (m) | Gebäude (n) | [gə'bɔɪdə] |
| arranha-céu (m) | Wolkenkratzer (m) | ['vɔlkənˌkʁatsɐ] |
| fachada (f) | Fassade (f) | [fa'saːdə] |
| telhado (m) | Dach (n) | [daχ] |

| janela (f) | Fenster (n) | ['fɛnstə] |
| arco (m) | Bogen (m) | ['boːgən] |
| coluna (f) | Säule (f) | ['zɔɪlə] |
| esquina (f) | Ecke (f) | ['ɛkə] |

| vitrine (f) | Schaufenster (n) | ['ʃaʊˌfɛnstə] |
| letreiro (m) | Firmenschild (n) | ['fɪʁmənʃɪlt] |
| cartaz (do filme, etc.) | Anschlag (m) | ['anʃlaːk] |
| cartaz (m) publicitário | Werbeposter (m) | ['vɛʁbəˌpoːstə] |
| painel (m) publicitário | Werbeschild (n) | ['vɛʁbəʃɪlt] |

| lixo (m) | Müll (m) | [mʏl] |
| lata (f) de lixo | Mülleimer (m) | ['mʏlˌʔaɪmə] |
| jogar lixo na rua | Abfall wegwerfen | ['apfal 'vɛkˌvɛʁfən] |
| aterro (m) sanitário | Mülldeponie (f) | ['mʏlˈdepoˌniː] |

| orelhão (m) | Telefonzelle (f) | [teleˈfoːnˌtsɛlə] |
| poste (m) de luz | Straßenlaterne (f) | ['ʃtʁaːsənˈlaˌtɛʁnə] |
| banco (m) | Bank (f) | [baŋk] |

| polícia (m) | Polizist (m) | [poliˈtsɪst] |
| polícia (instituição) | Polizei (f) | [ˌpoliˈtsaɪ] |
| mendigo, pedinte (m) | Bettler (m) | ['bɛtlə] |
| desabrigado (m) | Obdachlose (m) | ['ɔpdaxˌloːzə] |

## 76. Instituições urbanas

| loja (f) | Laden (m) | ['laːdən] |
| drogaria (f) | Apotheke (f) | [apoˈteːkə] |
| ótica (f) | Optik (f) | ['ɔptɪk] |
| centro (m) comercial | Einkaufszentrum (n) | ['aɪnkaʊfsˌtsɛntʁʊm] |
| supermercado (m) | Supermarkt (m) | ['zuːpɐˌmaʁkt] |

| padaria (f) | Bäckerei (f) | [ˌbɛkəˈʁaɪ] |
| padeiro (m) | Bäcker (m) | ['bɛkə] |
| pastelaria (f) | Konditorei (f) | [ˌkɔnd2itoˈʁaɪ] |
| mercearia (f) | Lebensmittelladen (m) | ['leːbənsˌmɪtəlˈlaːdən] |
| açougue (m) | Metzgerei (f) | [mɛtsgəˈʁaɪ] |

| fruteira (f) | Gemüseladen (m) | [gəˈmyːzəˌlaːdən] |
| mercado (m) | Markt (m) | [maʁkt] |

| cafeteria (f) | Kaffeehaus (n) | [kaˈfeːˌhaʊs] |
| restaurante (m) | Restaurant (n) | [ʁɛstoˈʁaŋ] |
| bar (m) | Bierstube (f) | ['biːɐʃtuːbə] |
| pizzaria (f) | Pizzeria (f) | [pɪtseˈʁiːa] |

| salão (m) de cabeleireiro | Friseursalon (m) | [fʁiˈzøːɐˌzaˌlɔŋ] |
| agência (f) dos correios | Post (f) | [pɔst] |
| lavanderia (f) | chemische Reinigung (f) | [çeˈmiʃə 'ʁaɪnɪɡʊŋ] |
| estúdio (m) fotográfico | Fotostudio (n) | ['fotoˌʃtuːdʁo] |

| sapataria (f) | Schuhgeschäft (n) | ['ʃuːgəʃɛft] |
| livraria (f) | Buchhandlung (f) | ['buːxˌhandlʊŋ] |

| loja (f) de artigos esportivos | Sportgeschäft (n) | ['ʃpɔʁt·gə'ʃɛft] |
| costureira (m) | Kleiderreparatur (f) | ['klaɪdə‚ʁepaʁa'tu:ɐ] |
| aluguel (m) de roupa | Bekleidungsverleih (m) | [bə'klaɪdʊŋs·fɛɐ'laɪ] |
| videolocadora (f) | Videothek (f) | [video'te:k] |

| circo (m) | Zirkus (m) | ['tsɪʁkʊs] |
| jardim (m) zoológico | Zoo (m) | ['tso:] |
| cinema (m) | Kino (n) | ['ki:no] |
| museu (m) | Museum (n) | [mu'ze:ʊm] |
| biblioteca (f) | Bibliothek (f) | [biblio'te:k] |

| teatro (m) | Theater (n) | [te'a:tɐ] |
| ópera (f) | Opernhaus (n) | ['o:pɛn‚haʊs] |
| boate (casa noturna) | Nachtklub (m) | ['naxt‚klʊp] |
| cassino (m) | Kasino (n) | [ka'zi:no] |

| mesquita (f) | Moschee (f) | [mɔ'ʃe:] |
| sinagoga (f) | Synagoge (f) | [zyna'go:gə] |
| catedral (f) | Kathedrale (f) | [kate'dʁa:lə] |
| templo (m) | Tempel (m) | ['tɛmpəl] |
| igreja (f) | Kirche (f) | ['kɪʁçə] |

| faculdade (f) | Institut (n) | [ɪnsti'tu:t] |
| universidade (f) | Universität (f) | [univɛʁzi'tɛ:t] |
| escola (f) | Schule (f) | ['ʃu:lə] |

| prefeitura (f) | Präfektur (f) | [pʁɛfɛk'tu:ɐ] |
| câmara (f) municipal | Rathaus (n) | ['ʁa:t‚haʊs] |
| hotel (m) | Hotel (n) | [ho'tɛl] |
| banco (m) | Bank (f) | [baŋk] |

| embaixada (f) | Botschaft (f) | ['bo:tʃaft] |
| agência (f) de viagens | Reisebüro (n) | ['ʁaɪzə·by‚ʁo:] |
| agência (f) de informações | Informationsbüro (n) | [ɪnfoʁma'tsjo:ns·by‚ʁo:] |
| casa (f) de câmbio | Wechselstube (f) | ['vɛksəlʃtu:bə] |

| metrô (m) | U-Bahn (f) | ['u:ba:n] |
| hospital (m) | Krankenhaus (n) | ['kʁaŋkən‚haʊs] |

| posto (m) de gasolina | Tankstelle (f) | ['taŋkʃtɛlə] |
| parque (m) de estacionamento | Parkplatz (m) | ['paʁk‚plats] |

## 77. Transportes urbanos

| ônibus (m) | Bus (m) | [bʊs] |
| bonde (m) elétrico | Straßenbahn (f) | ['ʃtʁa:sən‚ba:n] |
| trólebus (m) | Obus (m) | ['o:bʊs] |
| rota (f), itinerário (m) | Linie (f) | ['li:niə] |
| número (m) | Nummer (f) | ['nʊmɐ] |

| ir de ... (carro, etc.) | mit ... fahren | [mɪt ... 'fa:ʁən] |
| entrar no ... | einsteigen (vi) | ['aɪnʃtaɪgən] |
| descer do ... | aussteigen (vi) | ['aʊsʃtaɪgən] |
| parada (f) | Haltestelle (f) | ['haltəʃtɛlə] |

| próxima parada (f) | nächste Haltestelle (f) | ['nɛːçstə 'haltəʃtɛlə] |
| terminal (m) | Endhaltestelle (f) | ['ɛnthaltəʃtɛlə] |
| horário (m) | Fahrplan (m) | ['faːɐˌplaːn] |
| esperar (vt) | warten (vi, vt) | ['vaʁtən] |

| passagem (f) | Fahrkarte (f) | ['faːɐˌkaʁtə] |
| tarifa (f) | Fahrpreis (m) | ['faːɐˌpʀaɪs] |

| bilheteiro (m) | Kassierer (m) | [ka'siːʀɐ] |
| controle (m) de passagens | Fahrkartenkontrolle (f) | ['faːɐˌkaʁtən·kɔn'tʀɔlə] |
| revisor (m) | Kontrolleur (m) | [kɔntʀɔ'løːɐ] |

| atrasar-se (vr) | sich verspäten | [zɪç fɛɐ'ʃpɛːtən] |
| perder (o autocarro, etc.) | versäumen (vt) | [fɛɐ'zɔɪmən] |
| estar com pressa | sich beeilen | [zɪç bə'ʔaɪlən] |

| táxi (m) | Taxi (n) | ['taksi] |
| taxista (m) | Taxifahrer (m) | ['taksiˌfaːʀɐ] |
| de táxi (ir ~) | mit dem Taxi | [mɪt dem 'taksi] |
| ponto (m) de táxis | Taxistand (m) | ['taksiˌʃtant] |
| chamar um táxi | ein Taxi rufen | [aɪn 'taksi 'ʀuːfən] |
| pegar um táxi | ein Taxi nehmen | [aɪn 'taksi 'neːmən] |

| tráfego (m) | Straßenverkehr (m) | ['ʃtʀaːsən·fɛɐˌkeːɐ] |
| engarrafamento (m) | Stau (m) | [ʃtaʊ] |
| horas (f pl) de pico | Hauptverkehrszeit (f) | ['haʊpt·fɛɐ'keːɐsˌtsaɪt] |
| estacionar (vi) | parken (vi) | ['paʁkən] |
| estacionar (vt) | parken (vt) | ['paʁkən] |
| parque (m) de estacionamento | Parkplatz (m) | ['paʁkˌplats] |

| metrô (m) | U-Bahn (f) | ['uːbaːn] |
| estação (f) | Station (f) | [ʃta'tsjoːn] |
| ir de metrô | mit der U-Bahn fahren | [mɪt deːɐ 'uːbaːn 'faːʀən] |
| trem (m) | Zug (m) | [tsuːk] |
| estação (f) de trem | Bahnhof (m) | ['baːnˌhoːf] |

## 78. Turismo

| monumento (m) | Denkmal (n) | ['dɛŋkˌmaːl] |
| fortaleza (f) | Festung (f) | ['fɛstʊŋ] |
| palácio (m) | Palast (m) | [pa'last] |
| castelo (m) | Schloss (n) | [ʃlɔs] |
| torre (f) | Turm (m) | [tʊʁm] |
| mausoléu (m) | Mausoleum (n) | [ˌmaʊzo'leːʊm] |

| arquitetura (f) | Architektur (f) | [aʁçitɛk'tuːɐ] |
| medieval (adj) | mittelalterlich | ['mɪtəlˌʔaltɐlɪç] |
| antigo (adj) | alt | [alt] |
| nacional (adj) | national | [natsjo'naːl] |
| famoso, conhecido (adj) | berühmt | [bə'ʀyːmt] |

| turista (m) | Tourist (m) | [tu'ʀɪst] |
| guia (pessoa) | Fremdenführer (m) | ['fʀɛmdənˌfyːʀɐ] |
| excursão (f) | Ausflug (m) | ['aʊsˌfluːk] |

| mostrar (vt) | zeigen (vt) | ['tsaɪɡən] |
| contar (vt) | erzählen (vt) | [ɛɐ'tsɛːlən] |

| encontrar (vt) | finden (vt) | ['fɪndən] |
| perder-se (vr) | sich verlieren | [zɪç fɛɐ'liːbən] |
| mapa (~ do metrô) | Karte (f) | ['kaʁtə] |
| mapa (~ da cidade) | Karte (f) | ['kaʁtə] |

| lembrança (f), presente (m) | Souvenir (n) | [zuvə̃niːɐ] |
| loja (f) de presentes | Souvenirladen (m) | [zuvə̃niːɐ'laːdən] |
| tirar fotos, fotografar | fotografieren (vt) | [fotogʁa'fiːʁən] |
| fotografar-se (vr) | sich fotografieren | [zɪç fotogʁa'fiːʁən] |

## 79. Compras

| comprar (vt) | kaufen (vt) | ['kaufən] |
| compra (f) | Einkauf (m) | ['aɪn̩kaʊf] |
| fazer compras | einkaufen gehen | ['aɪn̩kaʊfən 'ɡeːən] |
| compras (f pl) | Einkaufen (n) | ['aɪn̩kaʊfən] |

| estar aberta (loja) | offen sein | ['ɔfən zaɪn] |
| estar fechada | zu sein | [tsu zaɪn] |

| calçado (m) | Schuhe (pl) | ['ʃuːə] |
| roupa (f) | Kleidung (f) | ['klaɪdʊŋ] |
| cosméticos (m pl) | Kosmetik (f) | [kɔs'meːtɪk] |
| alimentos (m pl) | Lebensmittel (pl) | ['leːbəns̩mɪtəl] |
| presente (m) | Geschenk (n) | [ɡə'ʃɛŋk] |

| vendedor (m) | Verkäufer (m) | [fɛɐ'kɔɪfɐ] |
| vendedora (f) | Verkäuferin (f) | [fɛɐ'kɔɪfəʁɪn] |

| caixa (f) | Kasse (f) | ['kasə] |
| espelho (m) | Spiegel (m) | ['ʃpiːɡəl] |
| balcão (m) | Ladentisch (m) | ['laːdən̩tɪʃ] |
| provador (m) | Umkleidekabine (f) | ['ʊmklaɪdə·ka̩biːnə] |

| provar (vt) | anprobieren (vt) | ['anpʁo̩biːʁən] |
| servir (roupa, caber) | passen (vi) | ['pasən] |
| gostar (apreciar) | gefallen (vi) | [ɡə'falən] |

| preço (m) | Preis (m) | [pʁaɪs] |
| etiqueta (f) de preço | Preisschild (n) | ['pʁaɪs̩ʃɪlt] |
| custar (vt) | kosten (vt) | ['kɔstən] |
| Quanto? | Wie viel? | ['viː fiːl] |
| desconto (m) | Rabatt (m) | [ʁa'bat] |

| não caro (adj) | preiswert | ['pʁaɪs̩veːɐt] |
| barato (adj) | billig | ['bɪlɪç] |
| caro (adj) | teuer | ['tɔɪɐ] |
| É caro | Das ist teuer | [das is 'tɔɪɐ] |

| aluguel (m) | Verleih (m) | [fɛɐ'laɪ] |
| alugar (roupas, etc.) | ausleihen (vt) | ['aʊs̩laɪən] |

| crédito (m) | Kredit (m), Darlehen (n) | [kʀe'di:t], ['daʁ,le:ən] |
| a crédito | auf Kredit | [aʊf kʀe'di:t] |

## 80. Dinheiro

| dinheiro (m) | Geld (n) | [gɛlt] |
| câmbio (m) | Austausch (m) | ['aʊs,taʊʃ] |
| taxa (f) de câmbio | Kurs (m) | [kʊʁs] |
| caixa (m) eletrônico | Geldautomat (m) | ['gɛlt?aʊto,ma:t] |
| moeda (f) | Münze (f) | ['mʏntsə] |

| dólar (m) | Dollar (m) | ['dɔlaʁ] |
| euro (m) | Euro (m) | ['ɔɪʀo] |

| lira (f) | Lira (f) | ['li:ʀa] |
| marco (m) | Mark (f) | [maʁk] |
| franco (m) | Franken (m) | ['fʀaŋkən] |
| libra (f) esterlina | Pfund Sterling (n) | [pfʊnt 'ʃtɛʁlɪŋ] |
| iene (m) | Yen (m) | [jɛn] |

| dívida (f) | Schulden (pl) | ['ʃʊldən] |
| devedor (m) | Schuldner (m) | ['ʃʊldnə] |
| emprestar (vt) | leihen (vt) | ['laɪən] |
| pedir emprestado | ausleihen (vt) | ['aʊs,laɪən] |

| banco (m) | Bank (f) | [baŋk] |
| conta (f) | Konto (n) | ['kɔnto] |
| depositar (vt) | einzahlen (vt) | ['aɪn,tsa:lən] |
| depositar na conta | auf ein Konto einzahlen | [aʊf aɪn 'kɔnto 'aɪn,tsa:lən] |
| sacar (vt) | abheben (vt) | ['ap,he:bən] |

| cartão (m) de crédito | Kreditkarte (f) | [kʀe'di:t,kaʁtə] |
| dinheiro (m) vivo | Bargeld (n) | ['ba:ɐ̯,gɛlt] |
| cheque (m) | Scheck (m) | [ʃɛk] |
| passar um cheque | einen Scheck schreiben | ['aɪnən ʃɛk 'ʃʀaɪbn] |
| talão (m) de cheques | Scheckbuch (n) | ['ʃɛk,bu:x] |

| carteira (f) | Geldtasche (f) | ['gɛlt,taʃə] |
| niqueleira (f) | Geldbeutel (m) | ['gɛlt,bɔɪtəl] |
| cofre (m) | Safe (m) | [sɛɪf] |

| herdeiro (m) | Erbe (m) | ['ɛʁbə] |
| herança (f) | Erbschaft (f) | ['ɛʁpʃaft] |
| fortuna (riqueza) | Vermögen (n) | [fɛɐ̯'mø:gən] |

| arrendamento (m) | Pacht (f) | [paxt] |
| aluguel (pagar o ~) | Miete (f) | ['mi:tə] |
| alugar (vt) | mieten (vt) | ['mi:tən] |

| preço (m) | Preis (m) | [pʀaɪs] |
| custo (m) | Kosten (pl) | ['kɔstən] |
| soma (f) | Summe (f) | ['zʊmə] |
| gastar (vt) | ausgeben (vt) | ['aʊs,ge:bən] |
| gastos (m pl) | Ausgaben (pl) | ['aʊs,ga:bən] |

| | | |
|---|---|---|
| economizar (vi) | **sparen** (vt) | ['ʃpa:ʀən] |
| econômico (adj) | **sparsam** | ['ʃpa:ɐza:m] |

| | | |
|---|---|---|
| pagar (vt) | **zahlen** (vt) | ['tsa:lən] |
| pagamento (m) | **Lohn** (m) | [lo:n] |
| troco (m) | **Wechselgeld** (n) | ['vɛksəl‚gɛlt] |

| | | |
|---|---|---|
| imposto (m) | **Steuer** (f) | ['ʃtɔɪɐ] |
| multa (f) | **Geldstrafe** (f) | ['gɛlt‚ʃtʀa:fə] |
| multar (vt) | **bestrafen** (vt) | [bə'ʃtʀa:fən] |

## 81. Correios. Serviço postal

| | | |
|---|---|---|
| agência (f) dos correios | **Post** (f) | [pɔst] |
| correio (m) | **Post** (f) | [pɔst] |
| carteiro (m) | **Briefträger** (m) | ['bʀi:f‚tʀɛ:gɐ] |
| horário (m) | **Öffnungszeiten** (pl) | ['œfnʊŋs‚tsaɪtən] |

| | | |
|---|---|---|
| carta (f) | **Brief** (m) | [bʀi:f] |
| carta (f) registada | **Einschreibebrief** (m) | ['aɪnʃʀaɪbə‚bʀi:f] |
| cartão (m) postal | **Postkarte** (f) | ['pɔst‚kaʀtə] |
| telegrama (m) | **Telegramm** (n) | [tele'gʀam] |
| encomenda (f) | **Postpaket** (n) | ['pɔst·pa'ke:t] |
| transferência (f) de dinheiro | **Geldanweisung** (f) | ['gɛlt‚anvaɪzʊŋ] |

| | | |
|---|---|---|
| receber (vt) | **bekommen** (vt) | [bə'kɔmən] |
| enviar (vt) | **abschicken** (vt) | ['apˌʃɪkən] |
| envio (m) | **Absendung** (f) | ['apˌzɛndʊŋ] |

| | | |
|---|---|---|
| endereço (m) | **Postanschrift** (f) | ['pɔstˌanʃʀɪft] |
| código (m) postal | **Postleitzahl** (f) | ['pɔstlaɪtˌtsa:l] |
| remetente (m) | **Absender** (m) | ['apˌzɛndɐ] |
| destinatário (m) | **Empfänger** (m) | [ɛm'pfɛŋɐ] |

| | | |
|---|---|---|
| nome (m) | **Vorname** (m) | ['fo:ɐˌna:mə] |
| sobrenome (m) | **Nachname** (m) | ['na:χˌna:mə] |

| | | |
|---|---|---|
| tarifa (f) | **Tarif** (m) | [ta'ʀi:f] |
| ordinário (adj) | **Standard-** | ['standaʀt] |
| econômico (adj) | **Spar-** | ['ʃpa:ɐ] |

| | | |
|---|---|---|
| peso (m) | **Gewicht** (n) | [gə'vɪçt] |
| pesar (estabelecer o peso) | **abwiegen** (vt) | ['apˌvi:gən] |
| envelope (m) | **Briefumschlag** (m) | ['bʀi:fʔʊmˌʃla:k] |
| selo (m) postal | **Briefmarke** (f) | ['bʀi:fˌmaʀkə] |
| colar o selo | **Briefmarke aufkleben** | ['bʀi:fˌmaʀkə 'aʊfˌkle:bən] |

# Moradia. Casa. Lar

## 82. Casa. Habitação

| casa (f) | Haus (n) | [haʊs] |
| em casa | zu Hause | [tsu 'haʊzə] |
| pátio (m), quintal (f) | Hof (m) | [ho:f] |
| cerca, grade (f) | Zaun (m) | [tsaʊn] |

| tijolo (m) | Ziegel (m) | ['tsi:gəl] |
| de tijolos | Ziegel- | ['tsi:gəl] |
| pedra (f) | Stein (m) | [ʃtaɪn] |
| de pedra | Stein- | [ʃtaɪn] |
| concreto (m) | Beton (m) | [be'tɔn] |
| concreto (adj) | Beton- | [be'tɔn] |

| novo (adj) | neu | [nɔɪ] |
| velho (adj) | alt | [alt] |
| decrépito (adj) | baufällig | ['baʊˌfɛlɪç] |
| moderno (adj) | modern | [mo'dɛʁn] |
| de vários andares | mehrstöckig | ['me:ɐ̯ˌʃtœkɪç] |
| alto (adj) | hoch | [ho:χ] |

| andar (m) | Stock (m) | [ʃtɔk] |
| de um andar | einstöckig | ['aɪnˌʃtœkɪç] |

| térreo (m) | Erdgeschoß (n) | ['e:ɐ̯t·gəˌʃo:s] |
| andar (m) de cima | oberster Stock (m) | ['obɐstɐ ʃtɔk] |

| telhado (m) | Dach (n) | [daχ] |
| chaminé (f) | Schlot (m) | [ʃlo:t] |

| telha (f) | Dachziegel (m) | ['daχˌtsi:gəl] |
| de telha | Dachziegel- | ['daχˌtsi:gəl] |
| sótão (m) | Dachboden (m) | ['daχˌbo:dən] |

| janela (f) | Fenster (n) | ['fɛnstɐ] |
| vidro (m) | Glas (n) | [gla:s] |

| parapeito (m) | Fensterbrett (n) | ['fɛnstɐˌbʁɛt] |
| persianas (f pl) | Fensterläden (pl) | ['fɛnstɐˌlɛ:dən] |

| parede (f) | Wand (f) | [vant] |
| varanda (f) | Balkon (m) | [bal'ko:n] |
| calha (f) | Regenfallrohr (n) | ['ʁe:gənˌfalʁo:ɐ̯] |

| em cima | nach oben | [na:χ 'o:bən] |
| subir (vi) | hinaufgehen (vi) | [hɪ'naʊfˌge:ən] |
| descer (vi) | herabsteigen (vi) | [hɛ'ʁapˌʃtaɪgən] |
| mudar-se (vr) | umziehen (vi) | ['ʊmtsi:ən] |

## 83. Casa. Entrada. Elevador

| | | |
|---|---|---|
| entrada (f) | **Eingang** (m) | ['aɪnˌgaŋ] |
| escada (f) | **Treppe** (f) | ['tRɛpə] |
| degraus (m pl) | **Stufen** (pl) | ['ʃtuːfən] |
| corrimão (m) | **Geländer** (n) | [gə'lɛndɐ] |
| hall (m) de entrada | **Halle** (f) | ['halə] |
| | | |
| caixa (f) de correio | **Briefkasten** (m) | ['bRiːfˌkastən] |
| lata (f) do lixo | **Müllkasten** (m) | ['mʏlˌkastən] |
| calha (f) de lixo | **Müllschlucker** (m) | ['mʏlˌʃlʊkɐ] |
| | | |
| elevador (m) | **Aufzug** (m), **Fahrstuhl** (m) | ['aʊfˌtsuːk], ['faːɐʃtuːl] |
| elevador (m) de carga | **Lastenaufzug** (m) | ['lastən·'aʊfˌtsuːk] |
| cabine (f) | **Aufzugkabine** (f) | ['aʊfˌtsuːk·ka'biːnə] |
| pegar o elevador | **Aufzug nehmen** | ['aʊfˌtsuːk 'neːmən] |
| | | |
| apartamento (m) | **Wohnung** (f) | ['voːnʊŋ] |
| residentes (pl) | **Mieter** (pl) | ['miːtɐ] |
| vizinho (m) | **Nachbar** (m) | ['naxˌbaːɐ] |
| vizinha (f) | **Nachbarin** (f) | ['naxbaːRɪn] |
| vizinhos (pl) | **Nachbarn** (pl) | ['naxbaːɐn] |

## 84. Casa. Portas. Fechaduras

| | | |
|---|---|---|
| porta (f) | **Tür** (f) | [tyːɐ] |
| portão (m) | **Tor** (n) | [toːɐ] |
| maçaneta (f) | **Griff** (m) | [gRɪf] |
| destrancar (vt) | **aufschließen** (vt) | ['aʊfʃliːsən] |
| abrir (vt) | **öffnen** (vt) | ['œfnən] |
| fechar (vt) | **schließen** (vt) | ['ʃliːsən] |
| | | |
| chave (f) | **Schlüssel** (m) | ['ʃlʏsəl] |
| molho (m) | **Bündel** (n) | ['bʏndəl] |
| ranger (vi) | **knarren** (vi) | ['knaʁən] |
| rangido (m) | **Knarren** (n) | ['knaʁən] |
| dobradiça (f) | **Türscharnier** (n) | ['tyːɐ ʃaʁ'niːɐ] |
| capacho (m) | **Fußmatte** (f) | ['fuːsˌmatə] |
| | | |
| fechadura (f) | **Schloss** (n) | [ʃlɔs] |
| buraco (m) da fechadura | **Schlüsselloch** (n) | ['ʃlʏsəlˌlɔx] |
| barra (f) | **Türriegel** (m) | ['tyːɐˌRiːgəl] |
| fecho (ferrolho pequeno) | **Riegel** (m) | ['Riːgəl] |
| cadeado (m) | **Vorhängeschloss** (n) | ['foːɐhɛŋəʃlɔs] |
| | | |
| tocar (vt) | **klingeln** (vi) | ['klɪŋəln] |
| toque (m) | **Klingel** (f) | ['klɪŋəl] |
| campainha (f) | **Türklingel** (f) | ['tyːɐˌklɪŋəl] |
| botão (m) | **Knopf** (m) | [knɔpf] |
| batida (f) | **Klopfen** (n) | ['klɔpfən] |
| bater (vi) | **anklopfen** (vi) | ['anˌklɔpfən] |
| código (m) | **Code** (m) | [koːt] |
| fechadura (f) de código | **Zahlenschloss** (n) | ['tsaːlənʃlɔs] |

| | | |
|---|---|---|
| interfone (m) | Sprechanlage (f) | [ˈʃpʀɛçʔanˌlaːgə] |
| número (m) | Nummer (f) | [ˈnʊmɐ] |
| placa (f) de porta | Türschild (n) | [ˈtyːɐʃɪlt] |
| olho (m) mágico | Türspion (m) | [ˈtyːɐ·ʃpiˌoːn] |

## 85. Casa de campo

| | | |
|---|---|---|
| aldeia (f) | Dorf (n) | [dɔʁf] |
| horta (f) | Gemüsegarten (m) | [gəˈmyːzəˌgaʁtən] |
| | | |
| cerca (f) | Zaun (m) | [tsaʊn] |
| cerca (f) de piquete | Lattenzaun (m) | [ˈlatənˌtsaʊn] |
| portão (f) do jardim | Zauntür (f) | [ˈtsaʊnˌtyːɐ] |
| | | |
| celeiro (m) | Speicher (m) | [ˈʃpaɪçɐ] |
| adega (f) | Keller (m) | [ˈkɛlɐ] |
| galpão, barracão (m) | Schuppen (m) | [ˈʃʊpən] |
| poço (m) | Brunnen (m) | [ˈbʀʊnən] |
| | | |
| fogão (m) | Ofen (m) | [ˈoːfən] |
| atiçar o fogo | heizen (vt) | [ˈhaɪtsən] |
| | | |
| lenha (carvão ou ~) | Holz (n) | [hɔlts] |
| acha, lenha (f) | Holzscheit (n) | [ˈhɔltsˌʃaɪt] |
| | | |
| varanda (f) | Veranda (f) | [veˈʀanda] |
| alpendre (m) | Terrasse (f) | [tɛˈʀasə] |
| degraus (m pl) de entrada | Außentreppe (f) | [ˈaʊsənˌtʀɛpə] |
| balanço (m) | Schaukel (f) | [ˈʃaʊkəl] |

## 86. Castelo. Palácio

| | | |
|---|---|---|
| castelo (m) | Schloss (n) | [ʃlɔs] |
| palácio (m) | Palast (m) | [paˈlast] |
| fortaleza (f) | Festung (f) | [ˈfɛstʊŋ] |
| | | |
| muralha (f) | Mauer (f) | [ˈmaʊɐ] |
| torre (f) | Turm (m) | [tʊʁm] |
| calabouço (m) | Bergfried (m) | [ˈbɛʁkˌfʀiːt] |
| | | |
| grade (f) levadiça | Fallgatter (n) | [ˈfalˌgatɐ] |
| passagem (f) subterrânea | Tunnel (n) | [ˈtʊnəl] |
| fosso (m) | Graben (m) | [ˈgʀaːbən] |
| | | |
| corrente, cadeia (f) | Kette (f) | [ˈkɛtə] |
| seteira (f) | Schießscharte (f) | [ˈʃiːsˌʃaʁtə] |
| | | |
| magnífico (adj) | großartig, prächtig | [ˈgʀoːsˌʔaːʀtɪç], [ˈpʀɛçtɪç] |
| majestoso (adj) | majestätisch | [majɛsˈtɛːtɪʃ] |
| | | |
| inexpugnável (adj) | unnahbar | [ʊnˈnaːbaːɐ] |
| medieval (adj) | mittelalterlich | [ˈmɪtəlˌʔaltɐlɪç] |

## 87. Apartamento

| | | |
|---|---|---|
| apartamento (m) | Wohnung (f) | ['vo:nʊŋ] |
| quarto, cômodo (m) | Zimmer (n) | ['tsɪmɐ] |
| quarto (m) de dormir | Schlafzimmer (n) | ['ʃla:f͵tsɪmɐ] |
| sala (f) de jantar | Esszimmer (n) | ['ɛs͵tsɪmɐ] |
| sala (f) de estar | Wohnzimmer (n) | ['vo:n͵tsɪmɐ] |
| escritório (m) | Arbeitszimmer (n) | ['aʁbaɪts͵tsɪmɐ] |
| | | |
| sala (f) de entrada | Vorzimmer (n) | ['fo:ɐ͵tsɪmɐ] |
| banheiro (m) | Badezimmer (n) | ['ba:də͵tsɪmɐ] |
| lavabo (m) | Toilette (f) | [toa'lɛtə] |
| | | |
| teto (m) | Decke (f) | ['dɛkə] |
| chão, piso (m) | Fußboden (m) | ['fu:s͵bo:dən] |
| canto (m) | Ecke (f) | ['ɛkə] |

## 88. Apartamento. Limpeza

| | | |
|---|---|---|
| arrumar, limpar (vt) | aufräumen (vt) | ['aʊf͵ʀɔɪmən] |
| guardar (no armário, etc.) | weglegen (vt) | ['vɛk͵le:gən] |
| pó (m) | Staub (m) | [ʃtaʊp] |
| empoeirado (adj) | staubig | ['ʃtaʊbɪç] |
| tirar o pó | Staub abwischen | [ʃtaʊp 'ap͵vɪʃən] |
| aspirador (m) | Staubsauger (m) | ['ʃtaʊp͵zaʊgɐ] |
| aspirar (vt) | Staub saugen | [ʃtaʊp 'zaʊgən] |
| | | |
| varrer (vt) | kehren, fegen (vt) | ['ke:ʀən], ['fe:gən] |
| sujeira (f) | Kehricht (m, n) | ['ke:ʀɪçt] |
| arrumação, ordem (f) | Ordnung (f) | ['ɔʁdnʊŋ] |
| desordem (f) | Unordnung (f) | ['ʊn͵ʔɔʁdnʊŋ] |
| | | |
| esfregão (m) | Schrubber (m) | ['ʃʀʊbɐ] |
| pano (m), trapo (m) | Lappen (m) | ['lapən] |
| vassoura (f) | Besen (m) | ['be:zən] |
| pá (f) de lixo | Kehrichtschaufel (f) | ['ke:ʀɪçt͵ʃaʊfəl] |

## 89. Mobiliário. Interior

| | | |
|---|---|---|
| mobiliário (m) | Möbel (n) | ['mø:bəl] |
| mesa (f) | Tisch (m) | [tɪʃ] |
| cadeira (f) | Stuhl (m) | [ʃtu:l] |
| cama (f) | Bett (n) | [bɛt] |
| sofá, divã (m) | Sofa (n) | ['zo:fa] |
| poltrona (f) | Sessel (m) | ['zɛsəl] |
| | | |
| estante (f) | Bücherschrank (m) | ['by:çɐ͵ʃʀaŋk] |
| prateleira (f) | Regal (n) | [ʀe'ga:l] |
| | | |
| guarda-roupas (m) | Schrank (m) | [ʃʀaŋk] |
| cabide (m) de parede | Hakenleiste (f) | ['ha:kən͵laɪstə] |

| cabideiro (m) de pé | Kleiderständer (m) | ['klaɪdɐˌʃtɛndə] |
| cômoda (f) | Kommode (f) | [kɔ'moːdə] |
| mesinha (f) de centro | Couchtisch (m) | ['kaʊtʃˌtɪʃ] |

| espelho (m) | Spiegel (m) | ['ʃpiːgəl] |
| tapete (m) | Teppich (m) | ['tɛpɪç] |
| tapete (m) pequeno | Matte (f) | ['matə] |

| lareira (f) | Kamin (m) | [ka'miːn] |
| vela (f) | Kerze (f) | ['kɛʁtsə] |
| castiçal (m) | Kerzenleuchter (m) | ['kɛʁtsənˌlɔɪçtə] |

| cortinas (f pl) | Vorhänge (pl) | ['foːɐhɛŋə] |
| papel (m) de parede | Tapete (f) | [ta'peːtə] |
| persianas (f pl) | Jalousie (f) | [ʒalu'ziː] |

| luminária (f) de mesa | Tischlampe (f) | ['tɪʃˌlampə] |
| luminária (f) de parede | Leuchte (f) | ['lɔɪçtə] |
| abajur (m) de pé | Stehlampe (f) | ['ʃteːˌlampə] |
| lustre (m) | Kronleuchter (m) | ['kʁoːnˌlɔɪçtə] |

| pé (de mesa, etc.) | Bein (n) | [baɪn] |
| braço, descanso (m) | Armlehne (f) | ['aʁmˌleːnə] |
| costas (f pl) | Lehne (f) | ['leːnə] |
| gaveta (f) | Schublade (f) | ['ʃuːpˌlaːdə] |

## 90. Quarto de dormir

| roupa (f) de cama | Bettwäsche (f) | ['bɛtˌvɛʃə] |
| travesseiro (m) | Kissen (n) | ['kɪsən] |
| fronha (f) | Kissenbezug (m) | ['kɪsənˈbəˌtsuːk] |
| cobertor (m) | Bettdecke (f) | ['bɛtˌdɛkə] |
| lençol (m) | Laken (n) | ['laːkən] |
| colcha (f) | Tagesdecke (f) | ['taːgəsˌdɛkə] |

## 91. Cozinha

| cozinha (f) | Küche (f) | ['kʏçə] |
| gás (m) | Gas (n) | [gaːs] |
| fogão (m) a gás | Gasherd (m) | ['gaːsˌheːɐt] |
| fogão (m) elétrico | Elektroherd (m) | [e'lɛktʁoˌheːɐt] |
| forno (m) | Backofen (m) | ['bakˌʔoːfən] |
| forno (m) de micro-ondas | Mikrowellenherd (m) | ['mikʁovɛlənˌheːɐt] |

| geladeira (f) | Kühlschrank (m) | ['kyːlˌʃʁaŋk] |
| congelador (m) | Tiefkühltruhe (f) | ['tiːfkyːlˌtʁuːə] |
| máquina (f) de lavar louça | Geschirrspülmaschine (f) | [gə'ʃɪʁˈʃpyːlˌmaʃiːnə] |

| moedor (m) de carne | Fleischwolf (m) | ['flaɪʃˌvɔlf] |
| espremedor (m) | Saftpresse (f) | ['zaftˌpʁɛsə] |
| torradeira (f) | Toaster (m) | ['toːstɐ] |
| batedeira (f) | Mixer (m) | ['mɪksɐ] |

| | | |
|---|---|---|
| máquina (f) de café | **Kaffeemaschine** (f) | ['kafe·maˌʃiːnə] |
| cafeteira (f) | **Kaffeekanne** (f) | ['kafeˌkanə] |
| moedor (m) de café | **Kaffeemühle** (f) | ['kafeˌmyːlə] |

| | | |
|---|---|---|
| chaleira (f) | **Wasserkessel** (m) | ['vaseˌkɛsəl] |
| bule (m) | **Teekanne** (f) | ['teːˌkanə] |
| tampa (f) | **Deckel** (m) | ['dɛkəl] |
| coador (m) de chá | **Teesieb** (n) | ['teːˌziːp] |

| | | |
|---|---|---|
| colher (f) | **Löffel** (m) | ['lœfəl] |
| colher (f) de chá | **Teelöffel** (m) | ['teːˌlœfəl] |
| colher (f) de sopa | **Esslöffel** (m) | ['ɛsˌlœfəl] |
| garfo (m) | **Gabel** (f) | [gaːbəl] |
| faca (f) | **Messer** (n) | ['mɛse] |

| | | |
|---|---|---|
| louça (f) | **Geschirr** (n) | [gə'ʃɪʁ] |
| prato (m) | **Teller** (m) | ['tɛle] |
| pires (m) | **Untertasse** (f) | ['unteˌtasə] |

| | | |
|---|---|---|
| cálice (m) | **Schnapsglas** (n) | ['ʃnapsˌglaːs] |
| copo (m) | **Glas** (n) | [glaːs] |
| xícara (f) | **Tasse** (f) | ['tasə] |

| | | |
|---|---|---|
| açucareiro (m) | **Zuckerdose** (f) | ['tsukeˌdoːzə] |
| saleiro (m) | **Salzstreuer** (m) | ['zaltsˌʃtrɔɪe] |
| pimenteiro (m) | **Pfefferstreuer** (m) | ['pfɛfeˌʃtrɔɪe] |
| manteigueira (f) | **Butterdose** (f) | ['buteˌdoːzə] |

| | | |
|---|---|---|
| panela (f) | **Kochtopf** (m) | ['kɔχˌtɔpf] |
| frigideira (f) | **Pfanne** (f) | ['pfanə] |
| concha (f) | **Schöpflöffel** (m) | ['ʃœpfˌlœfəl] |
| coador (m) | **Durchschlag** (m) | ['duʁçˌʃlaːk] |
| bandeja (f) | **Tablett** (n) | [ta'blɛt] |

| | | |
|---|---|---|
| garrafa (f) | **Flasche** (f) | ['flaʃə] |
| pote (m) de vidro | **Einmachglas** (n) | ['aɪnmaχˌglaːs] |
| lata (~ de cerveja) | **Dose** (f) | ['doːzə] |

| | | |
|---|---|---|
| abridor (m) de garrafa | **Flaschenöffner** (m) | ['flaʃənˌʔœfnə] |
| abridor (m) de latas | **Dosenöffner** (m) | ['doːzənˌʔœfnə] |
| saca-rolhas (m) | **Korkenzieher** (m) | ['kɔʁkənˌtsiːe] |
| filtro (m) | **Filter** (n) | ['fɪlte] |
| filtrar (vt) | **filtern** (vt) | ['fɪltən] |

| | | |
|---|---|---|
| lixo (m) | **Müll** (m) | [mʏl] |
| lixeira (f) | **Mülleimer** (m) | ['mʏlˌʔaɪme] |

## 92. Casa de banho

| | | |
|---|---|---|
| banheiro (m) | **Badezimmer** (n) | ['baːdəˌtsɪme] |
| água (f) | **Wasser** (n) | ['vase] |
| torneira (f) | **Wasserhahn** (m) | ['vaseˌhaːn] |
| água (f) quente | **Warmwasser** (n) | ['vaʁmˌvase] |
| água (f) fria | **Kaltwasser** (n) | ['kaltˌvase] |

| pasta (f) de dente | Zahnpasta (f) | ['tsa:n‚pasta] |
| escovar os dentes | Zähne putzen | ['tsɛ:nə 'pʊtsən] |
| escova (f) de dente | Zahnbürste (f) | ['tsa:n‚byʁstə] |

| barbear-se (vr) | sich rasieren | [zɪç ʀa'zi:ʀən] |
| espuma (f) de barbear | Rasierschaum (m) | [ʀa'zi:ɐ‚ʃaʊm] |
| gilete (f) | Rasierer (m) | [ʀa'zi:ʀɐ] |

| lavar (vt) | waschen (vt) | ['vaʃən] |
| tomar banho | sich waschen | [zɪç 'vaʃən] |
| chuveiro (m), ducha (f) | Dusche (f) | ['du:ʃə] |
| tomar uma ducha | sich duschen | [zɪç 'du:ʃən] |

| banheira (f) | Badewanne (f) | ['ba:də‚vanə] |
| vaso (m) sanitário | Klosettbecken (n) | [klo'zɛt‚bɛkən] |
| pia (f) | Waschbecken (n) | ['vaʃ‚bɛkən] |

| sabonete (m) | Seife (f) | ['zaɪfə] |
| saboneteira (f) | Seifenschale (f) | ['zaɪfən‚ʃa:lə] |

| esponja (f) | Schwamm (m) | [ʃvam] |
| xampu (m) | Shampoo (n) | ['ʃampu] |
| toalha (f) | Handtuch (n) | ['hant‚tu:x] |
| roupão (m) de banho | Bademantel (m) | ['ba:də‚mantəl] |

| lavagem (f) | Wäsche (f) | ['vɛʃə] |
| lavadora (f) de roupas | Waschmaschine (f) | ['vaʃ·ma‚ʃi:nə] |
| lavar a roupa | waschen (vt) | ['vaʃən] |
| detergente (m) | Waschpulver (n) | ['vaʃ‚pʊlvɐ] |

## 93. Eletrodomésticos

| televisor (m) | Fernseher (m) | ['fɛʁn‚ze:ɐ] |
| gravador (m) | Tonbandgerät (n) | ['to:nbant·gə‚ʀɛ:t] |
| videogravador (m) | Videorekorder (m) | ['video·ʀe‚kɔʁdɐ] |
| rádio (m) | Empfänger (m) | [ɛm'pfɛŋɐ] |
| leitor (m) | Player (m) | ['plɛɪɐ] |

| projetor (m) | Videoprojektor (m) | ['vi:deo·pʀo‚jɛkto:ɐ] |
| cinema (m) em casa | Heimkino (n) | ['haɪmki:no] |
| DVD Player (m) | DVD-Player (m) | [defaʊ'de:‚plɛɪɐ] |
| amplificador (m) | Verstärker (m) | [fɛɐ'ʃtɛʁkɐ] |
| console (f) de jogos | Spielkonsole (f) | ['ʃpi:l·kɔn‚zo:lə] |

| câmera (f) de vídeo | Videokamera (f) | ['vi:deo‚kaməra] |
| máquina (f) fotográfica | Kamera (f) | ['kaməra] |
| câmera (f) digital | Digitalkamera (f) | [digi'ta:l‚kaməra] |

| aspirador (m) | Staubsauger (m) | ['ʃtaʊp‚zaʊgɐ] |
| ferro (m) de passar | Bügeleisen (n) | ['by:gəl‚ʔaɪzən] |
| tábua (f) de passar | Bügelbrett (n) | ['by:gəl‚bʀɛt] |

| telefone (m) | Telefon (n) | [tele'fo:n] |
| celular (m) | Mobiltelefon (n) | [mo'bi:l·tele‚fo:n] |

| | | |
|---|---|---|
| máquina (f) de escrever | Schreibmaschine (f) | ['ʃʀaɪpˌmaʃiːnə] |
| máquina (f) de costura | Nähmaschine (f) | ['nɛːˌmaʃiːnə] |

| | | |
|---|---|---|
| microfone (m) | Mikrophon (n) | [mikʀoˈfoːn] |
| fone (m) de ouvido | Kopfhörer (m) | ['kɔpfˌhøːʀɐ] |
| controle remoto (m) | Fernbedienung (f) | ['fɛʀnbəˌdiːnʊŋ] |

| | | |
|---|---|---|
| CD (m) | CD (f) | [tseːˈdeː] |
| fita (f) cassete | Kassette (f) | [kaˈsɛtə] |
| disco (m) de vinil | Schallplatte (f) | ['ʃalˌplatə] |

## 94. Reparações. Renovação

| | | |
|---|---|---|
| renovação (f) | Renovierung (f) | [ʀenoˈviːʀʊŋ] |
| renovar (vt), fazer obras | renovieren (vt) | [ʀenoˈviːʀən] |
| reparar (vt) | reparieren (vt) | [ʀepaˈʀiːʀən] |
| consertar (vt) | in Ordnung bringen | [ɪn ˈɔʀdnʊŋ ˈbʀɪŋən] |
| refazer (vt) | noch einmal machen | [nɔx ˈaɪnmaːl ˈmaxən] |

| | | |
|---|---|---|
| tinta (f) | Farbe (f) | ['faʀbə] |
| pintar (vt) | streichen (vt) | ['ʃtʀaɪçən] |
| pintor (m) | Anstreicher (m) | ['anʃtʀaɪçɐ] |
| pincel (m) | Pinsel (m) | ['pɪnzəl] |

| | | |
|---|---|---|
| cal (f) | Kalkfarbe (f) | ['kalkˌfaʀbə] |
| caiar (vt) | weißen (vt) | ['vaɪsən] |

| | | |
|---|---|---|
| papel (m) de parede | Tapete (f) | [taˈpeːtə] |
| colocar papel de parede | tapezieren (vt) | [tapeˈtsiːʀən] |
| verniz (m) | Lack (m) | ['lak] |
| envernizar (vt) | lackieren (vt) | [laˈkiːʀən] |

## 95. Canalizações

| | | |
|---|---|---|
| água (f) | Wasser (n) | ['vasɐ] |
| água (f) quente | Warmwasser (n) | ['vaʀmˌvasɐ] |
| água (f) fria | Kaltwasser (n) | ['kaltˌvasɐ] |
| torneira (f) | Wasserhahn (m) | ['vasɐˌhaːn] |

| | | |
|---|---|---|
| gota (f) | Tropfen (m) | ['tʀɔpfən] |
| gotejar (vi) | tropfen (vi) | ['tʀɔpfən] |
| vazar (vt) | durchsickern (vi) | ['dʊʀçˌzɪkɐn] |
| vazamento (m) | Leck (n) | [lɛk] |
| poça (f) | Lache (f) | ['laːxə] |

| | | |
|---|---|---|
| tubo (m) | Rohr (n) | [ʀoːɐ] |
| válvula (f) | Ventil (n) | [vɛnˈtiːl] |
| entupir-se (vr) | sich verstopfen | [zɪç fɛɐˈʃtɔpfən] |

| | | |
|---|---|---|
| ferramentas (f pl) | Werkzeuge (pl) | ['vɛʀkˌtsɔɪɡə] |
| chave (f) inglesa | Engländer (m) | ['ɛŋlɛndɐ] |
| desenroscar (vt) | abdrehen (vt) | ['apˌdʀeːən] |

| | | |
|---|---|---|
| enroscar (vt) | **zudrehen** (vt) | [tsu:'dʀe:ən] |
| desentupir (vt) | **reinigen** (vt) | ['ʀaɪnɪgən] |
| encanador (m) | **Klempner** (m) | ['klɛmpnɐ] |
| porão (m) | **Keller** (m) | ['kɛlɐ] |
| rede (f) de esgotos | **Kanalisation** (f) | [kanaliza'tsjo:n] |

## 96. Fogo. Deflagração

| | | |
|---|---|---|
| incêndio (m) | **Feuer** (n) | ['fɔɪɐ] |
| chama (f) | **Flamme** (f) | ['flamə] |
| faísca (f) | **Funke** (m) | ['fʊŋkə] |
| fumaça (f) | **Rauch** (m) | [ʀaʊχ] |
| tocha (f) | **Fackel** (f) | ['fakəl] |
| fogueira (f) | **Lagerfeuer** (n) | ['la:gɐˌfɔɪɐ] |

| | | |
|---|---|---|
| gasolina (f) | **Benzin** (n) | [bɛn'tsi:n] |
| querosene (m) | **Kerosin** (n) | [keʀo'zi:n] |
| inflamável (adj) | **brennbar** | ['bʀɛnba:ɐ] |
| explosivo (adj) | **explosiv** | [ɛksplo'zi:f] |
| PROIBIDO FUMAR! | **RAUCHEN VERBOTEN!** | ['ʀaʊχən fɛɐ'bo:tən] |

| | | |
|---|---|---|
| segurança (f) | **Sicherheit** (f) | ['zɪçɐhaɪt] |
| perigo (m) | **Gefahr** (f) | [gə'fa:ɐ] |
| perigoso (adj) | **gefährlich** | [gə'fɛ:ɐlɪç] |

| | | |
|---|---|---|
| incendiar-se (vr) | **sich entflammen** | [zɪç ɛnt'flamən] |
| explosão (f) | **Explosion** (f) | [ɛksplo'zjo:n] |
| incendiar (vt) | **in Brand stecken** | [ɪn bʀant 'ʃtɛkən] |
| incendiário (m) | **Brandstifter** (m) | ['bʀantʃtɪftɐ] |
| incêndio (m) criminoso | **Brandstiftung** (f) | ['bʀantʃtɪftʊŋ] |

| | | |
|---|---|---|
| flamejar (vi) | **flammen** (vi) | ['flamən] |
| queimar (vi) | **brennen** (vi) | ['bʀɛnən] |
| queimar tudo (vi) | **verbrennen** (vi) | [fɛɐ'bʀɛnən] |

| | | |
|---|---|---|
| chamar os bombeiros | **die Feuerwehr rufen** | [di 'fɔɪɐˌve:ɐ 'ʀu:fən] |
| bombeiro (m) | **Feuerwehrmann** (m) | ['fɔɪɐve:ɐˌman] |
| caminhão (m) de bombeiros | **Feuerwehrauto** (n) | ['fɔɪɐve:ɐˌʔaʊto] |
| corpo (m) de bombeiros | **Feuerwehr** (f) | ['fɔɪɐˌve:ɐ] |
| escada (f) extensível | **Drehleiter** (f) | ['dʀe:ˌlaɪtɐ] |

| | | |
|---|---|---|
| mangueira (f) | **Schlauch** (m) | [ʃlaʊχ] |
| extintor (m) | **Feuerlöscher** (m) | ['fɔɪɐˌlœʃɐ] |
| capacete (m) | **Helm** (m) | [hɛlm] |
| sirene (f) | **Sirene** (f) | [ˌzi'ʀe:nə] |

| | | |
|---|---|---|
| gritar (vi) | **schreien** (vi) | ['ʃʀaɪən] |
| chamar por socorro | **um Hilfe rufen** | [ʊm 'hɪlfə 'ʀu:fən] |
| socorrista (m) | **Retter** (m) | ['ʀɛtɐ] |
| salvar, resgatar (vt) | **retten** (vt) | ['ʀɛtən] |

| | | |
|---|---|---|
| chegar (vi) | **ankommen** (vi) | ['anˌkɔmən] |
| apagar (vt) | **löschen** (vt) | ['lœʃən] |
| água (f) | **Wasser** (n) | ['vasɐ] |

| | | |
|---|---|---|
| areia (f) | **Sand** (m) | [zant] |
| ruínas (f pl) | **Trümmer** (pl) | ['tʀʏmɐ] |
| ruir (vi) | **zusammenbrechen** (vi) | [tsu'zamən͵bʀɛçən] |
| desmoronar (vi) | **einfallen** (vi) | ['aɪn͵falən] |
| desabar (vi) | **einstürzen** (vi) | ['aɪn͵ʃtʏʁtsən] |
| | | |
| fragmento (m) | **Bruchstück** (n) | ['bʀʊх͵ʃtʏk] |
| cinza (f) | **Asche** (f) | ['aʃə] |
| | | |
| sufocar (vi) | **ersticken** (vi) | [ɛɐ̯'ʃtɪkən] |
| perecer (vi) | **ums Leben kommen** | [ʊms 'le:bən 'kɔmən] |

# ATIVIDADES HUMANAS

# Emprego. Negócios. Parte 1

## 97. Banca

| | | |
|---|---|---|
| banco (m) | Bank (f) | [baŋk] |
| balcão (f) | Filiale (f) | [fi'lɪa:lə] |
| | | |
| consultor (m) bancário | Berater (m) | [bə'ʀa:tɐ] |
| gerente (m) | Leiter (m) | ['laɪtɐ] |
| | | |
| conta (f) | Konto (n) | ['kɔnto] |
| número (m) da conta | Kontonummer (f) | ['kɔnto,nʊmɐ] |
| conta (f) corrente | Kontokorrent (n) | [kɔnto·kɔ'ʀɛnt] |
| conta (f) poupança | Sparkonto (n) | ['ʃpa:ɐ̯,kɔnto] |
| | | |
| abrir uma conta | ein Konto eröffnen | [aɪn 'kɔnto ɛɐ'?œfnən] |
| fechar uma conta | das Konto schließen | [das 'kɔnto 'ʃli:sən] |
| depositar na conta | auf ein Konto einzahlen | [aʊf aɪn 'kɔnto 'aɪn,tsa:lən] |
| sacar (vt) | abheben (vt) | ['ap,he:bən] |
| | | |
| depósito (m) | Einzahlung (f) | ['aɪn,tsa:lʊŋ] |
| fazer um depósito | eine Einzahlung machen | ['aɪnə 'aɪn,tsa:lʊŋ 'maxən] |
| transferência (f) bancária | Überweisung (f) | [ˌy:bɐ'vaɪzən] |
| transferir (vt) | überweisen (vt) | [ˌy:bɐ'vaɪzən] |
| | | |
| soma (f) | Summe (f) | ['zʊmə] |
| Quanto? | Wie viel? | ['vi: fi:l] |
| | | |
| assinatura (f) | Unterschrift (f) | ['ʊntɐˌʃʀɪft] |
| assinar (vt) | unterschreiben (vt) | [ˌʊntɐ'ʃʀaɪbən] |
| | | |
| cartão (m) de crédito | Kreditkarte (f) | [kʀe'di:t,kaɐ̯tə] |
| senha (f) | Code (m) | [ko:t] |
| | | |
| número (m) do cartão de crédito | Kreditkartennummer (f) | [kʀe'di:t,kaɐ̯tə'nʊmɐ] |
| caixa (m) eletrônico | Geldautomat (m) | ['gɛlt?aʊto,ma:t] |
| | | |
| cheque (m) | Scheck (m) | [ʃɛk] |
| passar um cheque | einen Scheck schreiben | ['aɪnən ʃɛk 'ʃʀaɪbn] |
| talão (m) de cheques | Scheckbuch (n) | ['ʃɛkˌbu:x] |
| | | |
| empréstimo (m) | Darlehen (m) | ['daɐ̯ˌle:ən] |
| pedir um empréstimo | ein Darlehen beantragen | [aɪn 'daɐ̯ˌle:ən bə'?antʀa:gən] |
| obter empréstimo | ein Darlehen aufnehmen | [aɪn daɐ̯ˌle:ən 'aʊfˌne:mən] |
| dar um empréstimo | ein Darlehen geben | [aɪn 'daɐ̯ˌle:ən 'ge:bən] |
| garantia (f) | Sicherheit (f) | ['zɪçɐhaɪt] |

## 98. Telefone. Conversação telefônica

| | | |
|---|---|---|
| telefone (m) | Telefon (n) | [tele'fo:n] |
| celular (m) | Mobiltelefon (n) | [mo'bi:l·tele‚fo:n] |
| secretária (f) eletrônica | Anrufbeantworter (m) | ['anʀu:fbə·ant‚vɔʀtə] |
| fazer uma chamada | anrufen (vt) | ['an‚ʀu:fən] |
| chamada (f) | Anruf (m) | ['an‚ʀu:f] |
| discar um número | eine Nummer wählen | ['aɪnə 'nʊmɐ 'vɛ:lən] |
| Alô! | Hallo! | [ha'lo:] |
| perguntar (vt) | fragen (vt) | ['fʀa:gən] |
| responder (vt) | antworten (vi) | ['ant‚vɔʀtən] |
| ouvir (vt) | hören (vt) | ['hø:ʀən] |
| bem | gut | [gu:t] |
| mal | schlecht | [ʃlɛçt] |
| ruído (m) | Störungen (pl) | ['ʃtø:ʀʊŋən] |
| fone (m) | Hörer (m) | ['hø:ʀɐ] |
| pegar o telefone | den Hörer abnehmen | [den 'hø:ʀɐ 'ap‚ne:mən] |
| desligar (vi) | auflegen (vt) | ['aʊf‚le:gən] |
| ocupado (adj) | besetzt | [bə'zɛtst] |
| tocar (vi) | läuten (vi) | ['lɔɪtən] |
| lista (f) telefônica | Telefonbuch (n) | [tele'fo:n‚bu:χ] |
| local (adj) | Orts- | [ɔʀts] |
| chamada (f) local | Ortsgespräch | [ɔʀts·gə'ʃpʀɛ:ç] |
| de longa distância | Fern- | ['fɛʀn] |
| chamada (f) de longa distância | Ferngespräch | ['fɛʀn·gə'ʃpʀɛ:ç] |
| internacional (adj) | Auslands- | ['aʊslants] |
| chamada (f) internacional | Auslandsgespräch | ['aʊslants·gə'ʃpʀɛ:ç] |

## 99. Telefone móvel

| | | |
|---|---|---|
| celular (m) | Mobiltelefon (n) | [mo'bi:l·tele‚fo:n] |
| tela (f) | Display (n) | [dɪs'ple:] |
| botão (m) | Knopf (m) | [knɔpf] |
| cartão SIM (m) | SIM-Karte (f) | ['zɪm‚kaʀtə] |
| bateria (f) | Batterie (f) | [batə'ʀi:] |
| descarregar-se (vr) | leer sein | [le:ɐ zaɪn] |
| carregador (m) | Ladegerät (n) | ['la:də·gə'ʀɛ:t] |
| menu (m) | Menü (n) | [me'ny:] |
| configurações (f pl) | Einstellungen (pl) | ['aɪnʃtɛlʊŋən] |
| melodia (f) | Melodie (f) | [melo'di:] |
| escolher (vt) | auswählen (vt) | ['aʊs‚vɛ:lən] |
| calculadora (f) | Rechner (m) | ['ʀɛçnɐ] |
| correio (m) de voz | Anrufbeantworter (m) | ['anʀu:fbə·ant‚vɔʀtə] |

| despertador (m) | Wecker (m) | ['vɛkɐ] |
| contatos (m pl) | Kontakte (pl) | [kɔn'taktə] |

| mensagem (f) de texto | SMS-Nachricht (f) | [ɛs?ɛm'?ɛs 'naːχˌʀɪçt] |
| assinante (m) | Teilnehmer (m) | ['taɪlˌneːmɐ] |

## 100. Estacionário

| caneta (f) | Kugelschreiber (m) | ['kuːgəlˌʃʀaɪbɐ] |
| caneta (f) tinteiro | Federhalter (m) | ['feːdɐˌhaltɐ] |

| lápis (m) | Bleistift (m) | ['blaɪʃtɪft] |
| marcador (m) de texto | Faserschreiber (m) | ['faːzɐˌʃʀaɪbɐ] |
| caneta (f) hidrográfica | Filzstift (m) | ['fɪltsʃtɪft] |

| bloco (m) de notas | Notizblock (m) | [no'tiːtsˌblɔk] |
| agenda (f) | Terminkalender (m) | [tɛʁ'miːn·kaˌlɛndɐ] |

| régua (f) | Lineal (n) | [line'aːl] |
| calculadora (f) | Rechner (m) | ['ʀɛçnɐ] |
| borracha (f) | Radiergummi (m) | [ʀa'diːɐˌgʊmi] |
| alfinete (m) | Reißzwecke (f) | ['ʀaɪs·tsvɛkɐ] |
| clipe (m) | Heftklammer (f) | ['hɛftˌklamɐ] |

| cola (f) | Klebstoff (m) | ['kleːpˌʃtɔf] |
| grampeador (m) | Hefter (m) | ['hɛftɐ] |
| furador (m) de papel | Locher (m) | ['lɔχɐ] |
| apontador (m) | Bleistiftspitzer (m) | ['blaɪʃtɪftˌʃpɪtsɐ] |

# Emprego. Negócios. Parte 2

## 101. Media

| jornal (m) | Zeitung (f) | ['tsaɪtʊŋ] |
| revista (f) | Zeitschrift (f) | ['tsaɪtʃʀɪft] |
| imprensa (f) | Presse (f) | ['pʀɛsə] |
| rádio (m) | Rundfunk (m) | ['ʀʊntfʊŋk] |
| estação (f) de rádio | Rundfunkstation (f) | ['ʀʊntfʊŋk·ʃta'tsjo:n] |
| televisão (f) | Fernsehen (n) | ['fɛʁnˌze:ən] |
| | | |
| apresentador (m) | Moderator (m) | [mode'ʀa:to:ɐ] |
| locutor (m) | Sprecher (m) | ['ʃpʀɛçɐ] |
| comentarista (m) | Kommentator (m) | [kɔmən'tato:ɐ] |
| | | |
| jornalista (m) | Journalist (m) | [ʒʊʁna'lɪst] |
| correspondente (m) | Korrespondent (m) | [kɔʀɛspɔn'dɛnt] |
| repórter (m) fotográfico | Bildberichterstatter (m) | ['bɪlt·bə'ʀɪçt?ɛɐˌʃtatɐ] |
| repórter (m) | Reporter (m) | [ʀe'pɔʁtɐ] |
| | | |
| redator (m) | Redakteur (m) | [ʀedak'tø:ɐ] |
| redator-chefe (m) | Chefredakteur (m) | ['ʃɛf·ʀedakˌtø:ɐ] |
| | | |
| assinar a ... | abonnieren (vt) | [abɔ'ni:ʀən] |
| assinatura (f) | Abonnement (n) | [abɔnə'ma:ŋ] |
| assinante (m) | Abonnent (m) | [abo'nɛnt] |
| ler (vt) | lesen (vi, vt) | ['le:zən] |
| leitor (m) | Leser (m) | ['le:zɐ] |
| | | |
| tiragem (f) | Auflage (f) | ['aʊfˌla:gə] |
| mensal (adj) | monatlich | ['mo:natlɪç] |
| semanal (adj) | wöchentlich | ['vœçəntlɪç] |
| número (jornal, revista) | Ausgabe (f) | ['aʊsˌga:bə] |
| recente, novo (adj) | neueste (~ Ausgabe) | ['nɔɪstə] |
| | | |
| manchete (f) | Titel (m) | ['ti:təl] |
| pequeno artigo (m) | Notiz (f) | [no'ti:ts] |
| coluna (~ semanal) | Rubrik (f) | [ʀu'bʀi:k] |
| artigo (m) | Artikel (m) | [aʁ'ti:kl̩] |
| página (f) | Seite (f) | ['zaɪtə] |
| | | |
| reportagem (f) | Reportage (f) | [ʀepɔʁ'ta:ʒə] |
| evento (festa, etc.) | Ereignis (n) | [ɛɐ'?aɪgnɪs] |
| sensação (f) | Sensation (f) | [zɛnza'tsjo:n] |
| escândalo (m) | Skandal (m) | [skan'da:l] |
| escandaloso (adj) | skandalös | [skanda'lø:s] |
| grande (adj) | groß | [gʀo:s] |
| | | |
| programa (m) | Sendung (f) | ['zɛndʊŋ] |
| entrevista (f) | Interview (n) | ['ɪntɐvju:] |

| | | |
|---|---|---|
| transmissão (f) ao vivo | Live-Übertragung (f) | ['laɪfʔy:bə̩tʀaːgʊŋ] |
| canal (m) | Kanal (m) | [ka'naːl] |

## 102. Agricultura

| | | |
|---|---|---|
| agricultura (f) | Landwirtschaft (f) | ['lantvɪʁtʃaft] |
| camponês (m) | Bauer (m) | ['baʊɐ] |
| camponesa (f) | Bäuerin (f) | ['bɔɪɘʀɪn] |
| agricultor, fazendeiro (m) | Farmer (m) | ['faʁmɐ] |

| | | |
|---|---|---|
| trator (m) | Traktor (m) | ['tʀaktoːɐ] |
| colheitadeira (f) | Mähdrescher (m) | ['mɛːˌdʀɛʃɐ] |

| | | |
|---|---|---|
| arado (m) | Pflug (m) | [pfluːk] |
| arar (vt) | pflügen (vt) | ['pflyːgən] |
| campo (m) lavrado | Acker (m) | ['akɐ] |
| sulco (m) | Furche (f) | ['fʊʁçə] |

| | | |
|---|---|---|
| semear (vt) | säen (vt) | ['zɛːən] |
| plantadeira (f) | Sämaschine (f) | ['zɛːˑma'ʃiːnə] |
| semeadura (f) | Saat (f) | ['zaːt] |

| | | |
|---|---|---|
| foice (m) | Sense (f) | ['zɛnzə] |
| cortar com foice | mähen (vt) | ['mɛːən] |

| | | |
|---|---|---|
| pá (f) | Schaufel (f) | ['ʃaʊfəl] |
| cavar (vt) | graben (vt) | ['gʀaːbən] |

| | | |
|---|---|---|
| enxada (f) | Hacke (f) | ['hakə] |
| capinar (vt) | jäten (vt) | ['jɛːtən] |
| erva (f) daninha | Unkraut (n) | ['ʊnˌkʀaʊt] |

| | | |
|---|---|---|
| regador (m) | Gießkanne (f) | ['giːsˌkanə] |
| regar (plantas) | gießen (vt) | ['giːsən] |
| rega (f) | Bewässerung (f) | [bə'vɛsəʀʊŋ] |

| | | |
|---|---|---|
| forquilha (f) | Heugabel (f) | ['hɔɪˌgaːbəl] |
| ancinho (m) | Rechen (m) | [ʀɛçən] |

| | | |
|---|---|---|
| fertilizante (m) | Dünger (m) | ['dʏŋɐ] |
| fertilizar (vt) | düngen (vt) | ['dʏŋən] |
| estrume, esterco (m) | Mist (m) | [mɪst] |

| | | |
|---|---|---|
| campo (m) | Feld (n) | [fɛlt] |
| prado (m) | Wiese (f) | ['viːzə] |
| horta (f) | Gemüsegarten (m) | [gə'myːzəˌgaʁtən] |
| pomar (m) | Obstgarten (m) | ['oːpstˌgaʁtən] |

| | | |
|---|---|---|
| pastar (vt) | weiden (vt) | ['vaɪdən] |
| pastor (m) | Hirt (m) | [hɪʁt] |
| pastagem (f) | Weide (f) | ['vaɪdə] |

| | | |
|---|---|---|
| pecuária (f) | Viehzucht (f) | ['fiːˌtsʊχt] |
| criação (f) de ovelhas | Schafzucht (f) | ['ʃaːfˌtsʊχt] |

| | | |
|---|---|---|
| plantação (f) | **Plantage** (f) | [plan'ta:ʒə] |
| canteiro (m) | **Beet** (n) | ['be:t] |
| estufa (f) | **Treibhaus** (n) | ['tʀaɪp‚haʊs] |
| | | |
| seca (f) | **Dürre** (f) | ['dʏʀə] |
| seco (verão ~) | **dürr, trocken** | [dʏʁ], 'tʀɔkən] |
| | | |
| grão (m) | **Getreide** (n) | [gə'tʀaɪdə] |
| cereais (m pl) | **Getreidepflanzen** (pl) | [gə'tʀaɪdə‚pflantsən] |
| colher (vt) | **ernten** (vt) | ['ɛʁntən] |
| | | |
| moleiro (m) | **Müller** (m) | ['mʏlɐ] |
| moinho (m) | **Mühle** (f) | ['my:lə] |
| moer (vt) | **mahlen** (vt) | ['ma:lən] |
| farinha (f) | **Mehl** (n) | [me:l] |
| palha (f) | **Stroh** (n) | [ʃtʀo:] |

## 103. Construção. Processo de construção

| | | |
|---|---|---|
| canteiro (m) de obras | **Baustelle** (f) | ['baʊʃtɛlə] |
| construir (vt) | **bauen** (vt) | ['baʊən] |
| construtor (m) | **Bauarbeiter** (m) | ['baʊʔaʁ‚baɪtɐ] |
| | | |
| projeto (m) | **Projekt** (n) | [pʀo'jɛkt] |
| arquiteto (m) | **Architekt** (m) | [aʁçi'tɛkt] |
| operário (m) | **Arbeiter** (m) | ['aʁbaɪtɐ] |
| | | |
| fundação (f) | **Fundament** (n) | [fʊnda'mɛnt] |
| telhado (m) | **Dach** (n) | [daχ] |
| estaca (f) | **Pfahl** (m) | [pfa:l] |
| parede (f) | **Wand** (f) | [vant] |
| | | |
| colunas (f pl) de sustentação | **Bewehrungsstahl** (m) | [bə've:ʀʊŋsʃta:l] |
| andaime (m) | **Gerüst** (n) | [gə'ʀʏst] |
| | | |
| concreto (m) | **Beton** (m) | [be'tɔŋ] |
| granito (m) | **Granit** (m) | [gʀa'ni:t] |
| pedra (f) | **Stein** (m) | [ʃtaɪn] |
| tijolo (m) | **Ziegel** (m) | ['tsi:gəl] |
| | | |
| areia (f) | **Sand** (m) | [zant] |
| cimento (m) | **Zement** (m, n) | [tse'mɛnt] |
| emboço, reboco (m) | **Putz** (m) | [pʊts] |
| emboçar, rebocar (vt) | **verputzen** (vt) | [fɛɐ'pʊtsən] |
| | | |
| tinta (f) | **Farbe** (f) | ['faʁbə] |
| pintar (vt) | **färben** (vt) | ['fɛʁbən] |
| barril (m) | **Fass** (n), **Tonne** (f) | [fas], ['tɔnə] |
| | | |
| grua (f), guindaste (m) | **Kran** (m) | [kʀa:n] |
| erguer (vt) | **aufheben** (vt) | ['aʊf‚he:bən] |
| baixar (vt) | **herunterlassen** (vt) | [hɛ'ʀʊntɐ‚lasən] |
| buldózer (m) | **Planierraupe** (f) | [pla'ni:ɐ‚ʀaʊpə] |
| escavadora (f) | **Bagger** (m) | ['bagɐ] |

| | | |
|---|---|---|
| caçamba (f) | **Baggerschaufel** (f) | ['bagɐˌʃaʊfəl] |
| escavar (vt) | **graben** (vt) | ['gʀaːbən] |
| capacete (m) de proteção | **Schutzhelm** (m) | ['ʃʊtsˌhɛlm] |

# Profissões e ocupações

## 104. Procura de emprego. Demissão

| | | |
|---|---|---|
| trabalho (m) | **Arbeit** (f), **Stelle** (f) | ['aʁbaɪt], ['ʃtɛlə] |
| equipe (f) | **Belegschaft** (f) | [bə'le:kʃaft] |
| pessoal (m) | **Personal** (n) | [pɛʁzo'na:l] |
| | | |
| carreira (f) | **Karriere** (f) | [ka'ʁie:ʁə] |
| perspectivas (f pl) | **Perspektive** (f) | [pɛʁspɛk'ti:və] |
| habilidades (f pl) | **Können** (n) | ['kœnən] |
| | | |
| seleção (f) | **Auswahl** (f) | ['aʊsva:l] |
| agência (f) de emprego | **Personalagentur** (f) | [pɛʁzo'na:l·agɛn'tu:ɐ] |
| currículo (m) | **Lebenslauf** (m) | ['le:bəns͵laʊf] |
| entrevista (f) de emprego | **Vorstellungsgespräch** (n) | ['fo:ɐ̯ʃtɛlʊŋs·gəʃpʁɛ:ç] |
| vaga (f) | **Vakanz** (f) | [va'kants] |
| | | |
| salário (m) | **Gehalt** (n) | [gə'halt] |
| salário (m) fixo | **festes Gehalt** (n) | ['fɛstəs gə'halt] |
| pagamento (m) | **Arbeitslohn** (m) | ['aʁbaɪts͵lo:n] |
| | | |
| cargo (m) | **Stellung** (f) | ['ʃtɛlʊŋ] |
| dever (do empregado) | **Pflicht** (f), **Aufgabe** (f) | [pflɪçt], ['aʊf͵ga:bə] |
| gama (f) de deveres | **Aufgabenspektrum** (n) | ['aʊf͵ga:bən'ʃpɛktʁʊm] |
| ocupado (adj) | **beschäftigt** | [͵bə'ʃɛftɪçt] |
| | | |
| despedir, demitir (vt) | **kündigen** (vt) | ['kʏndɪgən] |
| demissão (f) | **Kündigung** (f) | ['kʏndɪgʊŋ] |
| | | |
| desemprego (m) | **Arbeitslosigkeit** (f) | ['aʁbaɪts͵lo:zɪçkaɪt] |
| desempregado (m) | **Arbeitslose** (f) | ['aʁbaɪts͵lo:zə] |
| aposentadoria (f) | **Rente** (f), **Ruhestand** (m) | ['ʁɛntə], ['ʁu:əʃtant] |
| aposentar-se (vr) | **in Rente gehen** | [ɪn 'ʁɛntə 'ge:ən] |

## 105. Gente de negócios

| | | |
|---|---|---|
| diretor (m) | **Direktor** (m) | [di'ʁɛkto:ɐ̯] |
| gerente (m) | **Leiter** (m) | ['laɪtɐ] |
| patrão, chefe (m) | **Boss** (m) | [bɔs] |
| | | |
| superior (m) | **Vorgesetzte** (m) | ['fo:ɐ̯gə͵zɛtstə] |
| superiores (m pl) | **Vorgesetzten** (pl) | ['fo:ɐ̯gə͵zɛtstən] |
| presidente (m) | **Präsident** (m) | [pʁɛzi'dɛnt] |
| chairman (m) | **Vorsitzende** (m) | ['fo:ɐ̯͵zɪtsəndə] |
| | | |
| substituto (m) | **Stellvertreter** (m) | ['ʃtɛlfɛɐ̯͵tʁe:tɐ] |
| assistente (m) | **Helfer** (m) | ['hɛlfɐ] |

| | | |
|---|---|---|
| secretário (m) | Sekretär (m) | [zekʀe'tɛ:ɐ] |
| secretário (m) pessoal | Privatsekretär (m) | [pʀi'va:t·zekʀe'tɛ:ɐ] |
| | | |
| homem (m) de negócios | Geschäftsmann (m) | [gə'ʃɛfts͵man] |
| empreendedor (m) | Unternehmer (m) | [͵ʊnte'ne:mɐ] |
| fundador (m) | Gründer (m) | ['gʀʏndɐ] |
| fundar (vt) | gründen (vt) | ['gʀʏndən] |
| | | |
| principiador (m) | Gründungsmitglied (n) | ['gʀʏndʊŋs͵mɪtgli:t] |
| parceiro, sócio (m) | Partner (m) | ['paʁtnɐ] |
| acionista (m) | Aktionär (m) | [aktsjo'nɛ:ɐ] |
| | | |
| milionário (m) | Millionär (m) | [mɪljo'nɛ:ɐ] |
| bilionário (m) | Milliardär (m) | [͵mɪlɪaʁ'dɛ:ɐ] |
| proprietário (m) | Besitzer (m) | [bə'zɪtsɐ] |
| proprietário (m) de terras | Landbesitzer (m) | ['lantbə͵zɪtsɐ] |
| | | |
| cliente (m) | Kunde (m) | ['kʊndə] |
| cliente (m) habitual | Stammkunde (m) | ['ʃtam͵kʊndə] |
| comprador (m) | Käufer (m) | ['kɔɪfɐ] |
| visitante (m) | Besucher (m) | [bə'zu:χɐ] |
| | | |
| profissional (m) | Fachmann (m) | ['faχ͵man] |
| perito (m) | Experte (m) | [ɛks'pɛʁtə] |
| especialista (m) | Spezialist (m) | [ʃpetsɪa'lɪst] |
| | | |
| banqueiro (m) | Bankier (m) | [baŋ'kɪe:] |
| corretor (m) | Makler (m) | ['ma:klɐ] |
| | | |
| caixa (m, f) | Kassierer (m) | [ka'si:ʀɐ] |
| contador (m) | Buchhalter (m) | ['bu:χ͵haltɐ] |
| guarda (m) | Wächter (m) | ['vɛçtɐ] |
| | | |
| investidor (m) | Investor (m) | [ɪn'vɛsto:ɐ] |
| devedor (m) | Schuldner (m) | ['ʃʊldnɐ] |
| credor (m) | Gläubiger (m) | ['glɔɪbɪgɐ] |
| mutuário (m) | Kreditnehmer (m) | [kʀe'di:t͵ne:mɐ] |
| | | |
| importador (m) | Importeur (m) | [ɪmpɔʁ'tø:ɐ] |
| exportador (m) | Exporteur (m) | [ɛkspɔʁ'tø:ɐ] |
| | | |
| produtor (m) | Hersteller (m) | ['he:ɐ͵ʃtɛlɐ] |
| distribuidor (m) | Distributor (m) | [dɪstʀi'bu:to:ɐ] |
| intermediário (m) | Vermittler (m) | [fɛɐ'mɪtlɐ] |
| | | |
| consultor (m) | Berater (m) | [bə'ʀa:tɐ] |
| representante comercial | Vertreter (m) | [fɛɐ'tʀe:tɐ] |
| agente (m) | Agent (m) | [agɛnt] |
| agente (m) de seguros | Versicherungsagent (m) | [fɛɐ'zɪçəʀʊŋs·a'gɛnt] |

## 106. Profissões de serviços

| | | |
|---|---|---|
| cozinheiro (m) | Koch (m) | [kɔχ] |
| chefe (m) de cozinha | Chefkoch (m) | ['ʃɛf͵kɔχ] |

| padeiro (m) | Bäcker (m) | ['bɛkɐ] |
| barman (m) | Barmixer (m) | ['ba:ɐˌmɪksɐ] |
| garçom (m) | Kellner (m) | ['kɛlnɐ] |
| garçonete (f) | Kellnerin (f) | ['kɛlnəʀɪn] |

| advogado (m) | Rechtsanwalt (m) | ['ʀɛçts?anˌvalt] |
| jurista (m) | Jurist (m) | [ju'ʀɪst] |
| notário (m) | Notar (m) | [no'ta:ɐ] |

| eletricista (m) | Elektriker (m) | [ˌe'lɛktʀikɐ] |
| encanador (m) | Klempner (m) | ['klɛmpnɐ] |
| carpinteiro (m) | Zimmermann (m) | ['tsɪmɐˌman] |

| massagista (m) | Masseur (m) | [ma'sø:ɐ] |
| massagista (f) | Masseurin (f) | [ma'sø:ʀɪn] |
| médico (m) | Arzt (m) | [aʁtst] |

| taxista (m) | Taxifahrer (m) | ['taksiˌfa:ʀɐ] |
| condutor (automobilista) | Fahrer (m) | ['fa:ʀɐ] |
| entregador (m) | Ausfahrer (m) | ['aʊsˌfa:ʀɐ] |

| camareira (f) | Zimmermädchen (n) | ['tsɪmɐˌmɛ:tçən] |
| guarda (m) | Wächter (m) | ['vɛçtɐ] |
| aeromoça (f) | Flugbegleiterin (f) | ['flu:k·bəˌglaɪtəʀɪn] |

| professor (m) | Lehrer (m) | ['le:ʀɐ] |
| bibliotecário (m) | Bibliothekar (m) | [biblioteˌka:ɐ] |
| tradutor (m) | Übersetzer (m) | [ˌy:bɐ'zɛtsɐ] |
| intérprete (m) | Dolmetscher (m) | ['dɔlmɛtʃɐ] |
| guia (m) | Fremdenführer (m) | ['fʀɛmdənˌfy:ʀɐ] |

| cabeleireiro (m) | Friseur (m) | [fʀi'zø:ɐ] |
| carteiro (m) | Briefträger (m) | ['bʀi:fˌtʀɛ:gɐ] |
| vendedor (m) | Verkäufer (m) | [fɛɐ'kɔɪfɐ] |

| jardineiro (m) | Gärtner (m) | ['gɛʁtnɐ] |
| criado (m) | Diener (m) | ['di:nɐ] |
| criada (f) | Magd (f) | [ma:kt] |
| empregada (f) de limpeza | Putzfrau (f) | ['pʊtsˌfʀaʊ] |

## 107. Profissões militares e postos

| soldado (m) raso | einfacher Soldat (m) | ['aɪnfaxɐ zɔl'da:t] |
| sargento (m) | Feldwebel (m) | ['fɛltˌve:bəl] |
| tenente (m) | Leutnant (m) | ['lɔɪtnant] |
| capitão (m) | Hauptmann (m) | ['haʊptman] |

| major (m) | Major (m) | [ma'jo:ɐ] |
| coronel (m) | Oberst (m) | ['o:bɛst] |
| general (m) | General (m) | [gene'ʀa:l] |
| marechal (m) | Marschall (m) | ['maʁʃal] |
| almirante (m) | Admiral (m) | [ˌatmi'ʀa:l] |
| militar (m) | Militärperson (f) | [mili'tɛ:ɐˌpɛʁ'zo:n] |
| soldado (m) | Soldat (m) | [zɔl'da:t] |

| oficial (m) | Offizier (m) | [ɔfi'tsi:ɐ] |
| comandante (m) | Kommandeur (m) | [kɔman'dø:ɐ] |

| guarda (m) de fronteira | Grenzsoldat (m) | ['gʀɛnts·zɔl,da:t] |
| operador (m) de rádio | Funker (m) | ['fʊŋkɐ] |
| explorador (m) | Aufklärer (m) | ['aʊf,klɛ:ʀɐ] |
| sapador-mineiro (m) | Pionier (m) | [pɪo'ni:ɐ] |
| atirador (m) | Schütze (m) | ['ʃʏtsə] |
| navegador (m) | Steuermann (m) | ['ʃtɔɪɐ,man] |

## 108. Oficiais. Padres

| rei (m) | König (m) | ['kø:nɪç] |
| rainha (f) | Königin (f) | ['kø:nɪgɪn] |

| príncipe (m) | Prinz (m) | [pʀɪnts] |
| princesa (f) | Prinzessin (f) | [pʀɪn'tsɛsɪn] |

| czar (m) | Zar (m) | [tsa:ɐ] |
| czarina (f) | Zarin (f) | ['tsa:ʀɪn] |

| presidente (m) | Präsident (m) | [pʀɛzi'dɛnt] |
| ministro (m) | Minister (m) | [mi'nɪstɐ] |
| primeiro-ministro (m) | Ministerpräsident (m) | [mi'nɪstɐ·pʀɛzi,dɛnt] |
| senador (m) | Senator (m) | [ze'na:to:ɐ] |

| diplomata (m) | Diplomat (m) | [,diplo'ma:t] |
| cônsul (m) | Konsul (m) | ['kɔnzʊl] |
| embaixador (m) | Botschafter (m) | ['bo:t,ʃaftɐ] |
| conselheiro (m) | Ratgeber (m) | ['ʀa:t,ge:bɐ] |

| funcionário (m) | Beamte (m) | [bə'ʔamtə] |
| prefeito (m) | Präfekt (m) | [pʀɛ'fɛkt] |
| Presidente (m) da Câmara | Bürgermeister (m) | ['bʏʁgɐ,maɪstɐ] |

| juiz (m) | Richter (m) | ['ʀɪçtɐ] |
| procurador (m) | Staatsanwalt (m) | ['ʃta:ts?an,valt] |

| missionário (m) | Missionar (m) | [,mɪsjo'na:ɐ] |
| monge (m) | Mönch (m) | [mœnç] |
| abade (m) | Abt (m) | [apt] |
| rabino (m) | Rabbiner (m) | [ʀa'bi:nɐ] |

| vizir (m) | Wesir (m) | [ve'zi:ɐ] |
| xá (m) | Schah (n) | [ʃaχ] |
| xeique (m) | Scheich (m) | [ʃaɪç] |

## 109. Profissões agrícolas

| abelheiro (m) | Bienenzüchter (m) | ['bi:nən,tsʏçtɐ] |
| pastor (m) | Hirt (m) | [hɪʁt] |
| agrônomo (m) | Agronom (m) | [agʀo'no:m] |

| criador (m) de gado | Viehzüchter (m) | ['fi:ˌtsʏçtɐ] |
| veterinário (m) | Tierarzt (m) | ['ti:ɐˌʔaʁtst] |

| agricultor, fazendeiro (m) | Farmer (m) | ['faʁmɐ] |
| vinicultor (m) | Winzer (m) | ['vɪntsɐ] |
| zoólogo (m) | Zoologe (m) | [tsoo'lo:gə] |
| vaqueiro (m) | Cowboy (m) | ['kaʊbɔɪ] |

## 110. Profissões artísticas

| ator (m) | Schauspieler (m) | ['ʃaʊʃpi:lɐ] |
| atriz (f) | Schauspielerin (f) | ['ʃaʊʃpi:lərɪn] |

| cantor (m) | Sänger (m) | ['zɛŋɐ] |
| cantora (f) | Sängerin (f) | ['zɛŋərɪn] |

| bailarino (m) | Tänzer (m) | ['tɛntsɐ] |
| bailarina (f) | Tänzerin (f) | ['tɛntsərɪn] |

| artista (m) | Künstler (m) | ['kʏnstlɐ] |
| artista (f) | Künstlerin (f) | ['kʏnstlərɪn] |

| músico (m) | Musiker (m) | ['mu:zikɐ] |
| pianista (m) | Pianist (m) | [pɪa'nɪst] |
| guitarrista (m) | Gitarrist (m) | [gita'rɪst] |

| maestro (m) | Dirigent (m) | [ˌdiʁi'gɛnt] |
| compositor (m) | Komponist (m) | [ˌkɔmpo'nɪst] |
| empresário (m) | Manager (m) | ['mɛnɪdʒɐ] |

| diretor (m) de cinema | Regisseur (m) | [ʁeʒɪ'sø:ɐ] |
| produtor (m) | Produzent (m) | [pʁodu'tsɛnt] |
| roteirista (m) | Drehbuchautor (m) | ['dʁe:bu:χˌʔaʊto:ɐ] |
| crítico (m) | Kritiker (m) | ['kʁi:tɪkɐ] |

| escritor (m) | Schriftsteller (m) | ['ʃʁɪftʃtɛlɐ] |
| poeta (m) | Dichter (m) | ['dɪçtɐ] |
| escultor (m) | Bildhauer (m) | ['bɪltˌhaʊɐ] |
| pintor (m) | Maler (m) | ['ma:lɐ] |

| malabarista (m) | Jongleur (m) | [ʒɔŋ'glø:ɐ] |
| palhaço (m) | Clown (m) | [klaʊn] |
| acrobata (m) | Akrobat (m) | [akʁo'ba:t] |
| ilusionista (m) | Zauberkünstler (m) | ['tsaʊbɐˌkʏnstlɐ] |

## 111. Várias profissões

| médico (m) | Arzt (m) | [aʁtst] |
| enfermeira (f) | Krankenschwester (f) | [kʁaŋkənʃvɛstɐ] |
| psiquiatra (m) | Psychiater (m) | [psy'çɪa:tɐ] |
| dentista (m) | Zahnarzt (m) | ['tsa:nˌʔaʁtst] |
| cirurgião (m) | Chirurg (m) | [çi'ʁuʁk] |

| | | |
|---|---|---|
| astronauta (m) | **Astronaut** (m) | [astʀo'naʊt] |
| astrônomo (m) | **Astronom** (m) | [astʀo'no:m] |
| piloto (m) | **Pilot** (m) | [pi'lo:t] |

| | | |
|---|---|---|
| motorista (m) | **Fahrer** (m) | ['fa:ʀɐ] |
| maquinista (m) | **Lokführer** (m) | ['lɔkˌfy:ʀɐ] |
| mecânico (m) | **Mechaniker** (m) | [me'ça:nikɐ] |

| | | |
|---|---|---|
| mineiro (m) | **Bergarbeiter** (m) | ['bɛʀk?aʀˌbaɪtɐ] |
| operário (m) | **Arbeiter** (m) | ['aʀbaɪtɐ] |
| serralheiro (m) | **Schlosser** (m) | ['ʃlɔsɐ] |
| marceneiro (m) | **Tischler** (m) | ['tɪʃlɐ] |
| torneiro (m) | **Dreher** (m) | ['dʀe:ɐ] |
| construtor (m) | **Bauarbeiter** (m) | ['baʊ?aʀˌbaɪtɐ] |
| soldador (m) | **Schweißer** (m) | ['ʃvaɪsɐ] |

| | | |
|---|---|---|
| professor (m) | **Professor** (m) | [pʀo'fɛso:ɐ] |
| arquiteto (m) | **Architekt** (m) | [aʀçi'tɛkt] |
| historiador (m) | **Historiker** (m) | [hɪs'to:ʀikɐ] |
| cientista (m) | **Wissenschaftler** (m) | ['vɪsənʃaftlɐ] |
| físico (m) | **Physiker** (m) | ['fy:zikɐ] |
| químico (m) | **Chemiker** (m) | ['çe:mikɐ] |

| | | |
|---|---|---|
| arqueólogo (m) | **Archäologe** (m) | [aʀçɛo'lo:gə] |
| geólogo (m) | **Geologe** (m) | [geo'lo:gə] |
| pesquisador (cientista) | **Forscher** (m) | ['fɔʀʃɐ] |

| | | |
|---|---|---|
| babysitter, babá (f) | **Kinderfrau** (f) | ['kɪndɐˌfʀaʊ] |
| professor (m) | **Lehrer** (m) | ['le:ʀɐ] |

| | | |
|---|---|---|
| redator (m) | **Redakteur** (m) | [ʀedak'tø:ɐ] |
| redator-chefe (m) | **Chefredakteur** (m) | ['ʃɛf·ʀedakˌtø:ɐ] |
| correspondente (m) | **Korrespondent** (m) | [kɔʀɛspɔn'dɛnt] |
| datilógrafa (f) | **Schreibkraft** (f) | ['ʃʀaɪpˌkʀaft] |

| | | |
|---|---|---|
| designer (m) | **Designer** (m) | [di'zaɪnɐ] |
| especialista (m) em informática | **Computerspezialist** (m) | [kɔm'pju:tɐ·ʃpetsia'lɪst] |
| programador (m) | **Programmierer** (m) | [pʀogʀa'mi:ʀɐ] |
| engenheiro (m) | **Ingenieur** (m) | [ɪnʒe'niø:ɐ] |

| | | |
|---|---|---|
| marujo (m) | **Seemann** (m) | ['ze:man] |
| marinheiro (m) | **Matrose** (m) | [ma'tʀo:zə] |
| socorrista (m) | **Retter** (m) | ['ʀɛtɐ] |

| | | |
|---|---|---|
| bombeiro (m) | **Feuerwehrmann** (m) | ['fɔɪveːɐˌman] |
| polícia (m) | **Polizist** (m) | [poli'tsɪst] |
| guarda-noturno (m) | **Nachtwächter** (m) | ['naχtˌvɛçtɐ] |
| detetive (m) | **Detektiv** (m) | [detɛk'ti:f] |

| | | |
|---|---|---|
| funcionário (m) da alfândega | **Zollbeamter** (m) | ['tsɔl·bəˌ?amtɐ] |
| guarda-costas (m) | **Leibwächter** (m) | ['laɪpˌvɛçtɐ] |
| guarda (m) prisional | **Gefängniswärter** (m) | [gə'fɛŋnɪs·vɛʀtɐ] |
| inspetor (m) | **Inspektor** (m) | [ɪn'spɛkto:ɐ] |
| esportista (m) | **Sportler** (m) | ['ʃpɔʀtlɐ] |
| treinador (m) | **Trainer** (m) | ['tʀɛ:nɐ] |

| | | |
|---|---|---|
| açougueiro (m) | Fleischer (m) | ['flaɪʃɐ] |
| sapateiro (m) | Schuster (m) | ['ʃuːstɐ] |
| comerciante (m) | Geschäftsmann (m) | [gə'ʃɛfts͜man] |
| carregador (m) | Ladearbeiter (m) | ['laːdə͜aʁbaɪtɐ] |

| | | |
|---|---|---|
| estilista (m) | Modedesigner (m) | ['moːdə·di'zaɪnɐ] |
| modelo (f) | Modell (n) | [mo'dɛl] |

## 112. Ocupações. Estatuto social

| | | |
|---|---|---|
| estudante (~ de escola) | Schüler (m) | ['ʃyːlɐ] |
| estudante (~ universitária) | Student (m) | [ʃtu'dɛnt] |

| | | |
|---|---|---|
| filósofo (m) | Philosoph (m) | [filo'zoːf] |
| economista (m) | Ökonom (m) | [øko'noːm] |
| inventor (m) | Erfinder (m) | [ɛɐ'fɪndɐ] |

| | | |
|---|---|---|
| desempregado (m) | Arbeitslose (m) | ['aʁbaɪtsˌloːzə] |
| aposentado (m) | Rentner (m) | ['ʁɛntnɐ] |
| espião (m) | Spion (m) | [ʃpi'oːn] |

| | | |
|---|---|---|
| preso, prisioneiro (m) | Gefangene (m) | [gə'faŋənə] |
| grevista (m) | Streikender (m) | ['ʃtʁaɪkəndɐ] |
| burocrata (m) | Bürokrat (m) | [ˌbyʁo'kʁaːt] |
| viajante (m) | Reisende (m) | ['ʁaɪzəndə] |

| | | |
|---|---|---|
| homossexual (m) | Homosexuelle (m) | [homozɛ'ksuɛlə] |
| hacker (m) | Hacker (m) | ['hɛkɐ] |
| hippie (m. f) | Hippie (m) | ['hɪpi] |

| | | |
|---|---|---|
| bandido (m) | Bandit (m) | [ban'diːt] |
| assassino (m) | Killer (m) | ['kɪlɐ] |
| drogado (m) | Drogenabhängiger (m) | ['dʁoːgənˌʔaphɛŋɪgɐ] |
| traficante (m) | Drogenhändler (m) | ['dʁoːgənˌhɛndlɐ] |
| prostituta (f) | Prostituierte (f) | [ˌpʁostitu'iːɐtə] |
| cafetão (m) | Zuhälter (m) | ['tsuːˌhɛltɐ] |

| | | |
|---|---|---|
| bruxo (m) | Zauberer (m) | ['tsaʊbəʁɐ] |
| bruxa (f) | Zauberin (f) | ['tsaʊbəʁɪn] |
| pirata (m) | Seeräuber (m) | ['zeːˌʁɔɪbɐ] |
| escravo (m) | Sklave (m) | ['sklaːvə] |
| samurai (m) | Samurai (m) | [zamu'ʁaɪ] |
| selvagem (m) | Wilde (m) | ['vɪldə] |

# Desportos

## 113. Tipos de desportos. Desportistas

| esportista (m) | Sportler (m) | ['ʃpɔʁtlɐ] |
| tipo (m) de esporte | Sportart (f) | ['ʃpɔʁtʔaːɐt] |
| | | |
| basquete (m) | Basketball (m) | ['baːskɐtbal] |
| jogador (m) de basquete | Basketballspieler (m) | ['baːskɐtbalˌʃpiːlɐ] |
| | | |
| beisebol (m) | Baseball (m, n) | ['bɛɪsbɔːl] |
| jogador (m) de beisebol | Baseballspieler (m) | ['bɛɪsbɔːlˌʃpiːlɐ] |
| | | |
| futebol (m) | Fußball (m) | ['fuːsbal] |
| jogador (m) de futebol | Fußballspieler (m) | ['fuːsbalˌʃpiːlɐ] |
| goleiro (m) | Torwart (m) | ['toːɐˌvaʁt] |
| | | |
| hóquei (m) | Eishockey (n) | ['aɪsˌhɔki] |
| jogador (m) de hóquei | Eishockeyspieler (m) | ['aɪshɔkiˌʃpiːlɐ] |
| | | |
| vôlei (m) | Volleyball (m) | ['vɔliˌbal] |
| jogador (m) de vôlei | Volleyballspieler (m) | ['vɔlibalˌʃpiːlɐ] |
| | | |
| boxe (m) | Boxen (n) | ['bɔksən] |
| boxeador (m) | Boxer (m) | ['bɔksɐ] |
| | | |
| luta (f) | Ringen (n) | ['ʁɪŋən] |
| lutador (m) | Ringkämpfer (m) | ['ʁɪŋˌkɛmpfɐ] |
| | | |
| caratê (m) | Karate (n) | [ka'ʁaːtə] |
| carateca (m) | Karatekämpfer (m) | [ka'ʁaːtəˌkɛmpfɐ] |
| | | |
| judô (m) | Judo (n) | ['juːdɔ] |
| judoca (m) | Judoka (m) | [ju'doːka] |
| | | |
| tênis (m) | Tennis (n) | ['tɛnɪs] |
| tenista (m) | Tennisspieler (m) | ['tɛnɪsˌʃpiːlɐ] |
| | | |
| natação (f) | Schwimmen (n) | ['ʃvɪmən] |
| nadador (m) | Schwimmer (m) | ['ʃvɪmɐ] |
| | | |
| esgrima (f) | Fechten (n) | ['fɛçtən] |
| esgrimista (m) | Fechter (m) | ['fɛçtɐ] |
| | | |
| xadrez (m) | Schach (n) | [ʃaχ] |
| jogador (m) de xadrez | Schachspieler (m) | ['ʃaχˌʃpiːlɐ] |
| | | |
| alpinismo (m) | Bergsteigen (n) | ['bɛʁkˌʃtaɪgən] |
| alpinista (m) | Bergsteiger (m) | ['bɛʁkˌʃtaɪgɐ] |
| corrida (f) | Lauf (m) | [laʊf] |

| | | |
|---|---|---|
| corredor (m) | Läufer (m) | ['lɔɪfɐ] |
| atletismo (m) | Leichtathletik (f) | ['laɪçt?atˌleːtik] |
| atleta (m) | Athlet (m) | [at'leːt] |
| | | |
| hipismo (m) | Pferdesport (m) | ['pfeːɐdəʃpɔʁt] |
| cavaleiro (m) | Reiter (m) | ['ʁaɪtɐ] |
| | | |
| patinação (f) artística | Eiskunstlauf (m) | ['aɪskʊnstˌlaʊf] |
| patinador (m) | Eiskunstläufer (m) | ['aɪskʊnstˌlɔɪfɐ] |
| patinadora (f) | Eiskunstläuferin (f) | ['aɪskʊnstˌlɔɪfɐʁɪn] |
| | | |
| halterofilismo (m) | Gewichtheben (n) | [gə'vɪçtˌheːbən] |
| halterofilista (m) | Gewichtheber (m) | [gə'vɪçtˌheːbɐ] |
| | | |
| corrida (f) de carros | Autorennen (n) | ['aʊtoʁɛnən] |
| piloto (m) | Rennfahrer (m) | ['ʁɛnˌfaːʁɐ] |
| | | |
| ciclismo (m) | Radfahren (n) | ['ʁaːtˌfaːʁən] |
| ciclista (m) | Radfahrer (m) | ['ʁaːtˌfaːʁɐ] |
| | | |
| salto (m) em distância | Weitsprung (m) | ['vaɪtʃpʁʊŋ] |
| salto (m) com vara | Stabhochsprung (m) | ['ʃtaːphoːχʃpʁʊŋ] |
| atleta (m) de saltos | Springer (m) | ['ʃpʁɪŋɐ] |

## 114. Tipos de desportos. Diversos

| | | |
|---|---|---|
| futebol (m) americano | American Football (m) | [ɛ'mɛʁɪkən 'fʊtboːl] |
| badminton (m) | Federballspiel (n) | ['feːdɐˌbal·ʃpiːl] |
| biatlo (m) | Biathlon (n) | ['biːatlɔn] |
| bilhar (m) | Billard (n) | ['bɪljaʁt] |
| | | |
| bobsled (m) | Bob (m) | [bɔp] |
| musculação (f) | Bodybuilding (n) | ['bɔdiˌbɪldɪŋ] |
| polo (m) aquático | Wasserballspiel (n) | ['vasɐbalʃpiːl] |
| handebol (m) | Handball (m) | ['hantˌbal] |
| golfe (m) | Golf (n) | [gɔlf] |
| | | |
| remo (m) | Rudern (n) | ['ʁuːdɐn] |
| mergulho (m) | Tauchen (n) | ['taʊχən] |
| corrida (f) de esqui | Skilanglauf (m) | ['ʃiːˌlantlɔɪf] |
| tênis (m) de mesa | Tischtennis (n) | [tɪʃˌtɛnɪs] |
| | | |
| vela (f) | Segelsport (m) | ['zeːgəlʃpɔʁt] |
| rali (m) | Rallye (f, n) | ['ʁali] |
| rúgbi (m) | Rugby (n) | ['ʁakbi] |
| snowboard (m) | Snowboard (n) | ['snoːˌboːɐt] |
| arco-e-flecha (m) | Bogenschießen (n) | ['boːgənʃiːsən] |

## 115. Ginásio

| | | |
|---|---|---|
| barra (f) | Hantel (f) | ['hantəl] |
| halteres (m pl) | Hanteln (pl) | ['hantəln] |

| | | |
|---|---|---|
| aparelho (m) de musculação | Trainingsgerät (n) | ['tʀɛ:nɪŋs·gə'ʀɛ:t] |
| bicicleta (f) ergométrica | Fahrradtrainer (m) | ['fa:ʀʀa:ˌtʀɛ:nɐ] |
| esteira (f) de corrida | Laufband (n) | ['laʊfˌbant] |
| | | |
| barra (f) fixa | Reck (n) | [ʀɛk] |
| barras (f pl) paralelas | Barren (m) | ['baʀən] |
| cavalo (m) | Sprungpferd (n) | ['ʃpʀɪŋˌpfe:ɐt] |
| tapete (m) de ginástica | Matte (f) | ['matə] |
| | | |
| corda (f) de saltar | Sprungseil (n) | ['ʃpʀʊŋˌzaɪl] |
| aeróbica (f) | Aerobic (n) | [ɛ'ʀo:bɪk] |
| ioga, yoga (f) | Yoga (m, n) | ['jo:ga] |

## 116. Desportos. Diversos

| | | |
|---|---|---|
| Jogos (m pl) Olímpicos | Olympische Spiele (pl) | [o'lʏmpɪʃə 'ʃpi:lə] |
| vencedor (m) | Sieger (m) | ['zi:gɐ] |
| vencer (vi) | siegen (vi) | ['zi:gən] |
| vencer (vi, vt) | gewinnen (vt) | [gə'vɪnən] |
| | | |
| líder (m) | Tabellenführer (m) | [ta'bɛlənˌfy:ʀɐ] |
| liderar (vt) | führen (vi) | ['fy:ʀən] |
| | | |
| primeiro lugar (m) | der erste Platz | [de:ɐ 'ɛʀstə plats] |
| segundo lugar (m) | der zweite Platz | [de:ɐ 'tsvaɪtə plats] |
| terceiro lugar (m) | der dritte Platz | [de:ɐ 'dʀɪtə plats] |
| | | |
| medalha (f) | Medaille (f) | [me'daljə] |
| troféu (m) | Trophäe (f) | [tʀo'fɛ:ə] |
| taça (f) | Pokal (m) | [pɔ'ka:l] |
| prêmio (m) | Preis (m) | [pʀaɪs] |
| prêmio (m) principal | Hauptpreis (m) | ['haʊptˌpʀaɪs] |
| | | |
| recorde (m) | Rekord (m) | [ʀe'kɔʀt] |
| estabelecer um recorde | einen Rekord aufstellen | ['aɪnən ʀe'kɔʀt 'aʊfˌʃtɛlən] |
| | | |
| final (m) | Finale (n) | [fi'na:lə] |
| final (adj) | Final- | [fi'na:l] |
| | | |
| campeão (m) | Meister (m) | ['maɪstɐ] |
| campeonato (m) | Meisterschaft (f) | ['maɪstɐˌʃaft] |
| | | |
| estádio (m) | Stadion (n) | ['ʃta:djɔn] |
| arquibancadas (f pl) | Tribüne (f) | [tʀi'by:nə] |
| fã, torcedor (m) | Fan (m) | [fɛn] |
| adversário (m) | Gegner (m) | ['ge:gnɐ] |
| | | |
| partida (f) | Start (m) | [ʃtaʀt] |
| linha (f) de chegada | Ziel (n), Finish (n) | [tsi:l], ['fɪnɪʃ] |
| | | |
| derrota (f) | Niederlage (f) | ['ni:dɐˌla:gə] |
| perder (vt) | verlieren (vt) | [fɛɐ'li:ʀən] |
| árbitro, juiz (m) | Schiedsrichter (m) | ['ʃi:tsˌʀɪçtɐ] |
| júri (m) | Jury (f) | ['ʒy:ʀi] |

| | | |
|---|---|---|
| resultado (m) | **Ergebnis** (n) | [ɛɐ̯'geːpnɪs] |
| empate (m) | **Unentschieden** (n) | ['ʊn?ɛntʃiːdən] |
| empatar (vi) | **unentschieden spielen** | ['ʊn?ɛntʃiːdən 'ʃpiːlən] |
| ponto (m) | **Punkt** (m) | [pʊŋkt] |
| resultado (m) final | **Ergebnis** (n) | [ɛɐ̯'geːpnɪs] |
| | | |
| tempo (m) | **Spielabschnitt** (m) | ['ʃpiːl,ʔapʃnɪt] |
| intervalo (m) | **Halbzeit** (f), **Pause** (f) | ['halp,tsaɪt], ['paʊzə] |
| doping (m) | **Doping** (n) | ['doːpɪŋ] |
| penalizar (vt) | **bestrafen** (vt) | [bə'ʃtʀaːfən] |
| desqualificar (vt) | **disqualifizieren** (vt) | [dɪskvalifi'tsiːʀən] |
| | | |
| aparelho, aparato (m) | **Sportgerät** (n) | ['ʃpɔʁt·gə,ʀɛːt] |
| dardo (m) | **Speer** (m) | [ʃpeːɐ̯] |
| peso (m) | **Kugel** (f) | ['kuːgəl] |
| bola (f) | **Kugel** (f) | ['kuːgəl] |
| | | |
| alvo, objetivo (m) | **Ziel** (n) | [tsiːl] |
| alvo (~ de papel) | **Zielscheibe** (f) | ['tsiːl,ʃaɪbə] |
| disparar, atirar (vi) | **schießen** (vi) | ['ʃiːsən] |
| preciso (tiro ~) | **genau** | [gə'naʊ] |
| | | |
| treinador (m) | **Trainer** (m) | ['tʀɛːnɐ] |
| treinar (vt) | **trainieren** (vt) | [tʀɛ'niːʀən] |
| treinar-se (vr) | **trainieren** (vi) | [tʀɛ'niːʀən] |
| treino (m) | **Training** (n) | ['tʀɛːnɪŋ] |
| | | |
| academia (f) de ginástica | **Turnhalle** (f) | ['tʊʁn,halə] |
| exercício (m) | **Übung** (f) | ['yːbʊŋ] |
| aquecimento (m) | **Aufwärmen** (n) | ['aʊf,vɛʁmən] |

# Educação

## 117. Escola

| | | |
|---|---|---|
| escola (f) | Schule (f) | ['ʃu:lə] |
| diretor (m) de escola | Schulleiter (m) | ['ʃu:l,laɪtə] |
| | | |
| aluno (m) | Schüler (m) | ['ʃy:lə] |
| aluna (f) | Schülerin (f) | ['ʃy:ləʀɪn] |
| estudante (m) | Schuljunge (m) | ['ʃu:l,jʊŋə] |
| estudante (f) | Schulmädchen (f) | ['ʃu:l,mɛ:tçən] |
| | | |
| ensinar (vt) | lehren (vt) | ['le:ʀən] |
| aprender (vt) | lernen (vt) | ['lɛʀnən] |
| decorar (vt) | auswendig lernen | ['aʊs,vɛndɪç 'lɛʀnən] |
| | | |
| estudar (vi) | lernen (vi) | ['lɛʀnən] |
| estar na escola | in der Schule sein | [ɪn de:ɐ 'ʃu:lə zaɪn] |
| ir à escola | die Schule besuchen | [di 'ʃu:lə bə'zu:χən] |
| | | |
| alfabeto (m) | Alphabet (n) | [alfa'be:t] |
| disciplina (f) | Fach (n) | [faχ] |
| | | |
| sala (f) de aula | Klassenraum (m) | ['klasən,ʀaʊm] |
| lição, aula (f) | Stunde (f) | ['ʃtʊndə] |
| recreio (m) | Pause (f) | ['paʊzə] |
| toque (m) | Schulglocke (f) | ['ʃu:l,glɔkə] |
| classe (f) | Schulbank (f) | ['ʃu:l,baŋk] |
| quadro (m) negro | Tafel (f) | ['ta:fəl] |
| | | |
| nota (f) | Note (f) | ['no:tə] |
| boa nota (f) | gute Note (f) | ['gu:tə 'no:tə] |
| nota (f) baixa | schlechte Note (f) | ['ʃlɛçtə 'no:tə] |
| dar uma nota | eine Note geben | ['aɪnə 'no:tə 'ge:bən] |
| | | |
| erro (m) | Fehler (m) | ['fe:lə] |
| errar (vi) | Fehler machen | ['fe:lɐ 'maχən] |
| corrigir (~ um erro) | korrigieren (vt) | [kɔʀi'gi:ʀən] |
| cola (f) | Spickzettel (m) | ['ʃpɪk,tsɛtəl] |
| | | |
| dever (m) de casa | Hausaufgabe (f) | ['haʊsʔaʊf,ga:bə] |
| exercício (m) | Übung (f) | ['y:bʊŋ] |
| | | |
| estar presente | anwesend sein | ['an,ve:zənt zaɪn] |
| estar ausente | fehlen (vi) | ['fe:lən] |
| faltar às aulas | versäumen (vt) | [fɛɐ'zɔɪmən] |
| | | |
| punir (vt) | bestrafen (vt) | [bə'ʃtʀa:fən] |
| punição (f) | Strafe (f) | ['ʃtʀa:fə] |
| comportamento (m) | Benehmen (n) | [bə'ne:mən] |

| boletim (m) escolar | Zeugnis (n) | ['tsɔɪknɪs] |
| lápis (m) | Bleistift (m) | ['blaɪˌʃtɪft] |
| borracha (f) | Radiergummi (m) | [ʁa'di:ɐˌɡumi] |
| giz (m) | Kreide (f) | ['kʁaɪdə] |
| porta-lápis (m) | Federkasten (m) | ['fe:dəˌkastən] |

| mala, pasta, mochila (f) | Schulranzen (m) | ['ʃu:lˌʁantsən] |
| caneta (f) | Kugelschreiber, Stift (m) | ['ku:ɡəlˌʃʁaɪbə], [ʃtɪft] |
| caderno (m) | Heft (n) | [hɛft] |
| livro (m) didático | Lehrbuch (n) | ['le:ɐˌbu:χ] |
| compasso (m) | Zirkel (m) | ['tsɪʁkəl] |

| traçar (vt) | zeichnen (vt) | ['tsaɪçnən] |
| desenho (m) técnico | Zeichnung (f) | ['tsaɪçnʊŋ] |

| poesia (f) | Gedicht (n) | [ɡə'dɪçt] |
| de cor | auswendig | ['aʊsˌvɛndɪç] |
| decorar (vt) | auswendig lernen | ['aʊsˌvɛndɪç 'lɛʁnən] |

| férias (f pl) | Ferien (pl) | ['fe:ʁɪən] |
| estar de férias | in den Ferien sein | [ɪn den 'fe:ʁɪən zaɪn] |
| passar as férias | Ferien verbringen | ['fe:ʁɪən fɛɐ'bʁɪŋən] |

| teste (m), prova (f) | Test (m), Prüfung (f) | [tɛst], ['pʁy:fʊŋ] |
| redação (f) | Aufsatz (m) | ['aʊfˌzats] |
| ditado (m) | Diktat (n) | [dɪk'ta:t] |
| exame (m), prova (f) | Prüfung (f) | ['pʁy:fʊŋ] |
| fazer prova | Prüfungen ablegen | ['pʁy:fʊŋən 'apˌle:ɡən] |
| experiência (~ química) | Experiment (n) | [ɛkspeʁi'mɛnt] |

## 118. Colégio. Universidade

| academia (f) | Akademie (f) | [akade'mi:] |
| universidade (f) | Universität (f) | [univɛʁzi'tɛ:t] |
| faculdade (f) | Fakultät (f) | [fakʊl'tɛ:t] |

| estudante (m) | Student (m) | [ʃtu'dɛnt] |
| estudante (f) | Studentin (f) | [ʃtu'dɛntɪn] |
| professor (m) | Lehrer (m) | ['le:ʁə] |

| auditório (m) | Hörsaal (m) | ['hø:ɐˌza:l] |
| graduado (m) | Hochschulabsolvent (m) | ['ho:χʃu:l?apzɔlˌvɛnt] |

| diploma (m) | Diplom (n) | [di'plo:m] |
| tese (f) | Dissertation (f) | [dɪsɛʁta'tsjo:n] |

| estudo (obra) | Forschung (f) | ['fɔʁʃʊŋ] |
| laboratório (m) | Labor (n) | [la'bo:ɐ] |

| palestra (f) | Vorlesung (f) | ['fo:ɐˌle:zʊŋ] |
| colega (m) de curso | Kommilitone (m) | [ˌkɔmili'to:nə] |

| bolsa (f) de estudos | Stipendium (n) | [ʃti'pɛndɪʊm] |
| grau (m) acadêmico | akademischer Grad (m) | [aka'de:mɪʃɐ ɡʁa:t] |

## 119. Ciências. Disciplinas

| | | |
|---|---|---|
| matemática (f) | **Mathematik** (f) | [matema'ti:k] |
| álgebra (f) | **Algebra** (f) | ['algebʀa] |
| geometria (f) | **Geometrie** (f) | [ˌgeome'tʀi:] |
| astronomia (f) | **Astronomie** (f) | [astʀono'mi:] |
| biologia (f) | **Biologie** (f) | [ˌbiolo'gi:] |
| geografia (f) | **Erdkunde** (f) | ['e:ɐtˌkʊndə] |
| geologia (f) | **Geologie** (f) | [ˌgeolo'gi:] |
| história (f) | **Geschichte** (f) | [gə'ʃɪçtə] |
| medicina (f) | **Medizin** (f) | [medi'tsi:n] |
| pedagogia (f) | **Pädagogik** (f) | [pɛda'go:gɪk] |
| direito (m) | **Recht** (n) | [ʀɛçt] |
| física (f) | **Physik** (f) | [fy'zi:k] |
| química (f) | **Chemie** (f) | [çe'mi:] |
| filosofia (f) | **Philosophie** (f) | [filozo'fi:] |
| psicologia (f) | **Psychologie** (f) | [psyçolo'gi:] |

## 120. Sistema de escrita. Ortografia

| | | |
|---|---|---|
| gramática (f) | **Grammatik** (f) | [gʀa'matɪk] |
| vocabulário (m) | **Lexik** (f) | ['lɛksɪk] |
| fonética (f) | **Phonetik** (f) | [fo:'ne:tɪk] |
| substantivo (m) | **Substantiv** (n) | ['zʊpstanti:f] |
| adjetivo (m) | **Adjektiv** (n) | ['atjɛkti:f] |
| verbo (m) | **Verb** (n) | [vɛʁp] |
| advérbio (m) | **Adverb** (n) | [at'vɛʁp] |
| pronome (m) | **Pronomen** (n) | [pʀo'no:mən] |
| interjeição (f) | **Interjektion** (f) | [ˌɪntəjɛk'tsjo:n] |
| preposição (f) | **Präposition** (f) | [pʀɛpozi'tsjo:n] |
| raiz (f) | **Wurzel** (f) | ['vʊʁtsəl] |
| terminação (f) | **Endung** (f) | ['ɛndʊŋ] |
| prefixo (m) | **Vorsilbe** (f) | ['fo:ɐˌzɪlbə] |
| sílaba (f) | **Silbe** (f) | ['zɪlbə] |
| sufixo (m) | **Suffix** (n), **Nachsilbe** (f) | ['zʊfɪks], ['na:χˌzɪlbə] |
| acento (m) | **Betonung** (f) | [bə'to:nʊŋ] |
| apóstrofo (f) | **Apostroph** (m) | [apo'stʀo:f] |
| ponto (m) | **Punkt** (m) | [pʊŋkt] |
| vírgula (f) | **Komma** (n) | ['kɔma] |
| ponto e vírgula (m) | **Semikolon** (n) | [zemi'ko:lɔn] |
| dois pontos (m pl) | **Doppelpunkt** (m) | ['dɔpəlˌpʊŋkt] |
| reticências (f pl) | **Auslassungspunkte** (pl) | ['aʊslasʊŋsˌpʊŋktə] |
| ponto (m) de interrogação | **Fragezeichen** (n) | ['fʀa:gəˌtsaɪçən] |
| ponto (m) de exclamação | **Ausrufezeichen** (n) | ['aʊsʀu:fəˌtsaɪçən] |

| aspas (f pl) | Anführungszeichen (pl) | ['anfy:ʀʊŋs͵tsaɪçən] |
| entre aspas | in Anführungszeichen | [ɪn 'anfy:ʀʊŋs͵tsaɪçən] |
| parênteses (m pl) | runde Klammern (pl) | ['ʀʊndə 'klamən] |
| entre parênteses | in Klammern | [ɪn 'klamən] |

| hífen (m) | Bindestrich (m) | ['bɪndəˌʃtʀɪç] |
| travessão (m) | Gedankenstrich (m) | [gə'daŋkənˌʃtʀɪç] |
| espaço (m) | Leerzeichen (n) | ['le:ɐˌtsaɪçən] |

| letra (f) | Buchstabe (m) | ['bu:χˌʃta:bə] |
| letra (f) maiúscula | Großbuchstabe (m) | ['gʀo:sbu:χˌʃta:bə] |

| vogal (f) | Vokal (m) | [vo'ka:l] |
| consoante (f) | Konsonant (m) | [ˌkɔnzo'nant] |

| frase (f) | Satz (m) | [zats] |
| sujeito (m) | Subjekt (n) | ['zʊpjɛkt] |
| predicado (m) | Prädikat (n) | [pʀɛdi'ka:t] |

| linha (f) | Zeile (f) | ['tsaɪlə] |
| em uma nova linha | in einer neuen Zeile | [ɪn 'aɪnɐ 'nɔɪən 'tsaɪlə] |
| parágrafo (m) | Absatz (m) | ['apˌzats] |

| palavra (f) | Wort (n) | [vɔʀt] |
| grupo (m) de palavras | Wortverbindung (f) | ['vɔʀtfɛɐˌbɪndʊŋ] |
| expressão (f) | Redensart (f) | ['ʀe:dənsˌʔa:ɐt] |
| sinônimo (m) | Synonym (n) | [zyno'ny:m] |
| antônimo (m) | Antonym (n) | [anto'ny:m] |

| regra (f) | Regel (f) | ['ʀe:gəl] |
| exceção (f) | Ausnahme (f) | ['aʊsˌna:mə] |
| correto (adj) | richtig | ['ʀɪçtɪç] |

| conjugação (f) | Konjugation (f) | [ˌkɔnjuga'tsjo:n] |
| declinação (f) | Deklination (f) | [ˌdeklina'tsjo:n] |
| caso (m) | Kasus (m) | ['ka:zʊs] |
| pergunta (f) | Frage (f) | ['fʀa:gə] |
| sublinhar (vt) | unterstreichen (vt) | [ˌʊntɐ'ʃtʀaɪçən] |
| linha (f) pontilhada | punktierte Linie (f) | [pʊŋk'ti:ɐtə 'li:nɪɐ] |

## 121. Línguas estrangeiras

| língua (f) | Sprache (f) | ['ʃpʀa:χə] |
| estrangeiro (adj) | Fremd- | ['fʀɛmt] |
| língua (f) estrangeira | Fremdsprache (f) | ['fʀɛmtˌʃpʀa:χə] |
| estudar (vt) | studieren (vt) | [ʃtu'di:ʀən] |
| aprender (vt) | lernen (vt) | ['lɛʀnən] |

| ler (vt) | lesen (vi, vt) | ['le:zən] |
| falar (vi) | sprechen (vi, vt) | ['ʃpʀɛçən] |
| entender (vt) | verstehen (vt) | [fɛɐ'ʃte:ən] |
| escrever (vt) | schreiben (vi, vt) | ['ʃʀaɪbən] |
| rapidamente | schnell | [ʃnɛl] |
| devagar, lentamente | langsam | ['laŋza:m] |

| fluentemente | fließend | ['fli:sənt] |
| regras (f pl) | Regeln (pl) | ['ʀe:gəln] |
| gramática (f) | Grammatik (f) | [gʀa'matɪk] |
| vocabulário (m) | Vokabular (n) | [vokabu'la:ɐ] |
| fonética (f) | Phonetik (f) | [fo:'ne:tɪk] |

| livro (m) didático | Lehrbuch (n) | ['le:ɐ͜bu:χ] |
| dicionário (m) | Wörterbuch (n) | ['vœʁtɐ͜bu:χ] |
| manual (m) autodidático | Selbstlernbuch (n) | ['zɛlpst͜lɛʁnbu:χ] |
| guia (m) de conversação | Sprachführer (m) | ['ʃpʀa:χ͜fy:ʀɐ] |

| fita (f) cassete | Kassette (f) | [ka'sɛtə] |
| videoteipe (m) | Videokassette (f) | ['vi:deo·ka'sɛtə] |
| CD (m) | CD (f) | [tse:'de:] |
| DVD (m) | DVD (f) | [defaʊ'de:] |

| alfabeto (m) | Alphabet (n) | [alfa'be:t] |
| soletrar (vt) | buchstabieren (vt) | [ˌbu:χʃta'bi:ʀən] |
| pronúncia (f) | Aussprache (f) | ['aʊsʃpʀa:χə] |

| sotaque (m) | Akzent (m) | [ak'tsɛnt] |
| com sotaque | mit Akzent | [mɪt ak'tsɛnt] |
| sem sotaque | ohne Akzent | ['o:nə ak'tsɛnt] |

| palavra (f) | Wort (n) | [vɔʁt] |
| sentido (m) | Bedeutung (f) | [bə'dɔɪtʊŋ] |

| curso (m) | Kurse (pl) | ['kuʁzə] |
| inscrever-se (vr) | sich einschreiben | [zɪç 'aɪnʃʀaɪbən] |
| professor (m) | Lehrer (m) | ['le:ʀɐ] |

| tradução (processo) | Übertragung (f) | [ˌy:bɐ'tʀa:gʊŋ] |
| tradução (texto) | Übersetzung (f) | [ˌy:bɐ'zɛtsʊŋ] |
| tradutor (m) | Übersetzer (m) | [ˌy:bɐ'zɛtsɐ] |
| intérprete (m) | Dolmetscher (m) | ['dɔlmɛtʃɐ] |

| poliglota (m) | Polyglott (m, f) | [poly'glɔt] |
| memória (f) | Gedächtnis (n) | [gə'dɛçtnɪs] |

## 122. Personagens de contos de fadas

| Papai Noel (m) | Weihnachtsmann (m) | ['vaɪnaχts͜man] |
| Cinderela (f) | Aschenputtel (n) | ['aʃənpʊtəl] |
| sereia (f) | Nixe (f) | ['nɪksə] |
| Netuno (m) | Neptun (m) | [nɛp'tu:n] |

| bruxo, feiticeiro (m) | Zauberer (m) | ['tsaʊbəʀɐ] |
| fada (f) | Zauberin (f) | ['tsaʊbəʀɪn] |
| mágico (adj) | magisch, Zauber- | ['ma:gɪʃ], ['tsaʊbɐ] |
| varinha (f) mágica | Zauberstab (m) | ['tsaʊbɐʃta:p] |

| conto (m) de fadas | Märchen (n) | ['mɛ:ɐçən] |
| milagre (m) | Wunder (n) | ['vʊndə] |
| anão (m) | Zwerg (m) | [tsvɛʁk] |

| transformar-se em ... | sich verwandeln in ... | [zɪç fɛɐ̯'vandəln ɪn] |
| fantasma (m) | Gespenst (n) | [gə'ʃpɛnst] |
| fantasma (m) | Geist (m) | [gaɪst] |
| monstro (m) | Ungeheuer (n) | ['ʊngə,hɔɪɐ] |
| dragão (m) | Drache (m) | ['dʀaχə] |
| gigante (m) | Riese (m) | ['ʀiːzə] |

## 123. Signos do Zodíaco

| Áries (f) | Widder (m) | ['vɪdɐ] |
| Touro (m) | Stier (m) | [ʃtiːɐ] |
| Gêmeos (m pl) | Zwillinge (pl) | ['tsvɪlɪŋə] |
| Câncer (m) | Krebs (m) | [kʀeːps] |
| Leão (m) | Löwe (m) | ['løːvə] |
| Virgem (f) | Jungfrau (f) | ['jʊŋfʀaʊ] |

| Libra (f) | Waage (f) | ['vaːgə] |
| Escorpião (m) | Skorpion (m) | [skɔʀ'pjoːn] |
| Sagitário (m) | Schütze (m) | ['ʃʏtsə] |
| Capricórnio (m) | Steinbock (m) | ['ʃtaɪn,bɔk] |
| Aquário (m) | Wassermann (m) | ['vasɐ,man] |
| Peixes (pl) | Fische (pl) | ['fɪʃə] |

| caráter (m) | Charakter (m) | [ka'ʀaktɐ] |
| traços (m pl) do caráter | Charakterzüge (pl) | [ka'ʀaktɐ,tsyːgə] |
| comportamento (m) | Benehmen (n) | [bə'neːmən] |
| prever a sorte | wahrsagen (vt) | ['vaːɐ̯,zaːgən] |
| adivinha (f) | Wahrsagerin (f) | ['vaːɐ̯,zaːgəʀɪn] |
| horóscopo (m) | Horoskop (n) | [hoʀo'skoːp] |

# Artes

## 124. Teatro

| | | |
|---|---|---|
| teatro (m) | Theater (n) | [te'a:tɐ] |
| ópera (f) | Oper (f) | ['o:pɐ] |
| opereta (f) | Operette (f) | [opə'rɛtə] |
| balé (m) | Ballett (n) | [ba'lɛt] |
| | | |
| cartaz (m) | Theaterplakat (n) | [te'a:tɐ·pla'ka:t] |
| companhia (f) de teatro | Truppe (f) | ['trʊpə] |
| turnê (f) | Tournee (f) | [tʊʁ'ne:] |
| estar em turnê | auf Tournee sein | [aʊf tʊʁ'ne: zaɪn] |
| ensaiar (vt) | proben (vt) | ['pro:bən] |
| ensaio (m) | Probe (f) | ['pro:bə] |
| repertório (m) | Spielplan (m) | ['ʃpi:l,pla:n] |
| | | |
| apresentação (f) | Aufführung (f) | ['aʊffy:rʊŋ] |
| espetáculo (m) | Vorstellung (f) | ['fo:ɐʃtɛlʊŋ] |
| peça (f) | Theaterstück (n) | [te'a:tɐʃtʏk] |
| | | |
| entrada (m) | Karte (f) | ['kaʁtə] |
| bilheteira (f) | Theaterkasse (f) | [te'a:tɐ'kasə] |
| hall (m) | Halle (f) | ['halə] |
| vestiário (m) | Garderobe (f) | [gaʁdə'ro:bə] |
| senha (f) numerada | Garderobennummer (f) | [gaʁdə'robən,nʊmɐ] |
| binóculo (m) | Opernglas (n) | ['o:pɐn,gla:s] |
| lanterninha (m) | Platzanweiser (m) | ['platsʔan,vaɪzɐ] |
| | | |
| plateia (f) | Parkett (n) | [paʁ'kɛt] |
| balcão (m) | Balkon (m) | [bal'ko:n] |
| primeiro balcão (m) | der erste Rang | [de:ɐ 'ɛʁstə raŋ] |
| camarote (m) | Loge (f) | ['lo:ʒə] |
| fila (f) | Reihe (f) | ['raɪə] |
| assento (m) | Platz (m) | [plats] |
| | | |
| público (m) | Publikum (n) | ['pu:blikʊm] |
| espectador (m) | Zuschauer (m) | ['tsu:ʃaʊɐ] |
| aplaudir (vt) | klatschen (vi) | ['klatʃən] |
| aplauso (m) | Applaus (m) | [a'plaʊs] |
| ovação (f) | Ovation (f) | [ova'tsjo:n] |
| | | |
| palco (m) | Bühne (f) | ['by:nə] |
| cortina (f) | Vorhang (m) | ['fo:ɐ,haŋ] |
| cenário (m) | Dekoration (f) | [dekora'tsjo:n] |
| bastidores (m pl) | Kulissen (pl) | [ku'lɪsən] |
| | | |
| cena (f) | Szene (f) | ['stse:nə] |
| ato (m) | Akt (m) | [akt] |
| intervalo (m) | Pause (f) | ['paʊzə] |

## 125. Cinema

| ator (m) | Schauspieler (m) | ['ʃau ʃpi:lɐ] |
| atriz (f) | Schauspielerin (f) | ['ʃau ʃpi:lɘʀɪn] |
| | | |
| cinema (m) | Kino (n) | ['ki:no] |
| filme (m) | Film (m) | [fɪlm] |
| episódio (m) | Folge (f) | ['fɔlɡɘ] |
| | | |
| filme (m) policial | Krimi (m) | ['kʀɪmi] |
| filme (m) de ação | Actionfilm (m) | ['ɛkʃɘn·film] |
| filme (m) de aventuras | Abenteuerfilm (m) | ['a:bɘntɔɪɐ fɪlm] |
| filme (m) de ficção científica | Science-Fiction-Film (m) | [ˌsaɪɘns'fɪkʃɘn·fɪlm] |
| filme (m) de horror | Horrorfilm (m) | ['hɔʀo:ɐ fɪlm] |
| | | |
| comédia (f) | Komödie (f) | [ko'mø:dɪɘ] |
| melodrama (m) | Melodrama (n) | [melo'dʀa:ma] |
| drama (m) | Drama (n) | ['dʀa:ma] |
| | | |
| filme (m) de ficção | Spielfilm (m) | ['ʃpi:l·fɪlm] |
| documentário (m) | Dokumentarfilm (m) | [dokumɛn'ta:ɐ·fɪlm] |
| desenho (m) animado | Zeichentrickfilm (m) | ['tsaɪçɘn tʀɪk·fɪlm] |
| cinema (m) mudo | Stummfilm (m) | ['ʃtʊm·fɪlm] |
| | | |
| papel (m) | Rolle (f) | ['ʀɔlɘ] |
| papel (m) principal | Hauptrolle (f) | ['haʊpt ʀɔlɘ] |
| representar (vt) | spielen (vi) | ['ʃpi:lɘn] |
| | | |
| estrela (f) de cinema | Filmstar (m) | ['fɪlm ʃta:ɐ] |
| conhecido (adj) | bekannt | [bɘ'kant] |
| famoso (adj) | berühmt | [bɘ'ʀy:mt] |
| popular (adj) | populär | [popu'lɛ:ɐ] |
| | | |
| roteiro (m) | Drehbuch (n) | ['dʀe: bu:χ] |
| roteirista (m) | Drehbuchautor (m) | ['dʀe:bu:χ ʔaʊto:ɐ] |
| diretor (m) de cinema | Regisseur (m) | [ʀeʒɪ'sø:ɐ] |
| produtor (m) | Produzent (m) | [pʀodu'tsɛnt] |
| assistente (m) | Assistent (m) | [asɪs'tɛnt] |
| diretor (m) de fotografia | Kameramann (m) | ['kamɘʀa man] |
| dublê (m) | Stuntman (m) | ['stantmɛn] |
| dublê (m) de corpo | Double (n) | ['du:bɘl] |
| | | |
| filmar (vt) | einen Film drehen | ['aɪnɘn fɪlm 'dʀe:ɘn] |
| audição (f) | Probe (f) | ['pʀo:bɘ] |
| filmagem (f) | Dreharbeiten (pl) | ['dʀe:ʔaʁ baɪtɘn] |
| equipe (f) de filmagem | Filmteam (n) | ['fɪlm ti:m] |
| set (m) de filmagem | Filmset (m) | ['fɪlmsɛt] |
| câmera (f) | Filmkamera (f) | ['fɪlm kamɘʀa] |
| | | |
| cinema (m) | Kino (n) | ['ki:no] |
| tela (f) | Leinwand (f) | ['laɪn vant] |
| exibir um filme | einen Film zeigen | ['aɪnɘn fɪlm 'tsaɪɡɘn] |
| | | |
| trilha (f) sonora | Tonspur (f) | ['to:n ʃpu:ɐ] |
| efeitos (m pl) especiais | Spezialeffekte (pl) | [ʃpe'tsɪa:l·ɛ'fɛktɘ] |

| legendas (f pl) | Untertitel (pl) | ['ʊntɐˌtiːtəl] |
| crédito (m) | Abspann (m) | ['apʃpan] |
| tradução (f) | Übersetzung (f) | [ˌyːbɐ'zɛtsʊŋ] |

## 126. Pintura

| arte (f) | Kunst (f) | [kʊnst] |
| belas-artes (f pl) | schönen Künste (pl) | ['ʃøːnən 'kʏnstə] |
| galeria (f) de arte | Kunstgalerie (f) | ['kʊnstˌɡaləˈʁiː] |
| exibição (f) de arte | Kunstausstellung (f) | ['kʊnst·'aʊsˌʃtɛlʊŋ] |

| pintura (f) | Malerei (f) | [ˌmaːlə'ʁaɪ] |
| arte (f) gráfica | Graphik (f) | ['ɡʁaːfɪk] |
| arte (f) abstrata | abstrakte Kunst (f) | [ap'stʁaktə kʊnst] |
| impressionismo (m) | Impressionismus (m) | [ɪmpʁɛsjo'nɪsmʊs] |

| pintura (f), quadro (m) | Bild (n) | [bɪlt] |
| desenho (m) | Zeichnung (f) | ['tsaɪçnʊŋ] |
| cartaz, pôster (m) | Plakat (n) | [pla'kaːt] |

| ilustração (f) | Illustration (f) | [ɪlʊstʁa'tsjoːn] |
| miniatura (f) | Miniatur (f) | [minɪa'tuːɐ] |
| cópia (f) | Kopie (f) | [ko'piː] |
| reprodução (f) | Reproduktion (f) | [ʁepʁodʊk'tsjoːn] |

| mosaico (m) | Mosaik (n) | [moza'iːk] |
| vitral (m) | Glasmalerei (f) | [ɡlaːsˌmaːlə'ʁaɪ] |
| afresco (m) | Fresko (n) | ['fʁɛsko] |
| gravura (f) | Gravüre (f) | [ɡʁa'vyːʁə] |

| busto (m) | Büste (f) | ['byːstə] |
| escultura (f) | Skulptur (f) | [skʊlp'tuːɐ] |
| estátua (f) | Statue (f) | ['ʃtaːtuə] |
| gesso (m) | Gips (m) | [ɡɪps] |
| em gesso (adj) | aus Gips | [ˌaʊs 'ɡɪps] |

| retrato (m) | Porträt (n) | [pɔʁ'tʁɛː] |
| autorretrato (m) | Selbstporträt (n) | ['zɛlpst·pɔʁˌtʁɛː] |
| paisagem (f) | Landschaftsbild (n) | ['lantʃaftsˌbɪlt] |
| natureza (f) morta | Stillleben (n) | ['ʃtɪlˌleːbən] |
| caricatura (f) | Karikatur (f) | [kaʁika'tuːɐ] |
| esboço (m) | Entwurf (m) | [ɛnt'vʊʁf] |

| tinta (f) | Farbe (f) | ['faʁbə] |
| aquarela (f) | Aquarellfarbe (f) | [akva'ʁɛlˌfaʁbə] |
| tinta (f) a óleo | Öl (n) | [øːl] |
| lápis (m) | Bleistift (m) | ['blaɪˌʃtɪft] |
| tinta (f) nanquim | Tusche (f) | ['tʊʃə] |
| carvão (m) | Kohle (f) | ['koːlə] |

| desenhar (vt) | zeichnen (vt) | ['tsaɪçnən] |
| pintar (vt) | malen (vi, vt) | ['maːlən] |
| posar (vi) | Modell stehen | [mo'dɛl 'ʃteːən] |
| modelo (m) | Modell (n) | [mo'dɛl] |

| | | |
|---|---|---|
| modelo (f) | Modell (n) | [mo'dɛl] |
| pintor (m) | Maler (m) | ['ma:lɐ] |
| obra (f) | Kunstwerk (n) | ['kʊnstˌvɛʁk] |
| obra-prima (f) | Meisterwerk (n) | ['maɪstɐˌvɛʁk] |
| estúdio (m) | Atelier (n), Werkstatt (f) | [ate'lie:], ['vɛʁkˌʃtat] |

| | | |
|---|---|---|
| tela (f) | Leinwand (f) | ['laɪnˌvant] |
| cavalete (m) | Staffelei (f) | [ʃtafə'laɪ] |
| paleta (f) | Palette (f) | [pa'lɛtə] |

| | | |
|---|---|---|
| moldura (f) | Rahmen (m) | ['ʁa:mən] |
| restauração (f) | Restauration (f) | [ʁɛstaʊʁa'tsjo:n] |
| restaurar (vt) | restaurieren (vt) | [ʁɛstaʊ'ʁi:ʁən] |

## 127. Literatura & Poesia

| | | |
|---|---|---|
| literatura (f) | Literatur (f) | [lɪtəʁa'tu:ɐ] |
| autor (m) | Autor (m) | ['aʊto:ɐ] |
| pseudônimo (m) | Pseudonym (n) | [psɔɪdo'ny:m] |

| | | |
|---|---|---|
| livro (m) | Buch (n) | [bu:χ] |
| volume (m) | Band (m) | [bant] |
| índice (m) | Inhaltsverzeichnis (n) | ['ɪnhalts·fɛɐˌtsaɪçnɪs] |
| página (f) | Seite (f) | ['zaɪtə] |
| protagonista (m) | Hauptperson (f) | ['haʊptˌpɛʁ'zo:n] |
| autógrafo (m) | Autogramm (n) | [aʊto'gʁam] |

| | | |
|---|---|---|
| conto (m) | Kurzgeschichte (f) | ['kʊʁts·gəˌʃɪçtə] |
| novela (f) | Erzählung (f) | [ɛɐ'tsɛ:lʊŋ] |
| romance (m) | Roman (m) | [ʁo'ma:n] |
| obra (f) | Werk (n) | [vɛʁk] |
| fábula (m) | Fabel (f) | ['fa:bəl] |
| romance (m) policial | Krimi (m) | ['kʁɪmi] |

| | | |
|---|---|---|
| verso (m) | Gedicht (n) | [gə'dɪçt] |
| poesia (f) | Dichtung (f), Poesie (f) | ['dɪçtʊŋ], [ˌpoe'zi:] |
| poema (m) | Gedicht (n) | [gə'dɪçt] |
| poeta (m) | Dichter (m) | ['dɪçtɐ] |

| | | |
|---|---|---|
| ficção (f) | schöne Literatur (f) | ['ʃø:nə lɪtəʁa'tu:ɐ] |
| ficção (f) científica | Science-Fiction (f) | [ˌsaɪəns'fɪkʃən] |
| aventuras (f pl) | Abenteuer (n) | ['a:bəntɔɪɐ] |
| literatura (f) didática | Schülerliteratur (pl) | ['ʃy:lɐ·lɪtəʁaˌtu:ɐ] |
| literatura (f) infantil | Kinderliteratur (f) | ['kɪndɐ·lɪtəʁaˌtu:ɐ] |

## 128. Circo

| | | |
|---|---|---|
| circo (m) | Zirkus (m) | ['tsɪʁkʊs] |
| circo (m) ambulante | Wanderzirkus (m) | ['vandɐˌtsɪʁkʊs] |
| programa (m) | Programm (n) | [pʁo'gʁam] |
| apresentação (f) | Vorstellung (f) | ['fo:ɐˌʃtɛlʊŋ] |
| número (m) | Nummer (f) | ['nʊmɐ] |

| picadeiro (f) | Manege (f) | [ma'ne:ʒə] |
| pantomima (f) | Pantomime (f) | [ˌpanto'mi:mə] |
| palhaço (m) | Clown (m) | [klaʊn] |

| acrobata (m) | Akrobat (m) | [akʀo'ba:t] |
| acrobacia (f) | Akrobatik (f) | [akʀo'ba:tɪk] |
| ginasta (m) | Turner (m) | ['tʊʁnɐ] |
| ginástica (f) | Turnen (n) | ['tʊʁnən] |
| salto (m) mortal | Salto (m) | ['zalto] |

| homem (m) forte | Kraftmensch (m) | ['kʀaftˌmɛnʃ] |
| domador (m) | Bändiger, Dompteur (m) | ['bɛndɪgɐ], [dɔmp'tø:ɐ] |
| cavaleiro (m) equilibrista | Reiter (m) | ['ʀaɪtɐ] |
| assistente (m) | Assistent (m) | [asɪs'tɛnt] |

| truque (m) | Trick (m) | [tʀɪk] |
| truque (m) de mágica | Zaubertrick (m) | ['tsaʊbɐˌtʀɪk] |
| ilusionista (m) | Zauberkünstler (m) | ['tsaʊbɐˌkʏnstlɐ] |

| malabarista (m) | Jongleur (m) | [ʒɔŋ'glø:ɐ] |
| fazer malabarismos | jonglieren (vi) | [ʒɔŋ'gli:ʀən] |
| adestrador (m) | Dresseur (m) | [dʀɛ'sø:ɐ] |
| adestramento (m) | Dressur (f) | [dʀɛ'su:ɐ] |
| adestrar (vt) | dressieren (vt) | [dʀɛ'si:ʀən] |

## 129. Música. Música popular

| música (f) | Musik (f) | [mu'zi:k] |
| músico (m) | Musiker (m) | ['mu:zikɐ] |
| instrumento (m) musical | Musikinstrument (n) | [mu'zi:kʔɪnstʀuˌmɛnt] |
| tocar ... | spielen (vt) | ['ʃpi:lən] |

| guitarra (f) | Gitarre (f) | [ˌgi'ʀafə] |
| violino (m) | Geige (f) | ['gaɪgə] |
| violoncelo (m) | Cello (n) | ['tʃɛlo] |
| contrabaixo (m) | Kontrabass (m) | ['kɔntʀaˌbas] |
| harpa (f) | Harfe (f) | ['haʁfə] |

| piano (m) | Klavier (n) | [kla'vi:ɐ] |
| piano (m) de cauda | Flügel (m) | ['fly:gəl] |
| órgão (m) | Orgel (f) | ['ɔʁgəl] |

| instrumentos (m pl) de sopro | Blasinstrumente (pl) | ['bla:sʔɪnstʀuˌmɛntə] |
| oboé (m) | Oboe (f) | [o'bo:e] |
| saxofone (m) | Saxophon (n) | [ˌzakso'fo:n] |
| clarinete (m) | Klarinette (f) | [klaʀi'nɛtə] |
| flauta (f) | Flöte (f) | ['flø:tə] |
| trompete (m) | Trompete (f) | [tʀɔm'pe:tə] |

| acordeão (m) | Akkordeon (n) | [a'kɔʁdeˌɔn] |
| tambor (m) | Trommel (f) | ['tʀɔməl] |

| dueto (m) | Duo (n) | ['du:o] |
| trio (m) | Trio (n) | ['tʀi:o] |

| quarteto (m) | **Quartett** (n) | [kvaʁ'tɛt] |
| coro (m) | **Chor** (m) | [koːɐ] |
| orquestra (f) | **Orchester** (n) | [ɔʁ'kɛstɐ] |

| música (f) pop | **Popmusik** (f) | ['pɔp·muˌziːk] |
| música (f) rock | **Rockmusik** (f) | ['ʁɔk·muˌziːk] |
| grupo (m) de rock | **Rockgruppe** (f) | ['ʁɔkˌgʁʊpə] |
| jazz (m) | **Jazz** (m) | [dʒɛs] |

| ídolo (m) | **Idol** (n) | [i'doːl] |
| fã, admirador (m) | **Verehrer** (m) | [fɛɐ'ʔeːʁɐ] |

| concerto (m) | **Konzert** (n) | [kɔn'tsɛʁt] |
| sinfonia (f) | **Sinfonie** (f) | [zɪnfo'niː] |
| composição (f) | **Komposition** (f) | [kɔmpozi'tsjoːn] |
| compor (vt) | **komponieren** (vt) | [kɔmpo'niːʁən] |

| canto (m) | **Gesang** (m) | [gə'zaŋ] |
| canção (f) | **Lied** (n) | [liːt] |
| melodia (f) | **Melodie** (f) | [melo'diː] |
| ritmo (m) | **Rhythmus** (m) | ['ʁʏtmʊs] |
| blues (m) | **Blues** (m) | [bluːs] |

| notas (f pl) | **Noten** (pl) | ['noːtən] |
| batuta (f) | **Taktstock** (m) | ['taktʃtɔk] |
| arco (m) | **Bogen** (m) | ['boːgən] |
| corda (f) | **Saite** (f) | ['zaɪtə] |
| estojo (m) | **Koffer** (m) | ['kɔfɐ] |

# Descanso. Entretenimento. Viagens

## 130. Viagens

| | | |
|---|---|---|
| turismo (m) | Tourismus (m) | [tu'ʀɪsmʊs] |
| turista (m) | Tourist (m) | [tu'ʀɪst] |
| viagem (f) | Reise (f) | ['ʀaɪzə] |
| aventura (f) | Abenteuer (n) | ['a:bəntɔɪɐ] |
| percurso (curta viagem) | Fahrt (f) | [fa:ɐt] |
| | | |
| férias (f pl) | Urlaub (m) | ['u:ɐˌlaʊp] |
| estar de férias | auf Urlaub sein | [aʊf 'u:ɐˌlaʊp zaɪn] |
| descanso (m) | Erholung (f) | [ɛɐ'ho:lʊŋ] |
| | | |
| trem (m) | Zug (m) | [tsu:k] |
| de trem (chegar ~) | mit dem Zug | [mɪt dem tsu:k] |
| avião (m) | Flugzeug (n) | ['flu:kˌtsɔɪk] |
| de avião | mit dem Flugzeug | [mɪt dem 'flu:kˌtsɔɪk] |
| de carro | mit dem Auto | [mɪt dem 'aʊto] |
| de navio | mit dem Schiff | [mɪt dem ʃɪf] |
| | | |
| bagagem (f) | Gepäck (n) | [gə'pɛk] |
| mala (f) | Koffer (m) | ['kɔfɐ] |
| carrinho (m) | Gepäckwagen (m) | [gə'pɛkˌva:gən] |
| | | |
| passaporte (m) | Pass (m) | [pas] |
| visto (m) | Visum (n) | ['vi:zʊm] |
| passagem (f) | Fahrkarte (f) | ['fa:ɐˌkaʁtə] |
| passagem (f) aérea | Flugticket (n) | ['flu:kˌtɪkət] |
| | | |
| guia (m) de viagem | Reiseführer (m) | ['ʀaɪzəˌfy:ʀɐ] |
| mapa (m) | Landkarte (f) | ['lantˌkaʁtə] |
| área (f) | Gegend (f) | ['ge:gənt] |
| lugar (m) | Ort (m) | [ɔʁt] |
| | | |
| exotismo (m) | Exotika (pl) | [ɛ'kso:tika] |
| exótico (adj) | exotisch | [ɛ'kso:tɪʃ] |
| surpreendente (adj) | erstaunlich | [ɛɐ'ʃtaʊnlɪç] |
| | | |
| grupo (m) | Gruppe (f) | ['gʀʊpə] |
| excursão (f) | Ausflug (m) | ['aʊsˌflu:k] |
| guia (m) | Reiseleiter (m) | ['ʀaɪzəˌlaɪtɐ] |

## 131. Hotel

| | | |
|---|---|---|
| hotel (m) | Hotel (n) | [ho'tɛl] |
| motel (m) | Motel (n) | [mo'tɛl] |
| três estrelas | drei Sterne | [dʀaɪ 'ʃtɛʁnə] |

| cinco estrelas | fünf Sterne | [fʏnf 'ʃtɛʁnə] |
| ficar (vi, vt) | absteigen (vi) | ['apˌʃtaɪgən] |

| quarto (m) | Hotelzimmer (n) | [ho'tɛlˌtsɪmɐ] |
| quarto (m) individual | Einzelzimmer (n) | ['aɪntsəlˌtsɪmɐ] |
| quarto (m) duplo | Zweibettzimmer (n) | ['tsvaɪbɛtˌtsɪmɐ] |
| reservar um quarto | reservieren (vt) | [ʀezɛʁ'viːʀən] |

| meia pensão (f) | Halbpension (f) | ['halpˑpanˌzjoːn] |
| pensão (f) completa | Vollpension (f) | ['fɔlˑpanˌzjoːn] |

| com banheira | mit Bad | [mɪt 'baːt] |
| com chuveiro | mit Dusche | [mɪt 'duːʃə] |
| televisão (m) por satélite | Satellitenfernsehen (n) | [zatɛ'liːtənˌfɛʁnzeːən] |
| ar (m) condicionado | Klimaanlage (f) | ['kliˑmaˌʔanlaːgə] |
| toalha (f) | Handtuch (n) | ['hantˌtuːχ] |
| chave (f) | Schlüssel (m) | ['ʃlʏsəl] |

| administrador (m) | Verwalter (m) | [fɛɐ'valtɐ] |
| camareira (f) | Zimmermädchen (n) | ['tsɪmɐˌmɛːtçən] |
| bagageiro (m) | Träger (m) | ['tʀɛːgɐ] |
| porteiro (m) | Portier (m) | [pɔʁ'tɪeː] |

| restaurante (m) | Restaurant (n) | [ʀɛsto'ʀaŋ] |
| bar (m) | Bar (f) | [baːɐ] |
| café (m) da manhã | Frühstück (n) | ['fʀyːʃtʏk] |
| jantar (m) | Abendessen (n) | ['aːbəntˌʔɛsən] |
| bufê (m) | Buffet (n) | [bʏ'feː] |

| saguão (m) | Foyer (n) | [foa'jeː] |
| elevador (m) | Aufzug (m), Fahrstuhl (m) | ['aʊfˌtsuːk], ['faːɐ̯ʃtuːl] |

| NÃO PERTURBE | BITTE NICHT STÖREN! | ['bɪtə nɪçt 'ʃtøːʀən] |
| PROIBIDO FUMAR! | RAUCHEN VERBOTEN! | ['ʀaʊχən fɛɐ'boːtən] |

## 132. Livros. Leitura

| livro (m) | Buch (n) | [buːχ] |
| autor (m) | Autor (m) | ['aʊtoːɐ] |
| escritor (m) | Schriftsteller (m) | ['ʃʀɪftʃtɛlɐ] |
| escrever (~ um livro) | verfassen (vt) | [fɛɐ'fasən] |

| leitor (m) | Leser (m) | ['leːzɐ] |
| ler (vt) | lesen (vi, vt) | ['leːzən] |
| leitura (f) | Lesen (n) | ['leːzən] |

| para si | still | [ʃtɪl] |
| em voz alta | laut | [laʊt] |

| publicar (vt) | verlegen (vt) | [fɛɐ'leːgən] |
| publicação (f) | Ausgabe (f) | ['aʊsˌgaːbə] |
| editor (m) | Herausgeber (m) | [hə'ʀaʊsˌgeːbɐ] |
| editora (f) | Verlag (m) | [fɛɐ'laːk] |
| sair (vi) | erscheinen (vi) | [ɛɐ'ʃaɪnən] |

| lançamento (m) | Erscheinen (n) | [ɛɐ'ʃaɪnən] |
| tiragem (f) | Auflage (f) | ['aʊfˌlaːgə] |

| livraria (f) | Buchhandlung (f) | ['buːχˌhandlʊŋ] |
| biblioteca (f) | Bibliothek (f) | [biblio'teːk] |

| novela (f) | Erzählung (f) | [ɛɐ'tsɛːlʊŋ] |
| conto (m) | Kurzgeschichte (f) | ['kʊɐts·gəʃɪçtə] |
| romance (m) | Roman (m) | [ʀo'maːn] |
| romance (m) policial | Krimi (m) | ['kʀɪmi] |

| memórias (f pl) | Memoiren (pl) | [me'moaːʀən] |
| lenda (f) | Legende (f) | [le'gɛndə] |
| mito (m) | Mythos (m) | ['myːtɔs] |

| poesia (f) | Gedichte (pl) | [gə'dɪçtə] |
| autobiografia (f) | Autobiographie (f) | [aʊtobioɡʀa'fiː] |
| obras (f pl) escolhidas | ausgewählte Werke (pl) | ['aʊsgəˌvɛːltə 'vɛʀkə] |
| ficção (f) científica | Science-Fiction (f) | [ˌsaɪəns'fɪkʃən] |

| título (m) | Titel (m) | ['tiːtəl] |
| introdução (f) | Einleitung (f) | ['aɪnlaɪtʊŋ] |
| folha (f) de rosto | Titelseite (f) | ['tiːtəlˌzaɪtə] |

| capítulo (m) | Kapitel (n) | [ka'pɪtəl] |
| excerto (m) | Auszug (m) | ['aʊstsuːk] |
| episódio (m) | Episode (f) | [epi'zoːdə] |

| enredo (m) | Sujet (n) | [zy'ʒeː] |
| conteúdo (m) | Inhalt (m) | ['ɪnˌhalt] |
| índice (m) | Inhaltsverzeichnis (n) | ['ɪnhalts·fɛɐˌtsaɪçnɪs] |
| protagonista (m) | Hauptperson (f) | ['haʊptˌpɛɐ'zoːn] |

| volume (m) | Band (m) | [bant] |
| capa (f) | Buchdecke (f) | ['buːχˌdɛkə] |
| encadernação (f) | Einband (m) | ['aɪnˌbant] |
| marcador (m) de página | Lesezeichen (n) | ['leːzəˌtsaɪçən] |

| página (f) | Seite (f) | ['zaɪtə] |
| folhear (vt) | blättern (vi) | ['blɛtən] |
| margem (f) | Ränder (pl) | ['ʀɛndə] |
| anotação (f) | Notiz (f) | [no'tiːts] |
| nota (f) de rodapé | Anmerkung (f) | ['anmɛʀkʊŋ] |

| texto (m) | Text (m) | [tɛkst] |
| fonte (f) | Schrift (f) | [ʃʀɪft] |
| falha (f) de impressão | Druckfehler (m) | ['dʀʊkˌfeːlə] |

| tradução (f) | Übersetzung (f) | [ˌyːbɐ'zɛtsʊŋ] |
| traduzir (vt) | übersetzen (vt) | [ˌyːbɐ'zɛtsən] |
| original (m) | Original (n) | [oʀigi'naːl] |

| famoso (adj) | berühmt | [bə'ʀyːmt] |
| desconhecido (adj) | unbekannt | ['ʊnbəkant] |
| interessante (adj) | interessant | [ɪntəʀɛ'sant] |
| best-seller (m) | Bestseller (m) | ['bɛstˌzɛlə] |

| dicionário (m) | Wörterbuch (n) | ['vœʁtə,bu:χ] |
| livro (m) didático | Lehrbuch (n) | ['le:ɐ,bu:χ] |
| enciclopédia (f) | Enzyklopädie (f) | [,ɛntsyklopɛ'di:] |

## 133. Caça. Pesca

| caça (f) | Jagd (f) | [ja:kt] |
| caçar (vi) | jagen (vi) | ['jagən] |
| caçador (m) | Jäger (m) | ['jɛ:gɐ] |

| disparar, atirar (vi) | schießen (vi) | ['ʃi:sən] |
| rifle (m) | Gewehr (n) | [gə've:ɐ] |
| cartucho (m) | Patrone (f) | [pa'tʀo:nə] |
| chumbo (m) de caça | Schrot (n) | [ʃʀo:t] |

| armadilha (f) | Falle (f) | ['falə] |
| armadilha (com corda) | Schlinge (f) | ['ʃlɪŋə] |
| cair na armadilha | in die Falle gehen | [ɪn di 'falə 'ge:ən] |
| pôr a armadilha | eine Falle stellen | ['aɪnə 'falə 'ʃtɛlən] |

| caçador (m) furtivo | Wilddieb (m) | ['vɪlt,di:p] |
| caça (animais) | Wild (n) | [vɪlt] |
| cão (m) de caça | Jagdhund (m) | ['ja:kt,hʊnt] |
| safári (m) | Safari (f) | [za'fa:ʀi] |
| animal (m) empalhado | ausgestopftes Tier (n) | ['aʊs,gə'ʃtɔpftəs 'ti:ɐ] |

| pescador (m) | Fischer (m) | ['fɪʃɐ] |
| pesca (f) | Fischen (n) | ['fɪʃən] |
| pescar (vt) | angeln, fischen (vt) | ['aŋəln], ['fɪʃən] |

| vara (f) de pesca | Angel (f) | ['aŋl] |
| linha (f) de pesca | Angelschnur (f) | ['aŋl,ʃnu:ɐ] |
| anzol (m) | Haken (m) | ['ha:kən] |

| boia (f), flutuador (m) | Schwimmer (m) | ['ʃvɪmɐ] |
| isca (f) | Köder (m) | ['kø:dɐ] |

| lançar a linha | die Angel auswerfen | [di 'aŋl 'aʊs,vɛʁfən] |
| morder (peixe) | anbeißen (vi) | ['anbaɪsən] |

| pesca (f) | Fang (m) | [faŋ] |
| buraco (m) no gelo | Eisloch (n) | ['aɪs,lɔχ] |

| rede (f) | Netz (n) | [nɛts] |
| barco (m) | Boot (n) | ['bo:t] |

| pescar com rede | mit dem Netz fangen | [mɪt dem 'nɛts 'faŋən] |
| lançar a rede | das Netz hineinwerfen | [das nɛts hɪ'naɪn,vɛʁfən] |
| puxar a rede | das Netz einholen | [das nɛts 'aɪn,ho:lən] |
| cair na rede | ins Netz gehen | [ɪns nɛts 'ge:ən] |

| baleeiro (m) | Walfänger (m) | ['va:l,fɛŋɐ] |
| baleeira (f) | Walfangschiff (n) | ['va:lfaŋ,ʃɪf] |
| arpão (m) | Harpune (f) | [haʁ'pu:nə] |

## 134. Jogos. Bilhar

| | | |
|---|---|---|
| bilhar (m) | Billard (n) | ['bɪljaʁt] |
| sala (f) de bilhar | Billardzimmer (n) | ['bɪljaʁt͵tsɪmə] |
| bola (f) de bilhar | Billardkugel (f) | ['bɪljaʁt͵ku:gəl] |
| embolsar uma bola | eine Kugel einlochen | ['aɪnə 'ku:gəl 'aɪnlɔχən] |
| taco (m) | Queue (n) | [kø:] |
| caçapa (f) | Tasche (f), Loch (n) | ['taʃə], [lɔχ] |

## 135. Jogos. Jogar cartas

| | | |
|---|---|---|
| ouros (m pl) | Karo (n) | ['ka:ʁo] |
| espadas (f pl) | Pik (n) | [pi:k] |
| copas (f pl) | Herz (n) | [hɛʁts] |
| paus (m pl) | Kreuz (n) | [kʀɔɪts] |
| ás (m) | As (n) | [as] |
| rei (m) | König (m) | ['kø:nɪç] |
| dama (f), rainha (f) | Dame (f) | ['da:mə] |
| valete (m) | Bube (m) | ['bu:bə] |
| carta (f) de jogar | Spielkarte (f) | ['ʃpi:l͵kaʁtə] |
| cartas (f pl) | Karten (pl) | ['kaʁtən] |
| trunfo (m) | Trumpf (m) | [tʀʊmpf] |
| baralho (m) | Kartenspiel (n) | ['kaʁtənʃpi:l] |
| ponto (m) | Punkt (m) | [pʊŋkt] |
| dar, distribuir (vt) | ausgeben (vt) | ['aʊs͵ge:bən] |
| embaralhar (vt) | mischen (vt) | ['mɪʃən] |
| vez, jogada (f) | Zug (m) | [tsu:k] |
| trapaceiro (m) | Falschspieler (m) | ['falʃʃpi:lɐ] |

## 136. Descanso. Jogos. Diversos

| | | |
|---|---|---|
| passear (vi) | spazieren gehen (vi) | [ʃpa'tsi:ʁən 'ge:ən] |
| passeio (m) | Spaziergang (m) | [ʃpa'tsi:ɐ͵gaŋ] |
| viagem (f) de carro | Fahrt (f) | [fa:ɐt] |
| aventura (f) | Abenteuer (n) | ['a:bəntɔɪɐ] |
| piquenique (m) | Picknick (n) | ['pɪk͵nɪk] |
| jogo (m) | Spiel (n) | [ʃpi:l] |
| jogador (m) | Spieler (m) | ['ʃpi:lɐ] |
| partida (f) | Partie (f) | [paʁ'ti:] |
| colecionador (m) | Sammler (m) | ['zamlɐ] |
| colecionar (vt) | sammeln (vt) | ['zaməln] |
| coleção (f) | Sammlung (f) | ['zamlʊŋ] |
| palavras (f pl) cruzadas | Kreuzworträtsel (n) | ['kʀɔɪtsvɔʁt͵ʀɛ:tsəl] |
| hipódromo (m) | Rennbahn (f) | ['ʁɛn͵ba:n] |

| discoteca (f) | Diskothek (f) | [dɪsko'te:k] |
| sauna (f) | Sauna (f) | ['zaʊna] |
| loteria (f) | Lotterie (f) | [lɔtə'ʀi:] |

| campismo (m) | Wanderung (f) | ['vandəʀʊŋ] |
| acampamento (m) | Lager (n) | ['la:gɐ] |
| barraca (f) | Zelt (n) | [tsɛlt] |
| bússola (f) | Kompass (m) | ['kɔmpas] |
| campista (m) | Tourist (m) | [tu'ʀɪst] |

| ver (vt), assistir à ... | fernsehen (vi) | ['fɛʀn,ze:ən] |
| telespectador (m) | Fernsehzuschauer (m) | ['fɛʀnze:,tsu:ʃaʊɐ] |
| programa (m) de TV | Fernsehsendung (f) | ['fɛʀnze:,zɛndʊŋ] |

## 137. Fotografia

| máquina (f) fotográfica | Kamera (f) | ['kaməʀa] |
| foto, fotografia (f) | Foto (n) | ['fo:to] |

| fotógrafo (m) | Fotograf (m) | [foto'gʀa:f] |
| estúdio (m) fotográfico | Fotostudio (n) | ['foto,ʃtu:dɪo] |
| álbum (m) de fotografias | Fotoalbum (n) | ['foto,ʔalbʊm] |

| lente (f) fotográfica | Objektiv (n) | [ɔpjɛk'ti:f] |
| lente (f) teleobjetiva | Teleobjektiv (n) | ['tele?ɔpjɛk,ti:f] |
| filtro (m) | Filter (n) | ['fɪltɐ] |
| lente (f) | Linse (f) | ['lɪnzə] |

| ótica (f) | Optik (f) | ['ɔptɪk] |
| abertura (f) | Blende (f) | ['blɛndə] |
| exposição (f) | Belichtungszeit (f) | [bə'lɪçtʊŋs,tsaɪt] |
| visor (m) | Sucher (m) | ['zu:χɐ] |

| câmera (f) digital | Digitalkamera (f) | [digi'ta:l,kaməʀa] |
| tripé (m) | Stativ (n) | [ʃta'ti:f] |
| flash (m) | Blitzgerät (n) | ['blɪts·gə,ʀɛ:t] |

| fotografar (vt) | fotografieren (vt) | [fotogʀa'fi:ʀən] |
| tirar fotos | aufnehmen (vt) | ['aʊf,ne:mən] |
| fotografar-se (vr) | sich fotografieren lassen | [zɪç fotogʀa'fi:ʀən 'lasən] |

| foco (m) | Fokus (m) | ['fo:kʊs] |
| focar (vt) | den Fokus einstellen | [den 'fo:kʊs 'aɪnʃtɛlən] |
| nítido (adj) | scharf | [ʃaʀf] |
| nitidez (f) | Schärfe (f) | ['ʃɛʀfə] |

| contraste (m) | Kontrast (m) | [kɔn'tʀast] |
| contrastante (adj) | kontrastreich | [kɔn'tʀast,ʀaɪç] |

| retrato (m) | Aufnahme (f) | ['aʊf,na:mə] |
| negativo (m) | Negativ (n) | ['ne:gati:f] |
| filme (m) | Film (m) | [fɪlm] |
| fotograma (m) | Einzelbild (n) | ['aintsəl·bilt] |
| imprimir (vt) | drucken (vt) | ['dʀʊkən] |

## 138. Praia. Natação

| | | |
|---|---|---|
| praia (f) | **Strand** (m) | [ʃtʀant] |
| areia (f) | **Sand** (m) | [zant] |
| deserto (adj) | **menschenleer** | ['mɛnʃənˌleːɐ] |
| | | |
| bronzeado (m) | **Bräune** (f) | ['bʀɔɪnə] |
| bronzear-se (vr) | **sich bräunen** | [zɪç 'bʀɔɪnən] |
| bronzeado (adj) | **gebräunt** | [gə'bʀɔɪnt] |
| protetor (m) solar | **Sonnencreme** (f) | ['zɔnənˌkʀɛːm] |
| | | |
| biquíni (m) | **Bikini** (m) | [bi'kiːni] |
| maiô (m) | **Badeanzug** (m) | ['baːdəˌʔantsuːk] |
| calção (m) de banho | **Badehose** (f) | ['baːdəˌhoːzə] |
| | | |
| piscina (f) | **Schwimmbad** (n) | ['ʃvɪmbaːt] |
| nadar (vi) | **schwimmen** (vi) | ['ʃvɪmən] |
| chuveiro (m), ducha (f) | **Dusche** (f) | ['duːʃə] |
| mudar, trocar (vt) | **sich umkleiden** | [zɪç 'ʊmklaɪdən] |
| toalha (f) | **Handtuch** (n) | ['hantˌtuːχ] |
| | | |
| barco (m) | **Boot** (n) | ['boːt] |
| lancha (f) | **Motorboot** (n) | ['moːtoːɐˌboːt] |
| esqui (m) aquático | **Wasserski** (m) | ['vasɐˌʃiː] |
| barco (m) de pedais | **Tretboot** (n) | ['tʀeːtˌboːt] |
| surf, surfe (m) | **Surfen** (n) | ['sœːɐfən] |
| surfista (m) | **Surfer** (m) | ['sœʀfɐ] |
| | | |
| equipamento (m) de mergulho | **Tauchgerät** (n) | ['taʊχˌgə'ʀɛːt] |
| pé (m pl) de pato | **Schwimmflossen** (pl) | ['ʃvɪmˌflosən] |
| máscara (f) | **Maske** (f) | ['maskə] |
| mergulhador (m) | **Taucher** (m) | ['taʊχɐ] |
| mergulhar (vi) | **tauchen** (vi) | ['taʊχən] |
| debaixo d'água | **unter Wasser** | ['ʊntɐ 'vasɐ] |
| | | |
| guarda-sol (m) | **Sonnenschirm** (m) | ['zɔnənˌʃɪʀm] |
| espreguiçadeira (f) | **Liege** (f) | ['liːgə] |
| óculos (m pl) de sol | **Sonnenbrille** (f) | ['zɔnənˌbʀɪlə] |
| colchão (m) de ar | **Schwimmmatratze** (f) | ['ʃvɪmˌma'tʀatsə] |
| | | |
| brincar (vi) | **spielen** (vi, vt) | ['ʃpiːlən] |
| ir nadar | **schwimmen gehen** | ['ʃvɪmən 'geːən] |
| | | |
| bola (f) de praia | **Ball** (m) | [bal] |
| encher (vt) | **aufblasen** (vt) | ['aʊfˌblaːzən] |
| inflável (adj) | **aufblasbar** | ['aʊfˌblasbaːɐ] |
| | | |
| onda (f) | **Welle** (f) | ['vɛlə] |
| boia (f) | **Boje** (f) | ['boːjə] |
| afogar-se (vr) | **ertrinken** (vi) | [ɛɐ'tʀɪŋkən] |
| | | |
| salvar (vt) | **retten** (vt) | ['ʀɛtən] |
| colete (m) salva-vidas | **Schwimmweste** (f) | ['ʃvɪmˌvɛstə] |
| observar (vt) | **beobachten** (vt) | [bə'ʔoːbaχtən] |
| salva-vidas (pessoa) | **Bademeister** (m) | ['baːdəˌmaɪstɐ] |

# EQUIPAMENTO TÉCNICO. TRANSPORTES

# Equipamento técnico. Transportes

## 139. Computador

| | | |
|---|---|---|
| computador (m) | Computer (m) | [kɔm'pjuːtɐ] |
| computador (m) portátil | Laptop (m), Notebook (n) | ['lɛptɔp], ['nɔutbʊk] |
| | | |
| ligar (vt) | einschalten (vt) | ['aɪnʃaltən] |
| desligar (vt) | abstellen (vt) | ['apʃtɛlən] |
| | | |
| teclado (m) | Tastatur (f) | [tasta'tuːɐ] |
| tecla (f) | Taste (f) | ['tastə] |
| mouse (m) | Maus (f) | [maʊs] |
| tapete (m) para mouse | Mousepad (n) | ['maʊspɛt] |
| | | |
| botão (m) | Knopf (m) | [knɔpf] |
| cursor (m) | Cursor (m) | ['køːɐzɐ] |
| | | |
| monitor (m) | Monitor (m) | ['moːnitoːɐ] |
| tela (f) | Schirm (m) | [ʃɪʁm] |
| | | |
| disco (m) rígido | Festplatte (f) | ['fɛstplatə] |
| capacidade (f) do disco rígido | Festplattengröße (f) | ['fɛstplatən‚gʁøːsə] |
| memória (f) | Speicher (m) | ['ʃpaɪçɐ] |
| memória RAM (f) | Arbeitsspeicher (m) | ['aʁbaɪtsʃpaɪçɐ] |
| | | |
| arquivo (m) | Datei (f) | [da'taɪ] |
| pasta (f) | Ordner (m) | ['ɔʁdnɐ] |
| abrir (vt) | öffnen (vt) | ['œfnən] |
| fechar (vt) | schließen (vt) | ['ʃliːsən] |
| | | |
| salvar (vt) | speichern (vt) | ['ʃpaɪçɐn] |
| deletar (vt) | löschen (vt) | ['lœʃən] |
| copiar (vt) | kopieren (vt) | [ko'piːʁən] |
| ordenar (vt) | sortieren (vt) | [zɔʁ'tiːʁən] |
| copiar (vt) | transferieren (vt) | [tʁansfə'ʁiːʁən] |
| | | |
| programa (m) | Programm (n) | [pʁo'gʁam] |
| software (m) | Software (f) | ['sɔftwɛːɐ] |
| programador (m) | Programmierer (m) | [pʁogʁa'miːʁɐ] |
| programar (vt) | programmieren (vt) | [pʁogʁa'miːʁən] |
| | | |
| hacker (m) | Hacker (m) | ['hɛkɐ] |
| senha (f) | Kennwort (n) | ['kɛn‚vɔʁt] |
| vírus (m) | Virus (m, n) | ['viːʁʊs] |
| detectar (vt) | entdecken (vt) | [ɛnt'dɛkən] |
| byte (m) | Byte (n) | [baɪt] |

| | | |
|---|---|---|
| megabyte (m) | **Megabyte** (n) | ['meːgaˌbaɪt] |
| dados (m pl) | **Daten** (pl) | ['daːtən] |
| base (f) de dados | **Datenbank** (f) | ['daːtənˌbaŋk] |

| | | |
|---|---|---|
| cabo (m) | **Kabel** (n) | ['kaːbəl] |
| desconectar (vt) | **trennen** (vt) | ['trɛnən] |
| conectar (vt) | **anschließen** (vt) | ['anʃliːsən] |

## 140. Internet. E-mail

| | | |
|---|---|---|
| internet (f) | **Internet** (n) | ['ɪntɛnɛt] |
| browser (m) | **Browser** (m) | ['brauzə] |
| motor (m) de busca | **Suchmaschine** (f) | ['zuːχˌmaʃiːnə] |
| provedor (m) | **Provider** (m) | [ˌproˈvaɪdə] |

| | | |
|---|---|---|
| webmaster (m) | **Webmaster** (m) | ['vɛpˌmaːstə] |
| website (m) | **Website** (f) | ['vɛpˌsaɪt] |
| web page (f) | **Webseite** (f) | ['vɛpˌzaɪtə] |

| | | |
|---|---|---|
| endereço (m) | **Adresse** (f) | [aˈdrɛsə] |
| livro (m) de endereços | **Adressbuch** (n) | [aˈdrɛsˌbuːχ] |

| | | |
|---|---|---|
| caixa (f) de correio | **Mailbox** (f) | ['mɛjlˌbɔks] |
| correio (m) | **Post** (f) | [pɔst] |
| cheia (caixa de correio) | **überfüllt** | [yːbəˈfʏlt] |

| | | |
|---|---|---|
| mensagem (f) | **Mitteilung** (f) | ['mɪtˌtaɪlʊŋ] |
| mensagens (f pl) recebidas | **eingehenden Nachrichten** | ['aɪnˌgeːəndən 'naːχrɪçtən] |
| mensagens (f pl) enviadas | **ausgehenden Nachrichten** | ['ausˌgeːəndən 'naːχrɪçtən] |

| | | |
|---|---|---|
| remetente (m) | **Absender** (m) | ['apˌzɛndə] |
| enviar (vt) | **senden** (vt) | ['zɛndən] |
| envio (m) | **Absendung** (f) | ['apˌzɛndʊŋ] |

| | | |
|---|---|---|
| destinatário (m) | **Empfänger** (m) | [ɛmˈpfɛŋə] |
| receber (vt) | **empfangen** (vt) | [ɛmˈpfaŋən] |

| | | |
|---|---|---|
| correspondência (f) | **Briefwechsel** (m) | ['briːfˌvɛksəl] |
| corresponder-se (vr) | **im Briefwechsel stehen** | [ɪm 'briːfˌvɛksəl 'ʃteːən] |

| | | |
|---|---|---|
| arquivo (m) | **Datei** (f) | [daˈtaɪ] |
| fazer download, baixar (vt) | **herunterladen** (vt) | [hɛˈrʊntəˌlaːdən] |
| criar (vt) | **schaffen** (vt) | ['ʃafən] |
| deletar (vt) | **löschen** (vt) | ['lœʃən] |
| deletado (adj) | **gelöscht** | [gəˈlœʃt] |

| | | |
|---|---|---|
| conexão (f) | **Verbindung** (f) | [fɛɐ̯ˈbɪndʊŋ] |
| velocidade (f) | **Geschwindigkeit** (f) | [gəˈʃvɪndɪçˌkaɪt] |
| modem (m) | **Modem** (m, n) | ['moːdɛm] |
| acesso (m) | **Zugang** (m) | ['tsuːgaŋ] |
| porta (f) | **Port** (m) | [pɔɐt] |
| conexão (f) | **Anschluss** (m) | ['anʃlʊs] |

| conectar (vi) | sich anschließen | [zɪç 'anʃliːsən] |
| escolher (vt) | auswählen (vt) | ['aʊsˌvɛːlən] |
| buscar (vt) | suchen (vt) | ['zuːχən] |

# Transportes

## 141. Avião

| | | |
|---|---|---|
| avião (m) | **Flugzeug** (n) | ['flu:k͜tsɔɪk] |
| passagem (f) aérea | **Flugticket** (n) | ['flu:k͜tɪkət] |
| companhia (f) aérea | **Fluggesellschaft** (f) | ['flu:kɡə͜tsɛlʃaft] |
| aeroporto (m) | **Flughafen** (m) | ['flu:k͜ha:fən] |
| supersônico (adj) | **Überschall-** | ['y:bə͜ʃal] |
| | | |
| comandante (m) do avião | **Flugkapitän** (m) | ['flu:k·kapi͜tɛ:n] |
| tripulação (f) | **Besatzung** (f) | [bə'zatsʊŋ] |
| piloto (m) | **Pilot** (m) | [pi'lo:t] |
| aeromoça (f) | **Flugbegleiterin** (f) | ['flu:k·bə͜ɡlaɪtəʀɪn] |
| copiloto (m) | **Steuermann** (m) | ['ʃtɔɪɐ͜man] |
| | | |
| asas (f pl) | **Flügel** (pl) | ['fly:ɡəl] |
| cauda (f) | **Schwanz** (m) | [ʃvants] |
| cabine (f) | **Kabine** (f) | [ka'bi:nə] |
| motor (m) | **Motor** (m) | ['mo:to:ɐ] |
| trem (m) de pouso | **Fahrgestell** (n) | ['fa:ɐ·ɡə͜ʃtɛl] |
| turbina (f) | **Turbine** (f) | [tʊʀ'bi:nə] |
| | | |
| hélice (f) | **Propeller** (m) | [pʀo'pɛlɐ] |
| caixa-preta (f) | **Flugschreiber** (m) | ['flu:k͜ʃʀaɪbɐ] |
| coluna (f) de controle | **Steuerrad** (n) | ['ʃtɔɪɐ͜ʀa:t] |
| combustível (m) | **Treibstoff** (m) | ['tʀaɪp͜ʃtɔf] |
| | | |
| instruções (f pl) de segurança | **Sicherheitskarte** (f) | ['zɪçɐhaɪts͜kaʀtə] |
| máscara (f) de oxigênio | **Sauerstoffmaske** (f) | ['zauɐ͜ʃtɔf͜maskə] |
| uniforme (m) | **Uniform** (f) | ['ʊni͜fɔʀm] |
| | | |
| colete (m) salva-vidas | **Rettungsweste** (f) | ['ʀɛtʊŋs͜vɛstə] |
| paraquedas (m) | **Fallschirm** (m) | ['fal͜ʃɪʀm] |
| | | |
| decolagem (f) | **Abflug, Start** (m) | ['ap͜flu:k], [ʃtaʀt] |
| descolar (vi) | **starten** (vi) | ['ʃtaʀtən] |
| pista (f) de decolagem | **Startbahn** (f) | ['ʃtaʀtba:n] |
| | | |
| visibilidade (f) | **Sicht** (f) | [zɪçt] |
| voo (m) | **Flug** (m) | [flu:k] |
| | | |
| altura (f) | **Höhe** (f) | ['hø:ə] |
| poço (m) de ar | **Luftloch** (n) | ['lʊft͜lɔx] |
| | | |
| assento (m) | **Platz** (m) | [plats] |
| fone (m) de ouvido | **Kopfhörer** (m) | ['kɔpf͜hø:ʀɐ] |
| mesa (f) retrátil | **Klapptisch** (m) | ['klap͜tɪʃ] |
| janela (f) | **Bullauge** (n) | ['bʊl͜ʔauɡə] |
| corredor (m) | **Durchgang** (m) | ['dʊʀç͜ɡaŋ] |

## 142. Comboio

| trem (m) | Zug (m) | [tsu:k] |
| trem (m) elétrico | elektrischer Zug (m) | [e'lɛktʁɪʃe tsu:k] |
| trem (m) | Schnellzug (m) | ['ʃnɛlˌtsu:k] |
| locomotiva (f) diesel | Diesellok (f) | ['di:zəlˌlɔk] |
| locomotiva (f) a vapor | Dampflok (f) | ['dampfˌlɔk] |

| vagão (f) de passageiros | Personenwagen (m) | [pɛʁ'zo:nənˌva:gən] |
| vagão-restaurante (m) | Speisewagen (m) | ['ʃpaɪzəˌva:gən] |

| carris (m pl) | Schienen (pl) | ['ʃi:nən] |
| estrada (f) de ferro | Eisenbahn (f) | ['aɪzən·ba:n] |
| travessa (f) | Bahnschwelle (f) | ['ba:nʃvɛlə] |

| plataforma (f) | Bahnsteig (m) | ['ba:nʃtaɪk] |
| linha (f) | Gleis (n) | ['glaɪs] |
| semáforo (m) | Eisenbahnsignal (n) | ['aɪzənba:n·zɪ'gna:l] |
| estação (f) | Station (f) | [ʃta'tsjo:n] |

| maquinista (m) | Lokführer (m) | ['lɔkˌfy:ʁe] |
| bagageiro (m) | Träger (m) | ['tʁɛ:ge] |
| hospedeiro, -a (m, f) | Schaffner (m) | ['ʃafne] |
| passageiro (m) | Fahrgast (m) | ['fa:ɐˌgast] |
| revisor (m) | Kontrolleur (m) | [kɔntʁɔ'lø:ɐ] |

| corredor (m) | Flur (m) | [flu:ɐ] |
| freio (m) de emergência | Notbremse (f) | ['no:tˌbʁɛmzə] |

| compartimento (m) | Abteil (n) | [ap'taɪl] |
| cama (f) | Liegeplatz (m), Schlafkoje (f) | ['li:gəˌplats], ['ʃla:fˌko:jə] |
| cama (f) de cima | oberer Liegeplatz (m) | ['o:bəʁe 'li:gəˌplats] |
| cama (f) de baixo | unterer Liegeplatz (m) | ['ʊntəʁe 'li:gəˌplats] |
| roupa (f) de cama | Bettwäsche (f) | ['bɛtˌvɛʃə] |

| passagem (f) | Fahrkarte (f) | ['fa:ɐˌkaʁtə] |
| horário (m) | Fahrplan (m) | ['fa:ɐˌpla:n] |
| painel (m) de informação | Anzeigetafel (f) | ['antsaɪgəˌta:fəl] |

| partir (vt) | abfahren (vi) | ['apˌfa:ʁən] |
| partida (f) | Abfahrt (f) | ['apˌfa:ɐt] |
| chegar (vi) | ankommen (vi) | ['anˌkɔmən] |
| chegada (f) | Ankunft (f) | ['ankʊnft] |

| chegar de trem | mit dem Zug kommen | [mɪt dem tsu:k 'kɔmən] |
| pegar o trem | in den Zug einsteigen | [ɪn den tsu:k 'aɪnʃtaɪgən] |
| descer de trem | aus dem Zug aussteigen | ['aʊs dem tsu:k 'aʊsʃtaɪgən] |

| acidente (m) ferroviário | Zugunglück (n) | ['tsu:kʔʊnˌglʏk] |
| descarrilar (vi) | entgleisen (vi) | [ɛnt'glaɪzən] |

| locomotiva (f) a vapor | Dampflok (f) | ['dampfˌlɔk] |
| foguista (m) | Heizer (m) | ['haɪtse] |
| fornalha (f) | Feuerbuchse (f) | ['fɔɪɐˌbʊksə] |
| carvão (m) | Kohle (f) | ['ko:lə] |

## 143. Barco

| | | |
|---|---|---|
| navio (m) | **Schiff** (n) | [ʃɪf] |
| embarcação (f) | **Fahrzeug** (n) | [ˈfaːɐ̯ˌtsɔɪk] |
| | | |
| barco (m) a vapor | **Dampfer** (m) | [ˈdampfɐ] |
| barco (m) fluvial | **Motorschiff** (n) | [ˈmoːtoːɐ̯ʃɪf] |
| transatlântico (m) | **Kreuzfahrtschiff** (n) | [ˈkʀɔɪtsfaːɐ̯tʃɪf] |
| cruzeiro (m) | **Kreuzer** (m) | [ˈkʀɔɪtsɐ] |
| | | |
| iate (m) | **Jacht** (f) | [jaχt] |
| rebocador (m) | **Schlepper** (m) | [ˈʃlɛpɐ] |
| barcaça (f) | **Lastkahn** (m) | [ˈlastˌkaːn] |
| ferry (m) | **Fähre** (f) | [ˈfɛːʀə] |
| | | |
| veleiro (m) | **Segelschiff** (n) | [ˈzeːɡəlʃɪf] |
| bergantim (m) | **Brigantine** (f) | [bʀiganˈtiːnə] |
| | | |
| quebra-gelo (m) | **Eisbrecher** (m) | [ˈaɪsˌbʀɛçɐ] |
| submarino (m) | **U-Boot** (n) | [ˈuːboːt] |
| | | |
| bote, barco (m) | **Boot** (n) | [ˈboːt] |
| baleeira (bote salva-vidas) | **Dingi** (n) | [ˈdɪŋgi] |
| bote (m) salva-vidas | **Rettungsboot** (n) | [ˈʀɛtʊŋsˌboːt] |
| lancha (f) | **Motorboot** (n) | [ˈmoːtoːɐ̯ˌboːt] |
| | | |
| capitão (m) | **Kapitän** (m) | [kapiˈtɛn] |
| marinheiro (m) | **Matrose** (m) | [maˈtʀoːzə] |
| marujo (m) | **Seemann** (m) | [ˈzeːman] |
| tripulação (f) | **Besatzung** (f) | [bəˈzatsʊŋ] |
| | | |
| contramestre (m) | **Bootsmann** (m) | [ˈboːtsman] |
| grumete (m) | **Schiffsjunge** (m) | [ˈʃɪfsˌjʊŋə] |
| cozinheiro (m) de bordo | **Schiffskoch** (m) | [ˈʃɪfsˌkɔχ] |
| médico (m) de bordo | **Schiffsarzt** (m) | [ˈʃɪfsˌʔaʁtst] |
| | | |
| convés (m) | **Deck** (n) | [dɛk] |
| mastro (m) | **Mast** (m) | [mast] |
| vela (f) | **Segel** (n) | [zeːɡəl] |
| | | |
| porão (m) | **Schiffsraum** (m) | [ˈʃɪfsˌʀaʊm] |
| proa (f) | **Bug** (m) | [buːk] |
| popa (f) | **Heck** (n) | [hɛk] |
| remo (m) | **Ruder** (n) | [ˈʀuːdɐ] |
| hélice (f) | **Schraube** (f) | [ˈʃʀaʊbə] |
| | | |
| cabine (m) | **Kajüte** (f) | [kaˈjyːtə] |
| sala (f) dos oficiais | **Messe** (f) | [ˈmɛsə] |
| sala (f) das máquinas | **Maschinenraum** (m) | [maˈʃiːnənˌʀaʊm] |
| ponte (m) de comando | **Brücke** (f) | [ˈbʀʏkə] |
| sala (f) de comunicações | **Funkraum** (m) | [ˈfʊŋkˌʀaʊm] |
| onda (f) | **Radiowelle** (f) | [ˈʀaːdɪoˌvɛlə] |
| diário (m) de bordo | **Schiffstagebuch** (n) | [ˈʃɪfsˌtaːgəbuːχ] |
| luneta (f) | **Fernrohr** (n) | [ˈfɛʁnˌʀoːɐ̯] |
| sino (m) | **Glocke** (f) | [ˈglɔkə] |

| | | |
|---|---|---|
| bandeira (f) | **Fahne** (f) | ['fa:nə] |
| cabo (m) | **Seil** (n) | [zaɪl] |
| nó (m) | **Knoten** (m) | ['kno:tən] |

| | | |
|---|---|---|
| corrimão (m) | **Geländer** (n) | [gə'lɛndɐ] |
| prancha (f) de embarque | **Treppe** (f) | ['tʀɛpə] |

| | | |
|---|---|---|
| âncora (f) | **Anker** (m) | ['aŋkɐ] |
| recolher a âncora | **den Anker lichten** | [den 'aŋkɐ 'lɪçtən] |
| jogar a âncora | **Anker werfen** | ['aŋkɐ ˌvɛʁfən] |
| amarra (corrente de âncora) | **Ankerkette** (f) | ['ankɐˌkɛtə] |

| | | |
|---|---|---|
| porto (m) | **Hafen** (m) | ['ha:fən] |
| cais, amarradouro (m) | **Anlegestelle** (f) | ['anle:gəˌʃtɛlə] |
| atracar (vi) | **anlegen** (vi) | ['anˌle:gən] |
| desatracar (vi) | **abstoßen** (vt) | ['apˌʃto:sən] |

| | | |
|---|---|---|
| viagem (f) | **Reise** (f) | ['ʀaɪzə] |
| cruzeiro (m) | **Kreuzfahrt** (f) | ['kʀɔɪtsˌfa:ɐt] |
| rumo (m) | **Kurs** (m) | [kʊʁs] |
| itinerário (m) | **Reiseroute** (f) | ['ʀaɪzəˌʀu:tə] |

| | | |
|---|---|---|
| canal (m) de navegação | **Fahrwasser** (n) | ['fa:ɐˌvasɐ] |
| banco (m) de areia | **Untiefe** (f) | ['ʊnˌti:fə] |
| encalhar (vt) | **stranden** (vi) | ['ʃtʀandən] |

| | | |
|---|---|---|
| tempestade (f) | **Sturm** (m) | [ʃtʊʁm] |
| sinal (m) | **Signal** (n) | [zɪ'gna:l] |
| afundar-se (vr) | **untergehen** (vi) | ['ʊntɐˌge:ən] |
| Homem ao mar! | **Mann über Bord!** | [man 'y:bɐ bɔʁt] |
| SOS | **SOS** | [ɛso:'ʔɛs] |
| boia (f) salva-vidas | **Rettungsring** (m) | ['ʀɛtʊŋsˌʀɪŋ] |

## 144. Aeroporto

| | | |
|---|---|---|
| aeroporto (m) | **Flughafen** (m) | ['flu:kˌha:fən] |
| avião (m) | **Flugzeug** (n) | ['flu:kˌtsɔɪk] |
| companhia (f) aérea | **Fluggesellschaft** (f) | ['flu:kgəˌzɛlʃaft] |
| controlador (m) de tráfego aéreo | **Fluglotse** (m) | ['flu:kˌlo:tsə] |

| | | |
|---|---|---|
| partida (f) | **Abflug** (m) | ['apˌflu:k] |
| chegada (f) | **Ankunft** (f) | ['ankʊnft] |
| chegar (vi) | **anfliegen** (vi) | ['anˌfli:gən] |

| | | |
|---|---|---|
| hora (f) de partida | **Abflugzeit** (f) | ['apflu:kˌtsaɪt] |
| hora (f) de chegada | **Ankunftszeit** (f) | ['ankʊnftsˌtsaɪt] |

| | | |
|---|---|---|
| estar atrasado | **sich verspäten** | [zɪç fɛɐ'ʃpɛ:tən] |
| atraso (m) de voo | **Abflugverspätung** (f) | ['apflu:k·fɛɐ'ʃpɛ:tʊŋ] |

| | | |
|---|---|---|
| painel (m) de informação | **Anzeigetafel** (f) | ['antsaɪgəˌta:fəl] |
| informação (f) | **Information** (f) | [ɪnfɔʁma'tsjo:n] |
| anunciar (vt) | **ankündigen** (vt) | ['ankʏndɪgən] |

| voo (m) | Flug (m) | [flu:k] |
| alfândega (f) | Zollamt (n) | ['tsɔl‚ʔamt] |
| funcionário (m) da alfândega | Zollbeamter (m) | ['tsɔl·bə‚ʔamtɐ] |

| declaração (f) alfandegária | Zolldeklaration (f) | ['tsɔl·deklaʀa'tsjo:n] |
| preencher (vt) | ausfüllen (vt) | ['aʊs‚fʏlən] |
| preencher a declaração | die Zollerklärung ausfüllen | [di 'tsɔl·ɛɐ'klɛːʀʊŋ 'aʊs‚fʏlən] |
| controle (m) de passaporte | Passkontrolle (f) | ['pas·kɔn‚tʀɔlə] |

| bagagem (f) | Gepäck (n) | [gə'pɛk] |
| bagagem (f) de mão | Handgepäck (n) | ['hant·gə‚pɛk] |
| carrinho (m) | Kofferkuli (m) | ['kɔfɐ‚ku:li] |

| pouso (m) | Landung (f) | ['landʊŋ] |
| pista (f) de pouso | Landebahn (f) | ['landə‚ba:n] |
| aterrissar (vi) | landen (vi) | ['landən] |
| escada (f) de avião | Fluggasttreppe (f) | ['flu:kgast‚tʀɛpə] |

| check-in (m) | Check-in (n) | [tʃɛkʔin] |
| balcão (m) do check-in | Check-in-Schalter (m) | [tʃɛkʔin 'ʃaltɐ] |
| fazer o check-in | sich registrieren lassen | [zɪç ʀegɪs'tʀi:ʀən 'lasən] |
| cartão (m) de embarque | Bordkarte (f) | ['bɔɐt‚kaʀtə] |
| portão (m) de embarque | Abfluggate (n) | ['apflu:k‚geɪt] |

| trânsito (m) | Transit (m) | [tʀan'zi:t] |
| esperar (vi, vt) | warten (vi) | ['vaʀtən] |
| sala (f) de espera | Wartesaal (m) | ['vaʀtə‚za:l] |
| despedir-se (acompanhar) | begleiten (vt) | [bə'glaɪtən] |
| despedir-se (dizer adeus) | sich verabschieden | [zɪç fɛɐ'apʃi:dən] |

## 145. Bicicleta. Motocicleta

| bicicleta (f) | Fahrrad (n) | ['fa:ɐ‚ʀa:t] |
| lambreta (f) | Motorroller (m) | ['mo:to:ɐ‚ʀɔlɐ] |
| moto (f) | Motorrad (n) | ['mo:to:ɐ‚ʀa:t] |

| ir de bicicleta | Rad fahren | [ʀa:t 'fa:ʀən] |
| guidão (m) | Lenkstange (f) | ['lɛŋkʃtaŋə] |
| pedal (m) | Pedal (n) | [pe'da:l] |
| freios (m pl) | Bremsen (pl) | ['bʀɛmzən] |
| banco, selim (m) | Sattel (m) | ['zatəl] |

| bomba (f) | Pumpe (f) | ['pʊmpə] |
| bagageiro (m) de teto | Gepäckträger (m) | [gə'pɛk‚tʀɛːgɐ] |
| lanterna (f) | Scheinwerfer (m) | ['ʃaɪn‚vɛɐfɐ] |
| capacete (m) | Helm (m) | [hɛlm] |

| roda (f) | Rad (n) | [ʀa:t] |
| para-choque (m) | Schutzblech (n) | ['ʃʊts‚blɛç] |
| aro (m) | Felge (f) | ['fɛlgə] |
| raio (m) | Speiche (f) | ['ʃpaɪçə] |

# Carros

## 146. Tipos de carros

| | | |
|---|---|---|
| carro, automóvel (m) | Auto (n) | ['auto] |
| carro (m) esportivo | Sportwagen (m) | ['ʃpɔʁt‿va:gən] |
| | | |
| limusine (f) | Limousine (f) | [limu'zi:nə] |
| todo o terreno (m) | Geländewagen (m) | [gə'lɛndə‿va:gən] |
| conversível (m) | Kabriolett (n) | [kabʁio'lɛt] |
| minibus (m) | Kleinbus (m) | ['klaɪn‿bʊs] |
| | | |
| ambulância (f) | Krankenwagen (m) | ['kʁaŋkən‿va:gən] |
| limpa-neve (m) | Schneepflug (m) | ['ʃne:‿pflu:k] |
| | | |
| caminhão (m) | Lastkraftwagen (m) | ['lastkʁaft‿va:gən] |
| caminhão-tanque (m) | Tankwagen (m) | ['taŋk‿va:gən] |
| perua, van (f) | Kastenwagen (m) | ['kastən‿va:gən] |
| caminhão-trator (m) | Sattelzug (m) | ['zatəl‿tsu:k] |
| reboque (m) | Anhänger (m) | ['an‿hɛŋə] |
| | | |
| confortável (adj) | komfortabel | [kɔmfɔʁ'ta:bəl] |
| usado (adj) | gebraucht | [gə'bʁaʊχt] |

## 147. Carros. Carroçaria

| | | |
|---|---|---|
| capô (m) | Motorhaube (f) | ['mo:to:ɐ‿haʊbə] |
| para-choque (m) | Kotflügel (m) | ['ko:tfly:gəl] |
| teto (m) | Dach (n) | [daχ] |
| | | |
| para-brisa (m) | Windschutzscheibe (f) | ['vɪntʃʊts‿ʃaɪbə] |
| retrovisor (m) | Rückspiegel (m) | ['ʁykʃpi:gəl] |
| esguicho (m) | Scheibenwaschanlage (f) | ['ʃaɪbən‿'vaʃʔan‿la:gə] |
| limpadores (m) de para-brisas | Scheibenwischer (m) | ['ʃaɪbən‿vɪʃə] |
| | | |
| vidro (m) lateral | Seitenscheibe (f) | ['zaɪtən‿ʃaɪbə] |
| elevador (m) do vidro | Fensterheber (m) | ['fɛnstə‿he:bə] |
| antena (f) | Antenne (f) | [an'tɛnə] |
| teto (m) solar | Schiebedach (n) | ['ʃi:bə‿daχ] |
| | | |
| para-choque (m) | Stoßstange (f) | ['ʃto:s‿ʃtaŋə] |
| porta-malas (f) | Kofferraum (m) | ['kɔfə‿ʁaʊm] |
| bagageira (f) | Dachgepäckträger (m) | ['daχ‿gəpɛk‿tʁɛ:gə] |
| porta (f) | Wagenschlag (m) | ['va:gən‿ʃla:k] |
| maçaneta (f) | Türgriff (m) | ['ty:ɐ‿gʁɪf] |
| fechadura (f) | Türschloss (n) | ['ty:ɐ‿ʃlɔs] |
| placa (f) | Nummernschild (n) | ['nʊmɐn‿ʃɪlt] |
| silenciador (m) | Auspufftopf (m) | ['aʊspʊf‿tɔpf] |

| tanque (m) de gasolina | Benzintank (m) | [bɛn'tsi:nˌtaŋk] |
| tubo (m) de exaustão | Auspuffrohr (n) | ['auspufˌʀo:ɐ] |

| acelerador (m) | Gas (n) | [ga:s] |
| pedal (m) | Pedal (n) | [pe'da:l] |
| pedal (m) do acelerador | Gaspedal (n) | ['gas·pe'da:l] |

| freio (m) | Bremse (f) | ['bʀɛmzə] |
| pedal (m) do freio | Bremspedal (n) | ['bʀɛmz·pe'da:l] |
| frear (vt) | bremsen (vi) | ['bʀɛmzən] |
| freio (m) de mão | Handbremse (f) | ['hantˌbʀɛmzə] |

| embreagem (f) | Kupplung (f) | ['kuplun] |
| pedal (m) da embreagem | Kupplungspedal (n) | ['kuplunsˌpe'da:l] |
| disco (m) de embreagem | Kupplungsscheibe (f) | ['kuplunsˌʃaɪbə] |
| amortecedor (m) | Stoßdämpfer (m) | ['ʃto:s·dɛmpfe] |

| roda (f) | Rad (n) | [ʀa:t] |
| pneu (m) estepe | Reserverad (n) | [ʀe'zɛʀvəˌʀa:t] |
| pneu (m) | Reifen (m) | ['ʀaɪfən] |
| calota (f) | Radkappe (f) | ['ʀa:tˌkapə] |

| rodas (f pl) motrizes | Triebräder (pl) | ['tʀi:pˌʀɛ:də] |
| de tração dianteira | mit Vorderantrieb | [mɪt 'fo:ɐdeˌɐˌʔantʀi:p] |
| de tração traseira | mit Hinterradantrieb | [mɪt 'hɪntəʀa:tˌʔantʀi:p] |
| de tração às 4 rodas | mit Allradantrieb | [mɪt 'alʀa:tˌʔantʀi:p] |

| caixa (f) de mudanças | Getriebe (n) | [gə'tʀi:bə] |
| automático (adj) | Automatik- | [auto'ma:tɪk] |
| mecânico (adj) | Schalt- | ['ʃalt] |
| alavanca (f) de câmbio | Schalthebel (m) | ['ʃaltˌhe:bəl] |

| farol (m) | Scheinwerfer (m) | ['ʃaɪnˌvɛʀfe] |
| faróis (m pl) | Scheinwerfer (pl) | ['ʃaɪnˌvɛʀfe] |

| farol (m) baixo | Abblendlicht (n) | ['apblɛntˌlɪçt] |
| farol (m) alto | Fernlicht (n) | ['fɛʀnˌlɪçt] |
| luzes (f pl) de parada | Stopplicht (n) | ['ʃtopˌlɪçt] |

| luzes (f pl) de posição | Standlicht (n) | ['ʃtantˌlɪçt] |
| luzes (f pl) de emergência | Warnblinker (m) | ['vaʀnˌblɪŋke] |
| faróis (m pl) de neblina | Nebelscheinwerfer (pl) | ['ne:bəlˌʃaɪnvɛʀfe] |
| pisca-pisca (m) | Blinker (m) | ['blɪŋke] |
| luz (f) de marcha ré | Rückfahrscheinwerfer (m) | ['ʀʏkfa:ɐˌʃaɪnvɛʀfe] |

## 148. Carros. Habitáculo

| interior (do carro) | Wageninnere (n) | ['va:gənˌʔɪnəʀə] |
| de couro | Leder- | ['le:de] |
| de veludo | aus Velours | [aus və'lu:ɐ] |
| estofamento (m) | Polster (n) | ['polste] |

| indicador (m) | Instrument (n) | [ˌɪnstʀu'mɛnt] |
| painel (m) | Armaturenbrett (n) | [aʀma'tu:ʀənˌbʀɛt] |

| velocímetro (m) | Tachometer (m) | [taxo'me:tɐ] |
| ponteiro (m) | Nadel (f) | ['na:dəl] |

| hodômetro, odômetro (m) | Kilometerzähler (m) | [kilo'me:tɐˌtsɛ:lɐ] |
| indicador (m) | Anzeige (f) | ['anˌtsaɪgə] |
| nível (m) | Pegel (m) | ['pe:gəl] |
| luz (f) de aviso | Kontrollleuchte (f) | [kɔn'tʁɔlˌlɔɪçtə] |

| volante (m) | Steuerrad (n) | ['ʃtɔɪɐˌʁa:t] |
| buzina (f) | Hupe (f) | ['hu:pə] |
| botão (m) | Knopf (m) | [knɔpf] |
| interruptor (m) | Umschalter (m) | ['ʊmʃaltɐ] |

| assento (m) | Sitz (m) | [zɪts] |
| costas (f pl) do assento | Rückenlehne (f) | ['ʁʏkənˌle:nə] |
| cabeceira (f) | Kopfstütze (f) | ['kɔpfʃtʏtsə] |
| cinto (m) de segurança | Sicherheitsgurt (m) | ['zɪçɐhaɪtsˌgʊʁt] |
| apertar o cinto | sich anschnallen | [zɪç 'anʃnalən] |
| ajuste (m) | Einstellung (f) | ['aɪnʃtɛlʊŋ] |

| airbag (m) | Airbag (m) | ['ɛ:ɐ·bak] |
| ar (m) condicionado | Klimaanlage (f) | ['kli:maˌʔanla:gə] |

| rádio (m) | Radio (n) | ['ʁa:dɪo] |
| leitor (m) de CD | CD-Spieler (m) | [tse:'de: 'ʃpi:lɐ] |
| ligar (vt) | einschalten (vt) | ['aɪnʃaltən] |
| antena (f) | Antenne (f) | [an'tɛnə] |
| porta-luvas (m) | Handschuhfach (n) | ['hantʃu:ˌfax] |
| cinzeiro (m) | Aschenbecher (m) | ['aʃən·bɛçɐ] |

## 149. Carros. Motor

| motor (m) | Triebwerk (n) | ['tʁi:pˌvɛʁk] |
| motor (m) | Motor (m) | ['mo:to:ɐ] |
| a diesel | Diesel- | ['di:zəl] |
| a gasolina | Benzin- | [bɛn'tsi:n] |

| cilindrada (f) | Hubraum (m) | ['hu:pˌʁaʊm] |
| potência (f) | Leistung (f) | ['laɪstʊŋ] |
| cavalo (m) de potência | Pferdestärke (f) | ['pfe:ɐdəʃtɛʁkə] |
| pistão (m) | Kolben (m) | [kɔlbən] |
| cilindro (m) | Zylinder (m) | [tsy'lɪndɐ] |
| válvula (f) | Ventil (n) | [vɛn'ti:l] |

| injetor (m) | Injektor (m) | [ɪn'jɛktɔ:ɐ] |
| gerador (m) | Generator (m) | [genə'ʁa:to:ɐ] |
| carburador (m) | Vergaser (m) | [fɛɐ'ga:zɐ] |
| óleo (m) de motor | Motoröl (n) | ['mo:to:ɐˌʔø:l] |

| radiador (m) | Kühler (m) | ['ky:lɐ] |
| líquido (m) de arrefecimento | Kühlflüssigkeit (f) | [ky:l'flʏsɪçˌkaɪt] |
| ventilador (m) | Ventilator (m) | [vɛnti'la:to:ɐ] |
| bateria (f) | Autobatterie (f) | ['autobatəˌʁi:] |
| dispositivo (m) de arranque | Anlasser (m) | ['anˌlasɐ] |

| | | |
|---|---|---|
| ignição (f) | **Zündung** (f) | ['tsʏndʊŋ] |
| vela (f) de ignição | **Zündkerze** (f) | ['tsʏnt‚kɛʁtsə] |

| | | |
|---|---|---|
| terminal (m) | **Klemme** (f) | ['klɛmə] |
| terminal (m) positivo | **Pluspol** (m) | ['plʊs‚poːl] |
| terminal (m) negativo | **Minuspol** (m) | ['miːnʊs‚poːl] |
| fusível (m) | **Sicherung** (f) | ['zɪçəʁʊŋ] |

| | | |
|---|---|---|
| filtro (m) de ar | **Luftfilter** (m, n) | ['lʊft‚fɪltɐ] |
| filtro (m) de óleo | **Ölfilter** (m) | ['øːl‚fɪltɐ] |
| filtro (m) de combustível | **Treibstofffilter** (m) | ['tʁaɪpʃtɔf‚fɪltɐ] |

## 150. Carros. Batidas. Reparação

| | | |
|---|---|---|
| acidente (m) de carro | **Unfall** (m) | ['ʊnfal] |
| acidente (m) rodoviário | **Verkehrsunfall** (m) | [fɛɐ'keːɐs?ʊn‚fal] |
| bater (~ num muro) | **fahren gegen ...** | ['faːʁən 'geːgən] |
| sofrer um acidente | **verunglücken** (vi) | [fɛɐ'?ʊnglʏkən] |
| dano (m) | **Schaden** (m) | ['ʃaːdən] |
| intato | **heil** | ['haɪl] |

| | | |
|---|---|---|
| pane (f) | **Panne** (f) | ['panə] |
| avariar (vi) | **kaputtgehen** (vi) | [ka'pʊt‚geːən] |
| cabo (m) de reboque | **Abschleppseil** (n) | ['apʃlɛp‚zaɪl] |

| | | |
|---|---|---|
| furo (m) | **Reifenpanne** (f) | ['ʁaɪfən‚panə] |
| estar furado | **platt sein** | [plat zaɪn] |
| encher (vt) | **pumpen** (vt) | ['pʊmpən] |
| pressão (f) | **Druck** (m) | [dʁʊk] |
| verificar (vt) | **prüfen** (vt) | ['pʁyːfən] |

| | | |
|---|---|---|
| reparo (m) | **Reparatur** (f) | [ʁepaʁa'tuːɐ] |
| oficina (f) automotiva | **Reparaturwerkstatt** (f) | [ʁepaʁa‚tuːɐ'vɛʁk‚ʃtat] |
| peça (f) de reposição | **Ersatzteil** (m, n) | [ɛɐ'zats‚taɪl] |
| peça (f) | **Einzelteil** (m, n) | ['aɪntsəl‚taɪl] |

| | | |
|---|---|---|
| parafuso (com porca) | **Bolzen** (m) | ['bɔltsən] |
| parafuso (m) | **Schraube** (f) | ['ʃʁaʊbə] |
| porca (f) | **Mutter** (f) | ['mʊtɐ] |
| arruela (f) | **Scheibe** (f) | ['ʃaɪbə] |
| rolamento (m) | **Lager** (n) | ['laːgɐ] |

| | | |
|---|---|---|
| tubo (m) | **Rohr** (n) | [ʁoːɐ] |
| junta, gaxeta (f) | **Dichtung** (f) | ['dɪçtʊŋ] |
| fio, cabo (m) | **Draht** (m) | [dʁaːt] |

| | | |
|---|---|---|
| macaco (m) | **Wagenheber** (m) | ['vaːgən‚heːbɐ] |
| chave (f) de boca | **Schraubenschlüssel** (m) | ['ʃʁaʊbən‚ʃlʏsəl] |
| martelo (m) | **Hammer** (m) | ['hamɐ] |
| bomba (f) | **Pumpe** (f) | ['pʊmpə] |
| chave (f) de fenda | **Schraubenzieher** (m) | ['ʃʁaʊbəntsiːɐ] |

| | | |
|---|---|---|
| extintor (m) | **Feuerlöscher** (m) | ['fɔɪɐ‚lœʃɐ] |
| triângulo (m) de emergência | **Warndreieck** (n) | ['vaʁn‚dʁaɪɛk] |

| | | |
|---|---|---|
| morrer (motor) | abwürgen (vi) | ['apˌvʏʁɡən] |
| paragem, "morte" (f) | Anhalten (n) | ['anhaltən] |
| estar quebrado | kaputt sein | [ka'pʊt zaɪn] |

| | | |
|---|---|---|
| superaquecer-se (vr) | überhitzt werden | [yːbe'hɪtst 've:ɛdən] |
| entupir-se (vr) | verstopft sein | [fɛɛ'ʃtɔpft zaɪn] |
| congelar-se (vr) | einfrieren (vi) | ['aɪnˌfʁiːʁən] |
| rebentar (vi) | zerplatzen (vi) | [tsɛɛ'platsən] |

| | | |
|---|---|---|
| pressão (f) | Druck (m) | [dʁʊk] |
| nível (m) | Pegel (m) | ['peːɡəl] |
| frouxo (adj) | schlaff | [ʃlaf] |

| | | |
|---|---|---|
| batida (f) | Delle (f) | ['dɛlə] |
| ruído (m) | Klopfen (n) | ['klɔpfən] |
| fissura (f) | Riß (m) | [ʁɪs] |
| arranhão (m) | Kratzer (m) | ['kʁatsɐ] |

## 151. Carros. Estrada

| | | |
|---|---|---|
| estrada (f) | Fahrbahn (f) | ['faːɐˌbaːn] |
| autoestrada (f) | Schnellstraße (f) | ['ʃnɛlˌʃtʁaːsə] |
| rodovia (f) | Autobahn (f) | ['aʊtoˌbaːn] |
| direção (f) | Richtung (f) | ['ʁɪçtʊŋ] |
| distância (f) | Entfernung (f) | [ɛnt'fɛʁnʊŋ] |

| | | |
|---|---|---|
| ponte (f) | Brücke (f) | ['bʁʏkə] |
| parque (m) de estacionamento | Parkplatz (m) | ['paʁkˌplats] |
| praça (f) | Platz (m) | [plats] |
| nó (m) rodoviário | Autobahnkreuz (n) | ['aʊtobaːnˌkʁɔɪts] |
| túnel (m) | Tunnel (m) | ['tʊnəl] |

| | | |
|---|---|---|
| posto (m) de gasolina | Tankstelle (f) | ['taŋkˌʃtɛlə] |
| parque (m) de estacionamento | Parkplatz (m) | ['paʁkˌplats] |
| bomba (f) de gasolina | Zapfsäule (f) | ['tsapfˌzɔɪlə] |
| oficina (f) automotiva | Reparaturwerkstatt (f) | [ʁepaʁaˌtuːɐ'vɛʁkˌʃtat] |
| abastecer (vt) | tanken (vt) | ['taŋkən] |
| combustível (m) | Treibstoff (m) | ['tʁaɪpˌʃtɔf] |
| galão (m) de gasolina | Kanister (m) | [ka'nɪstɐ] |

| | | |
|---|---|---|
| asfalto (m) | Asphalt (m) | [as'falt] |
| marcação (f) de estradas | Markierung (f) | [maʁ'kiːʁʊŋ] |
| meio-fio (m) | Bordstein (m) | ['bɔʁtˌʃtaɪn] |
| guard-rail (m) | Leitplanke (f) | ['laɪtˌplaŋkə] |
| valeta (f) | Graben (m) | ['gʁaːbən] |
| acostamento (m) | Straßenrand (m) | ['ʃtʁaːsənˌʁant] |
| poste (m) de luz | Straßenlaterne (f) | ['ʃtʁaːsən·laˌtɛʁnə] |

| | | |
|---|---|---|
| dirigir (vt) | fahren (vt) | ['faːʁən] |
| virar (~ para a direita) | abbiegen (vi) | ['apˌbiːɡən] |
| dar retorno | umkehren (vi) | ['ʊmˌkeːʁən] |
| ré (f) | Rückwärtsgang (m) | ['ʁʏkvɛʁtsˌgaŋ] |
| buzinar (vi) | hupen (vi) | ['huːpən] |
| buzina (f) | Hupe (f) | ['huːpə] |

| atolar-se (vr) | stecken (vi) | ['ʃtɛkən] |
| patinar (na lama) | durchdrehen (vi) | ['dʊʁç‚dʀeːən] |
| desligar (vt) | abstellen (vt) | ['apʃtɛlən] |

| velocidade (f) | Geschwindigkeit (f) | [gə'ʃvɪndɪç·kaɪt] |
| exceder a velocidade | Geschwindigkeit überschreiten | [gə'ʃvɪndɪç·kaɪt ‚yːbɐ'ʃʀaɪtən] |
| multar (vt) | bestrafen (vt) | [bə'ʃtʀaːfən] |
| semáforo (m) | Ampel (f) | ['ampəl] |
| carteira (f) de motorista | Führerschein (m) | ['fyːʀɐʃaɪn] |

| passagem (f) de nível | Bahnübergang (m) | ['baːnʔyːbɐ‚gaŋ] |
| cruzamento (m) | Straßenkreuzung (f) | ['ʃtʀaːsən‚kʀɔɪtsʊŋ] |
| faixa (f) | Fußgängerüberweg (m) | ['fuːs‚gɛŋɐ·yːbɐ've:k] |
| curva (f) | Kehre (f) | ['keːʀə] |
| zona (f) de pedestres | Fußgängerzone (f) | ['fuːsgɛŋɐ‚tso:nə] |

# PESSOAS. EVENTOS

## Eventos

### 152. Férias. Evento

| | | |
|---|---|---|
| festa (f) | Fest (n) | [fɛst] |
| feriado (m) nacional | Nationalfeiertag (m) | [natsjoˈnaːlˌfaɪɐtaːk] |
| feriado (m) | Feiertag (m) | [ˈfaɪɐˌtaːk] |
| festejar (vt) | feiern (vt) | [ˈfaɪɐn] |
| | | |
| evento (festa, etc.) | Ereignis (n) | [ɛɐˈʔaɪɡnɪs] |
| evento (banquete, etc.) | Veranstaltung (f) | [fɛɐˈʔanʃtaltʊŋ] |
| banquete (m) | Bankett (n) | [baŋˈkɛt] |
| recepção (f) | Empfang (m) | [ɛmˈpfaŋ] |
| festim (m) | Festmahl (n) | [ˈfɛstˌmaːl] |
| | | |
| aniversário (m) | Jahrestag (m) | [ˈjaːʁəsˌtaːk] |
| jubileu (m) | Jubiläumsfeier (f) | [jubiˈlɛːʊmsˌfaɪɐ] |
| celebrar (vt) | begehen (vt) | [bəˈgeːən] |
| | | |
| Ano (m) Novo | Neujahr (n) | [ˈnɔɪjaːɐ] |
| Feliz Ano Novo! | Frohes Neues Jahr! | [ˌfʁoːəs ˈnɔɪəs jaːɐ] |
| | | |
| Natal (m) | Weihnachten (n) | [ˈvaɪnaxtən] |
| Feliz Natal! | Frohe Weihnachten! | [ˌfʁoːə ˈvaɪnaxtən] |
| árvore (f) de Natal | Tannenbaum (m) | [ˈtanənˌbaʊm] |
| fogos (m pl) de artifício | Feuerwerk (n) | [ˈfɔɪɐˌvɛʁk] |
| | | |
| casamento (m) | Hochzeit (f) | [ˈhɔxˌtsaɪt] |
| noivo (m) | Bräutigam (m) | [ˈbʁɔɪtɪgam] |
| noiva (f) | Braut (f) | [bʁaʊt] |
| | | |
| convidar (vt) | einladen (vt) | [ˈaɪnˌlaːdən] |
| convite (m) | Einladung (f) | [ˈaɪnˌlaːdʊŋ] |
| | | |
| convidado (m) | Gast (m) | [gast] |
| visitar (vt) | besuchen (vt) | [bəˈzuːxən] |
| receber os convidados | Gäste empfangen | [ˈgɛstə ɛmˈpfaŋən] |
| | | |
| presente (m) | Geschenk (n) | [gəˈʃɛŋk] |
| oferecer, dar (vt) | schenken (vt) | [ˈʃɛŋkən] |
| receber presentes | Geschenke bekommen | [gəˈʃɛŋkə bəˈkɔmən] |
| buquê (m) de flores | Blumenstrauß (m) | [ˈbluːmənˌʃtʁaʊs] |
| | | |
| felicitações (f pl) | Glückwunsch (m) | [ˈglʏkˌvʊnʃ] |
| felicitar (vt) | gratulieren (vi) | [gʁatuˈliːʁən] |
| cartão (m) de parabéns | Glückwunschkarte (f) | [ˈglʏkvʊnʃˌkaʁtə] |
| enviar um cartão postal | eine Karte abschicken | [ˈaɪnə ˈkaʁtə ˈapˌʃɪkən] |

| receber um cartão postal | eine Karte erhalten | ['aɪnə 'kaʁtə ɛɐ'haltən] |
| brinde (m) | Trinkspruch (m) | ['tʁɪŋkʃpʁʊx] |
| oferecer (vt) | anbieten (vt) | ['anbi:tən] |
| champanhe (m) | Champagner (m) | [ʃam'panjɐ] |

| divertir-se (vr) | sich amüsieren | [zɪç amy'zi:ʀən] |
| diversão (f) | Fröhlichkeit (f) | ['fʁø:lɪç‚kaɪt] |
| alegria (f) | Freude (f) | ['fʁɔɪdə] |

| dança (f) | Tanz (m) | [tants] |
| dançar (vi) | tanzen (vi, vt) | ['tantsən] |

| valsa (f) | Walzer (m) | ['valtsɐ] |
| tango (m) | Tango (m) | ['taŋgo] |

## 153. Funerais. Enterro

| cemitério (m) | Friedhof (m) | ['fʁi:t‚ho:f] |
| sepultura (f), túmulo (m) | Grab (n) | [gʁa:p] |
| cruz (f) | Kreuz (n) | [kʁɔɪts] |
| lápide (f) | Grabstein (m) | ['gʁa:pʃtaɪn] |
| cerca (f) | Zaun (m) | [tsaʊn] |
| capela (f) | Kapelle (f) | [ka'pɛlə] |

| morte (f) | Tod (m) | [to:t] |
| morrer (vi) | sterben (vi) | ['ʃtɛʁbən] |
| defunto (m) | Verstorbene (m) | [fɛɐ'ʃtɔʁbənɐ] |
| luto (m) | Trauer (f) | ['tʁaʊɐ] |

| enterrar, sepultar (vt) | begraben (vt) | [bə'gʁa:bən] |
| funerária (f) | Bestattungsinstitut (n) | [bə'ʃtatʊŋsʔɪnsti‚tu:t] |
| funeral (m) | Begräbnis (n) | [bə'gʁɛ:pnɪs] |

| coroa (f) de flores | Kranz (m) | [kʁants] |
| caixão (m) | Sarg (m) | [zaʁk] |
| carro (m) funerário | Katafalk (m) | [kata'falk] |
| mortalha (f) | Totenhemd (n) | ['to:tən‚hɛmt] |

| procissão (f) funerária | Trauerzug (m) | ['tʁaʊɐ‚tsu:k] |
| urna (f) funerária | Urne (f) | ['ʊʁnə] |
| crematório (m) | Krematorium (n) | [kʁema'to:ʀiʊm] |

| obituário (m), necrologia (f) | Nachruf (m) | ['na:χʀu:f] |
| chorar (vi) | weinen (vi) | ['vaɪnən] |
| soluçar (vi) | schluchzen (vi) | ['ʃlʊχtsən] |

## 154. Guerra. Soldados

| pelotão (m) | Zug (m) | [tsu:k] |
| companhia (f) | Kompanie (f) | [kɔmpa'ni:] |
| regimento (m) | Regiment (n) | [ʀegi'mɛnt] |
| exército (m) | Armee (f) | [aʁ'me:] |

| | | |
|---|---|---|
| divisão (f) | **Division** (f) | [divi'zjo:n] |
| esquadrão (m) | **Abteilung** (f) | [ap'taɪlʊŋ] |
| hoste (f) | **Heer** (n) | [he:ɐ] |

| | | |
|---|---|---|
| soldado (m) | **Soldat** (m) | [zɔl'da:t] |
| oficial (m) | **Offizier** (m) | [ɔfi'tsi:ɐ] |

| | | |
|---|---|---|
| soldado (m) raso | **Soldat** (m) | [zɔl'da:t] |
| sargento (m) | **Feldwebel** (m) | ['fɛlt‚ve:bəl] |
| tenente (m) | **Leutnant** (m) | ['lɔɪtnant] |
| capitão (m) | **Hauptmann** (m) | ['haʊptman] |
| major (m) | **Major** (m) | [ma'jo:ɐ] |

| | | |
|---|---|---|
| coronel (m) | **Oberst** (m) | ['o:bɛst] |
| general (m) | **General** (m) | [genə'ʀa:l] |

| | | |
|---|---|---|
| marujo (m) | **Matrose** (m) | [ma'tʀo:zə] |
| capitão (m) | **Kapitän** (m) | [kapi'tɛn] |
| contramestre (m) | **Bootsmann** (m) | ['bo:tsman] |

| | | |
|---|---|---|
| artilheiro (m) | **Artillerist** (m) | ['aʁtɪləʀɪst] |
| soldado (m) paraquedista | **Fallschirmjäger** (m) | ['falʃɪʁm‚jɛ:gɐ] |
| piloto (m) | **Pilot** (m) | [pi'lo:t] |

| | | |
|---|---|---|
| navegador (m) | **Steuermann** (m) | ['ʃtɔɪɐ‚man] |
| mecânico (m) | **Mechaniker** (m) | [me'ça:nikɐ] |

| | | |
|---|---|---|
| sapador-mineiro (m) | **Pionier** (m) | [pɪo'ni:ɐ] |
| paraquedista (m) | **Fallschirmspringer** (m) | ['falʃɪʁm‚ʃpʀɪŋɐ] |

| | | |
|---|---|---|
| explorador (m) | **Aufklärer** (m) | ['aʊf‚klɛ:ʀɐ] |
| atirador (m) de tocaia | **Scharfschütze** (m) | ['ʃaʁf‚ʃʏtsə] |

| | | |
|---|---|---|
| patrulha (f) | **Patrouille** (f) | [pa'tʀʊljə] |
| patrulhar (vt) | **patrouillieren** (vi) | [patʀʊl'ji:ʀən] |
| sentinela (f) | **Wache** (f) | ['vaχə] |

| | | |
|---|---|---|
| guerreiro (m) | **Krieger** (m) | ['kʀi:gɐ] |
| patriota (m) | **Patriot** (m) | [patʀi'o:t] |

| | | |
|---|---|---|
| herói (m) | **Held** (m) | [hɛlt] |
| heroína (f) | **Heldin** (f) | ['hɛldɪn] |

| | | |
|---|---|---|
| traidor (m) | **Verräter** (m) | [fɛɐ'ʀɛ:tɐ] |
| trair (vt) | **verraten** (vt) | [fɛɐ'ʀa:tən] |

| | | |
|---|---|---|
| desertor (m) | **Deserteur** (m) | [dezɛʁ'tø:ɐ] |
| desertar (vt) | **desertieren** (vi) | [dezɛʁ'ti:ʀən] |

| | | |
|---|---|---|
| mercenário (m) | **Söldner** (m) | ['zœldnɐ] |
| recruta (m) | **Rekrut** (m) | [ʀe'kʀu:t] |
| voluntário (m) | **Freiwillige** (m) | [‚fʀaɪvɪlɪgə] |

| | | |
|---|---|---|
| morto (m) | **Getoetete** (m) | [gə'tø:tətə] |
| ferido (m) | **Verwundete** (m) | [fɛɐ'vʊndətə] |
| prisioneiro (m) de guerra | **Kriegsgefangene** (m) | ['kʀi:ks·gə‚faŋənə] |

## 155. Guerra. Ações militares. Parte 1

| guerra (f) | Krieg (m) | [kʀiːk] |
|---|---|---|
| guerrear (vt) | Krieg führen | [kʀiːk 'fyːʀən] |
| guerra (f) civil | Bürgerkrieg (m) | ['byʁgə͜kʀiːk] |

| perfidamente | heimtückisch | ['haɪm͜tʏkɪʃ] |
|---|---|---|
| declaração (f) de guerra | Kriegserklärung (f) | ['kʀiːks?ɛɐ͜klɛːʀʊŋ] |
| declarar guerra | erklären (vt) | [ɛɐ'klɛːʀən] |
| agressão (f) | Aggression (f) | [agʀɛ'sjoːn] |
| atacar (vt) | einfallen (vt) | ['aɪn͜falən] |

| invadir (vt) | einfallen (vi) | ['aɪn͜falən] |
|---|---|---|
| invasor (m) | Invasoren (pl) | [ɪnva'zoːʀən] |
| conquistador (m) | Eroberer (m) | [ɛɐ'ʔoːbəʀɐ] |

| defesa (f) | Verteidigung (f) | [fɛɐ'taɪdɪgʊŋ] |
|---|---|---|
| defender (vt) | verteidigen (vt) | [fɛɐ'taɪdɪgən] |
| defender-se (vr) | sich verteidigen | [zɪç fɛɐ'taɪdɪgən] |

| inimigo (m) | Feind (m) | [faɪnt] |
|---|---|---|
| adversário (m) | Gegner (m) | ['geːgnɐ] |
| inimigo (adj) | Feind- | [faɪnt] |

| estratégia (f) | Strategie (f) | [ʃtʀate'giː] |
|---|---|---|
| tática (f) | Taktik (f) | ['taktɪk] |

| ordem (f) | Befehl (m) | [bə'feːl] |
|---|---|---|
| comando (m) | Anordnung (f) | ['an͜ʔoʁdnʊŋ] |
| ordenar (vt) | befehlen (vt) | [͜bə'feːlən] |
| missão (f) | Auftrag (m) | ['aʊf͜tʀaːk] |
| secreto (adj) | geheim | [gə'haɪm] |

| batalha (f) | Gefecht (n) | [gə'fɛçt] |
|---|---|---|
| combate (m) | Kampf (m) | [kampf] |

| ataque (m) | Angriff (m) | ['an͜gʀɪf] |
|---|---|---|
| assalto (m) | Sturm (m) | [ʃtuʁm] |
| assaltar (vt) | stürmen (vt) | ['ʃtʏʁmən] |
| assédio, sítio (m) | Belagerung (f) | [bə'laːgəʀʊŋ] |

| ofensiva (f) | Angriff (m) | ['an͜gʀɪf] |
|---|---|---|
| tomar à ofensiva | angreifen (vt) | ['an͜gʀaɪfən] |

| retirada (f) | Rückzug (m) | ['ʀʏk͜tsuːk] |
|---|---|---|
| retirar-se (vr) | sich zurückziehen | [zɪç tsu'ʀʏk͜tsiːən] |

| cerco (m) | Einkesselung (f) | ['aɪn͜kɛsəlʊŋ] |
|---|---|---|
| cercar (vt) | einkesseln (vt) | ['aɪn͜kɛsəln] |

| bombardeio (m) | Bombenangriff (m) | ['bɔmbən͜ʔangʀɪf] |
|---|---|---|
| lançar uma bomba | eine Bombe abwerfen | ['aɪnə 'bɔmbə 'ap͜vɛʁfən] |
| bombardear (vt) | bombardieren (vt) | [bɔmbaʁ'diːʀən] |
| explosão (f) | Explosion (f) | [ɛksplo'zjoːn] |
| tiro (m) | Schuss (m) | [ʃʊs] |

| dar um tiro | schießen (vt) | ['ʃi:sən] |
| tiroteio (m) | Schießerei (f) | [ʃi:sə'ʀaɪ] |

| apontar para ... | zielen auf ... | ['tsi:lən aʊf] |
| apontar (vt) | richten (vt) | ['ʀɪçtən] |
| acertar (vt) | treffen (vt) | ['tʀɛfən] |

| afundar (~ um navio, etc.) | versenken (vt) | [fɛɐ'zɛŋkən] |
| brecha (f) | Loch (n) | [lɔχ] |
| afundar-se (vr) | versinken (vi) | [fɛɐ'zɪŋkən] |

| frente (m) | Front (f) | [fʀɔnt] |
| evacuação (f) | Evakuierung (f) | [evaku'i:ʀʊŋ] |
| evacuar (vt) | evakuieren (vt) | [evaku'i:ʀən] |

| trincheira (f) | Schützengraben (m) | ['ʃʏtsən‚gʀa:bən] |
| arame (m) enfarpado | Stacheldraht (m) | ['ʃtaχəl‚dʀa:t] |
| barreira (f) anti-tanque | Sperre (f) | ['ʃpɛʀə] |
| torre (f) de vigia | Wachtturm (m) | ['vaχt‚tʊʀm] |

| hospital (m) militar | Lazarett (n) | [latsa'ʀɛt] |
| ferir (vt) | verwunden (vt) | [fɛɐ'vʊndən] |
| ferida (f) | Wunde (f) | ['vʊndə] |
| ferido (m) | Verwundete (m) | [fɛɐ'vʊndətə] |
| ficar ferido | verletzt sein | [fɛɐ'lɛtst zaɪn] |
| grave (ferida ~) | schwer | [ʃve:ɐ] |

## 156. Armas

| arma (f) | Waffe (f) | ['vafə] |
| arma (f) de fogo | Schusswaffe (f) | ['ʃʊs‚vafə] |
| arma (f) branca | blanke Waffe (f) | ['blaŋkə 'vafə] |

| arma (f) química | chemischen Waffen (pl) | [çe:miʃən 'vafən] |
| nuclear (adj) | Kern-, Atom- | [kɛʀn], [a'to:m] |
| arma (f) nuclear | Kernwaffe (f) | ['kɛʀn‚vafə] |

| bomba (f) | Bombe (f) | ['bɔmbə] |
| bomba (f) atômica | Atombombe (f) | [a'to:m‚bɔmbə] |

| pistola (f) | Pistole (f) | [pɪs'to:lə] |
| rifle (m) | Gewehr (n) | [gə've:ɐ] |
| semi-automática (f) | Maschinenpistole (f) | [ma'ʃi:nən·pɪs‚to:lə] |
| metralhadora (f) | Maschinengewehr (n) | [ma'ʃi:nən·gə‚ve:ɐ] |

| boca (f) | Mündung (f) | ['mʏndʊŋ] |
| cano (m) | Lauf (m) | [laʊf] |
| calibre (m) | Kaliber (n) | [‚ka'li:bɐ] |

| gatilho (m) | Abzug (m) | ['ap‚tsu:k] |
| mira (f) | Visier (n) | [vi'zi:ɐ] |
| carregador (m) | Magazin (n) | [maga'tsi:n] |
| coronha (f) | Kolben (m) | [kɔlbən] |
| granada (f) de mão | Handgranate (f) | ['hant·gʀa‚na:tə] |

| | | |
|---|---|---|
| explosivo (m) | Sprengstoff (m) | [ˈʃpʀɛŋʃtɔf] |
| bala (f) | Kugel (f) | [ˈkuːɡəl] |
| cartucho (m) | Patrone (f) | [paˈtʀoːnə] |
| carga (f) | Ladung (f) | [ˈlaːdʊŋ] |
| munições (f pl) | Munition (f) | [muniˈtsjoːn] |

| | | |
|---|---|---|
| bombardeiro (m) | Bomber (m) | [ˈbɔmbɐ] |
| avião (m) de caça | Kampfflugzeug (n) | [ˈkampffluːkˌtsɔɪk] |
| helicóptero (m) | Hubschrauber (m) | [ˈhuːpˌʃʀaʊbɐ] |

| | | |
|---|---|---|
| canhão (m) antiaéreo | Flugabwehrkanone (f) | [fluːkˈʔapveːɐkaˌnoːnə] |
| tanque (m) | Panzer (m) | [ˈpantsɐ] |
| canhão (de um tanque) | Panzerkanone (f) | [ˈpantsɐˌkaˈnoːnə] |

| | | |
|---|---|---|
| artilharia (f) | Artillerie (f) | [ˈaʁtɪləʀiː] |
| canhão (m) | Haubitze (f), Kanone (f) | [haʊˈbɪtsə], [kaˈnoːnə] |
| fazer a pontaria | richten (vt) | [ˈʀɪçtən] |

| | | |
|---|---|---|
| projétil (m) | Geschoß (n) | [ɡəˈʃoːs] |
| granada (f) de morteiro | Wurfgranate (f) | [ˈvʊʁfˈɡʀaˈnaːtə] |
| morteiro (m) | Granatwerfer (m) | [ɡʀaˈnaːtˌvɛʁfɐ] |
| estilhaço (m) | Splitter (m) | [ˈʃplɪtɐ] |

| | | |
|---|---|---|
| submarino (m) | U-Boot (n) | [ˈuːboːt] |
| torpedo (m) | Torpedo (m) | [tɔʁˈpeːdo] |
| míssil (m) | Rakete (f) | [ʀaˈkeːtə] |

| | | |
|---|---|---|
| carregar (uma arma) | laden (vt) | [ˈlaːdən] |
| disparar, atirar (vi) | schießen (vi) | [ˈʃiːsən] |
| apontar para ... | zielen auf ... | [ˈtsiːlən aʊf] |
| baioneta (f) | Bajonett (n) | [ˌbajoˈnɛt] |

| | | |
|---|---|---|
| espada (f) | Degen (m) | [ˈdeːɡən] |
| sabre (m) | Säbel (m) | [ˈzɛːbəl] |
| lança (f) | Speer (m) | [ʃpeːɐ] |
| arco (m) | Bogen (m) | [ˈboːɡən] |
| flecha (f) | Pfeil (m) | [pfaɪl] |
| mosquete (m) | Muskete (f) | [mʊsˈkeːtə] |
| besta (f) | Armbrust (f) | [ˈaʁmˌbʀʊst] |

## 157. Povos da antiguidade

| | | |
|---|---|---|
| primitivo (adj) | vorzeitlich | [ˈfoːɐˌtsaɪtlɪç] |
| pré-histórico (adj) | prähistorisch | [ˌpʀɛhɪsˈtoːʀɪʃ] |
| antigo (adj) | alt | [alt] |

| | | |
|---|---|---|
| Idade (f) da Pedra | Steinzeit (f) | [ˈʃtaɪnˌtsaɪt] |
| Idade (f) do Bronze | Bronzezeit (f) | [ˈbʀɔŋsəˌtsaɪt] |
| Era (f) do Gelo | Eiszeit (f) | [ˈaɪsˌtsaɪt] |

| | | |
|---|---|---|
| tribo (f) | Stamm (m) | [ʃtam] |
| canibal (m) | Kannibale (m) | [kaniˈbaːlə] |
| caçador (m) | Jäger (m) | [ˈjɛːɡɐ] |
| caçar (vi) | jagen (vi) | [ˈjaːɡən] |

| | | |
|---|---|---|
| mamute (m) | **Mammut** (n) | ['mamʊt] |
| caverna (f) | **Höhle** (f) | ['hø:lə] |
| fogo (m) | **Feuer** (n) | ['fɔɪɐ] |
| fogueira (f) | **Lagerfeuer** (n) | ['la:gɐ‚fɔɪɐ] |
| pintura (f) rupestre | **Höhlenmalerei** (f) | ['hø:lən·ma:lə‚ʀaɪ] |

| | | |
|---|---|---|
| ferramenta (f) | **Werkzeug** (n) | ['vɛʁk‚tsɔɪk] |
| lança (f) | **Speer** (m) | [ʃpe:ɐ] |
| machado (m) de pedra | **Steinbeil** (n), **Steinaxt** (f) | ['ʃtaɪn‚baɪl], ['ʃtaɪn‚akst] |
| guerrear (vt) | **Krieg führen** | [kʀi:k 'fy:ʀən] |
| domesticar (vt) | **domestizieren** (vt) | [domɛsti'tsi:ʀən] |

| | | |
|---|---|---|
| ídolo (m) | **Idol** (n) | [i'do:l] |
| adorar, venerar (vt) | **anbeten** (vt) | ['an‚be:tən] |
| superstição (f) | **Aberglaube** (m) | ['a:bɐ‚glaʊbə] |
| ritual (m) | **Ritus** (m), **Ritual** (n) | ['ʀi:tʊs], [ʀi'tua:l] |

| | | |
|---|---|---|
| evolução (f) | **Evolution** (f) | [evolu'tsjo:n] |
| desenvolvimento (m) | **Entwicklung** (f) | [ɛnt'vɪklʊŋ] |
| extinção (f) | **Verschwinden** (n) | [fɛɐ'ʃvɪndən] |
| adaptar-se (vr) | **sich anpassen** | [zɪç 'an‚pasən] |

| | | |
|---|---|---|
| arqueologia (f) | **Archäologie** (f) | [aʁçɛolo'gi:] |
| arqueólogo (m) | **Archäologe** (m) | [aʁçɛo'lo:gə] |
| arqueológico (adj) | **archäologisch** | [aʁçɛo'lo:gɪʃ] |

| | | |
|---|---|---|
| escavação (sítio) | **Ausgrabungsstätte** (f) | ['aʊsgʀa:bʊŋs‚ʃtɛtə] |
| escavações (f pl) | **Ausgrabungen** (pl) | ['aʊsgʀa:bʊŋən] |
| achado (m) | **Fund** (m) | [fʊnt] |
| fragmento (m) | **Fragment** (n) | [fʀa'gmɛnt] |

## 158. Idade média

| | | |
|---|---|---|
| povo (m) | **Volk** (n) | [fɔlk] |
| povos (m pl) | **Völker** (pl) | ['fœlkɐ] |
| tribo (f) | **Stamm** (m) | [ʃtam] |
| tribos (f pl) | **Stämme** (pl) | ['ʃtɛmə] |

| | | |
|---|---|---|
| bárbaros (pl) | **Barbaren** (pl) | [baʁ'ba:ʀən] |
| galeses (pl) | **Gallier** (pl) | ['galɪɐ] |
| godos (pl) | **Goten** (pl) | ['go:tən] |
| eslavos (pl) | **Slawen** (pl) | ['sla:vən] |
| viquingues (pl) | **Wikinger** (pl) | ['vi:kɪŋɐ] |

| | | |
|---|---|---|
| romanos (pl) | **Römer** (pl) | ['ʀø:mɐ] |
| romano (adj) | **römisch** | ['ʀø:mɪʃ] |

| | | |
|---|---|---|
| bizantinos (pl) | **Byzantiner** (pl) | [bytsan'ti:nɐ] |
| Bizâncio | **Byzanz** (n) | [by'tsants] |
| bizantino (adj) | **byzantinisch** | [bytsan'ti:nɪʃ] |

| | | |
|---|---|---|
| imperador (m) | **Kaiser** (m) | ['kaɪzɐ] |
| líder (m) | **Häuptling** (m) | ['hɔɪptlɪŋ] |
| poderoso (adj) | **mächtig** | ['mɛçtɪç] |

| | | |
|---|---|---|
| rei (m) | König (m) | ['kø:nɪç] |
| governante (m) | Herrscher (m) | ['hɛʁʃɐ] |
| | | |
| cavaleiro (m) | Ritter (m) | ['ʀɪtɐ] |
| senhor feudal (m) | Feudalherr (m) | [fɔɪ'da:l̩hɛʁ] |
| feudal (adj) | feudal, Feudal- | [fɔɪ'da:l] |
| vassalo (m) | Vasall (m) | [va'zal] |
| | | |
| duque (m) | Herzog (m) | ['hɛʁtso:k] |
| conde (m) | Graf (m) | [gʀa:f] |
| barão (m) | Baron (m) | [ba'ʀo:n] |
| bispo (m) | Bischof (m) | ['bɪʃɔf] |
| | | |
| armadura (f) | Rüstung (f) | ['ʀʏstʊŋ] |
| escudo (m) | Schild (m) | [ʃɪlt] |
| espada (f) | Schwert (n) | [ʃveːɐt] |
| viseira (f) | Visier (n) | [vi'ziːɐ] |
| cota (f) de malha | Panzerhemd (n) | ['pantsɐˌhɛmt] |
| | | |
| cruzada (f) | Kreuzzug (m) | ['kʀɔɪtsˌtsu:k] |
| cruzado (m) | Kreuzritter (m) | ['kʀɔɪtsˌʀɪtɐ] |
| | | |
| território (m) | Territorium (n) | [tɛʀi'to:ʀiʊm] |
| atacar (vt) | einfallen (vt) | ['aɪnˌfalən] |
| | | |
| conquistar (vt) | erobern (vt) | [ɛɐ'ʔo:bɐn] |
| ocupar, invadir (vt) | besetzen (vt) | [bə'zɛtsən] |
| | | |
| assédio, sítio (m) | Belagerung (f) | [bə'la:gəʀʊŋ] |
| sitiado (adj) | belagert | [bə'la:gɐt] |
| assediar, sitiar (vt) | belagern (vt) | [bə'la:gɐn] |
| | | |
| inquisição (f) | Inquisition (f) | [ɪnkvizi'tsjo:n] |
| inquisidor (m) | Inquisitor (m) | [ɪnkvi'zi:to:ɐ] |
| tortura (f) | Folter (f) | ['fɔltɐ] |
| cruel (adj) | grausam | ['gʀaʊˌza:m] |
| | | |
| herege (m) | Häretiker (m) | [hɛ'ʀetikɐ] |
| heresia (f) | Häresie (f) | [hɛʀe'zi:] |
| | | |
| navegação (f) marítima | Seefahrt (f) | ['ze:ˌfa:ɐt] |
| pirata (m) | Seeräuber (m) | ['ze:ˌʀɔɪbɐ] |
| pirataria (f) | Seeräuberei (f) | ['ze:ˌʀɔɪbəʀaɪ] |
| abordagem (f) | Enterung (f) | ['ɛnteʀʊŋ] |
| | | |
| presa (f), butim (m) | Beute (f) | ['bɔɪtə] |
| tesouros (m pl) | Schätze (pl) | ['ʃɛtsə] |
| | | |
| descobrimento (m) | Entdeckung (f) | [ɛnt'dɛkʊŋ] |
| descobrir (novas terras) | entdecken (vt) | [ɛnt'dɛkən] |
| expedição (f) | Expedition (f) | [ɛkspedi'tsjo:n] |
| | | |
| mosqueteiro (m) | Musketier (m) | [mʊske'ti:ɐ] |
| cardeal (m) | Kardinal (m) | [ˌkaʁdi'na:l] |
| heráldica (f) | Heraldik (f) | [he'ʀaldɪk] |
| heráldico (adj) | heraldisch | [he'ʀaldɪʃ] |

## 159. Líder. Chefe. Autoridades

| | | |
|---|---|---|
| rei (m) | König (m) | ['køːnɪç] |
| rainha (f) | Königin (f) | ['køːnɪgɪn] |
| real (adj) | königlich | ['køːnɪklɪç] |
| reino (m) | Königreich (n) | ['køːnɪkˌʀaɪç] |
| príncipe (m) | Prinz (m) | [pʀɪnts] |
| princesa (f) | Prinzessin (f) | [pʀɪn'tsɛsɪn] |
| presidente (m) | Präsident (m) | [pʀɛzi'dɛnt] |
| vice-presidente (m) | Vizepräsident (m) | ['fiːtsə·pʀɛziˌdɛnt] |
| senador (m) | Senator (m) | [ze'naːtoːɐ] |
| monarca (m) | Monarch (m) | [mo'naʁç] |
| governante (m) | Herrscher (m) | ['hɛʁʃɐ] |
| ditador (m) | Diktator (m) | [dɪk'taːtoːɐ] |
| tirano (m) | Tyrann (m) | [ty'ʀan] |
| magnata (m) | Magnat (m) | [ma'gnaːt] |
| diretor (m) | Direktor (m) | [di'ʀɛktoːɐ] |
| chefe (m) | Chef (m) | [ʃɛf] |
| gerente (m) | Leiter (m) | ['laɪtɐ] |
| patrão (m) | Boss (m) | [bɔs] |
| dono (m) | Eigentümer (m) | ['aɪgəntyːmɐ] |
| chefe (m) | Leiter (m) | ['laɪtɐ] |
| autoridades (f pl) | Behörden (pl) | [bə'høːɐdən] |
| superiores (m pl) | Vorgesetzten (pl) | ['foːɐgəˌzɛtstən] |
| governador (m) | Gouverneur (m) | [guvɛʁ'nøːɐ] |
| cônsul (m) | Konsul (m) | ['kɔnzʊl] |
| diplomata (m) | Diplomat (m) | [ˌdiplo'maːt] |
| Presidente (m) da Câmara | Bürgermeister (m) | ['byʁgəˌmaɪstɐ] |
| xerife (m) | Sheriff (m) | ['ʃɛʀɪf] |
| imperador (m) | Kaiser (m) | ['kaɪzɐ] |
| czar (m) | Zar (m) | [tsaːɐ] |
| faraó (m) | Pharao (m) | ['faːʀao] |
| cã, khan (m) | Khan (m) | [kaːn] |

## 160. Violação da lei. Criminosos. Parte 1

| | | |
|---|---|---|
| bandido (m) | Bandit (m) | [ban'diːt] |
| crime (m) | Verbrechen (n) | [fɛɐ'bʀɛçən] |
| criminoso (m) | Verbrecher (m) | [fɛɐ'bʀɛçɐ] |
| ladrão (m) | Dieb (m) | [diːp] |
| roubar (vt) | stehlen (vt) | ['ʃteːlən] |
| roubo (atividade) | Diebstahl (m) | ['diːpˌʃtaːl] |
| furto (m) | Stehlen (n) | ['ʃteːlən] |
| raptar, sequestrar (vt) | kidnappen (vt) | ['kɪtˌnɛpən] |
| sequestro (m) | Kidnapping (n) | ['kɪtˌnɛpɪŋ] |

| | | |
|---|---|---|
| sequestrador (m) | Kidnapper (m) | ['kɪtˌnɛpɐ] |
| resgate (m) | Lösegeld (n) | ['løːzəˌgɛlt] |
| pedir resgate | Lösegeld verlangen | ['løːzəˌgɛlt fɛɐ'laŋən] |

| | | |
|---|---|---|
| roubar (vt) | rauben (vt) | ['ʀaʊbən] |
| assalto, roubo (m) | Raub (m) | ['ʀaʊp] |
| assaltante (m) | Räuber (m) | ['ʀɔɪbɐ] |

| | | |
|---|---|---|
| extorquir (vt) | erpressen (vt) | [ɛɐ'pʀɛsən] |
| extorsionário (m) | Erpresser (m) | [ɛɐ'pʀɛsɐ] |
| extorsão (f) | Erpressung (f) | [ɛɐ'pʀɛsʊŋ] |

| | | |
|---|---|---|
| matar, assassinar (vt) | morden (vt) | ['mɔʁdən] |
| homicídio (m) | Mord (m) | [mɔʁt] |
| homicida, assassino (m) | Mörder (m) | ['mœʁdɐ] |

| | | |
|---|---|---|
| tiro (m) | Schuss (m) | [ʃʊs] |
| dar um tiro | schießen (vt) | ['ʃiːsən] |
| matar a tiro | erschießen (vt) | [ɛɐ'ʃiːsən] |
| disparar, atirar (vi) | feuern (vi) | ['fɔɪɐn] |
| tiroteio (m) | Schießerei (f) | [ʃiːsə'ʀaɪ] |
| incidente (m) | Vorfall (m) | ['foːɐfal] |
| briga (~ de rua) | Schlägerei (f) | [ʃlɛːgə'ʀaɪ] |
| Socorro! | Hilfe! | ['hɪlfə] |
| vítima (f) | Opfer (n) | ['ɔpfɐ] |

| | | |
|---|---|---|
| danificar (vt) | beschädigen (vt) | [bə'ʃɛːdɪgən] |
| dano (m) | Schaden (m) | ['ʃaːdən] |
| cadáver (m) | Leiche (f) | ['laɪçə] |
| grave (adj) | schwer | [ʃveːɐ] |

| | | |
|---|---|---|
| atacar (vt) | angreifen (vt) | ['anˌgʀaɪfən] |
| bater (espancar) | schlagen (vt) | ['ʃlaːgən] |
| espancar (vt) | verprügeln (vt) | [fɛɐ'pʀyːgəln] |
| tirar, roubar (dinheiro) | wegnehmen (vt) | ['vɛkˌneːmən] |
| esfaquear (vt) | erstechen (vt) | [ɛɐ'ʃtɛçən] |
| mutilar (vt) | verstümmeln (vt) | [fɛɐ'ʃtʏməln] |
| ferir (vt) | verwunden (vt) | [fɛɐ'vʊndən] |

| | | |
|---|---|---|
| chantagem (f) | Erpressung (f) | [ɛɐ'pʀɛsʊŋ] |
| chantagear (vt) | erpressen (vt) | [ɛɐ'pʀɛsən] |
| chantagista (m) | Erpresser (m) | [ɛɐ'pʀɛsɐ] |

| | | |
|---|---|---|
| extorsão (f) | Schutzgelderpressung (f) | ['ʃʊtsgɛltˌʔɛɐ pʀɛsʊŋ] |
| extorsionário (m) | Erpresser (m) | [ɛɐ'pʀɛsɐ] |
| gângster (m) | Gangster (m) | ['gɛŋstɐ] |
| máfia (f) | Mafia (f) | ['mafɪa] |

| | | |
|---|---|---|
| punguista (m) | Taschendieb (m) | ['taʃənˌdiːp] |
| assaltante, ladrão (m) | Einbrecher (m) | ['aɪnˌbʀɛçɐ] |
| contrabando (m) | Schmuggel (m) | ['ʃmʊgəl] |
| contrabandista (m) | Schmuggler (m) | ['ʃmʊglɐ] |

| | | |
|---|---|---|
| falsificação (f) | Fälschung (f) | ['fɛlʃʊŋ] |
| falsificar (vt) | fälschen (vt) | ['fɛlʃən] |
| falsificado (adj) | gefälscht | [gə'fɛlʃt] |

## 161. Violação da lei. Criminosos. Parte 2

| | | |
|---|---|---|
| estupro (m) | **Vergewaltigung** (f) | [fɛɐɡə'valtɪɡʊŋ] |
| estuprar (vt) | **vergewaltigen** (vt) | [fɛɐɡə'valtɪɡən] |
| estuprador (m) | **Gewalttäter** (m) | [ɡə'valtˌtɛːtɐ] |
| maníaco (m) | **Besessene** (m) | [bə'zɛsənə] |
| | | |
| prostituta (f) | **Prostituierte** (f) | [ˌpʀɔstitu'iːɐtə] |
| prostituição (f) | **Prostitution** (f) | [pʀɔstitu'tsjoːn] |
| cafetão (m) | **Zuhälter** (m) | ['tsuːˌhɛltɐ] |
| | | |
| drogado (m) | **Drogenabhängiger** (m) | ['dʀoːɡənˌʔaphɛŋɪɡɐ] |
| traficante (m) | **Drogenhändler** (m) | ['dʀoːɡənˌhɛndlɐ] |
| | | |
| explodir (vt) | **sprengen** (vt) | ['ʃpʀɛŋən] |
| explosão (f) | **Explosion** (f) | [ɛksplo'zjoːn] |
| incendiar (vt) | **in Brand stecken** | [ɪn bʀant 'ʃtɛkən] |
| incendiário (m) | **Brandstifter** (m) | ['bʀantˌʃtɪftɐ] |
| | | |
| terrorismo (m) | **Terrorismus** (m) | [tɛʀo'ʀɪsmʊs] |
| terrorista (m) | **Terrorist** (m) | [tɛʀo'ʀɪst] |
| refém (m) | **Geisel** (m, f) | ['ɡaɪzəl] |
| | | |
| enganar (vt) | **betrügen** (vt) | [bə'tʀyːɡən] |
| engano (m) | **Betrug** (m) | [bə'tʀuːk] |
| vigarista (m) | **Betrüger** (m) | [bə'tʀyːɡɐ] |
| | | |
| subornar (vt) | **bestechen** (vt) | [bə'ʃtɛçən] |
| suborno (atividade) | **Bestechlichkeit** (f) | [bə'ʃtɛçlɪçkaɪt] |
| suborno (dinheiro) | **Bestechungsgeld** (n) | [bə'ʃtɛçʊŋsˌɡɛlt] |
| | | |
| veneno (m) | **Gift** (n) | [ɡɪft] |
| envenenar (vt) | **vergiften** (vt) | [fɛɐ'ɡɪftən] |
| envenenar-se (vr) | **sich vergiften** | [zɪç fɛɐ'ɡɪftən] |
| | | |
| suicídio (m) | **Selbstmord** (m) | ['zɛlpstˌmoʀt] |
| suicida (m) | **Selbstmörder** (m) | ['zɛlpstˌmœʀdɐ] |
| | | |
| ameaçar (vt) | **drohen** (vi) | ['dʀoːən] |
| ameaça (f) | **Drohung** (f) | ['dʀoːʊŋ] |
| atentar contra a vida de ... | **versuchen** (vt) | [fɛɐ'zuːχən] |
| atentado (m) | **Attentat** (n) | ['atəntaːt] |
| | | |
| roubar (um carro) | **stehlen** (vt) | ['ʃteːlən] |
| sequestrar (um avião) | **entführen** (vt) | [ɛnt'fyːʀən] |
| | | |
| vingança (f) | **Rache** (f) | ['ʀaχə] |
| vingar (vt) | **sich rächen** | [zɪç 'ʀɛçən] |
| | | |
| torturar (vt) | **foltern** (vt) | ['fɔltɐn] |
| tortura (f) | **Folter** (f) | ['fɔltɐ] |
| atormentar (vt) | **quälen** (vt) | ['kvɛːlən] |
| | | |
| pirata (m) | **Seeräuber** (m) | ['zeːˌʀɔɪbɐ] |
| desordeiro (m) | **Rowdy** (m) | ['ʀaʊdi] |

| armado (adj) | bewaffnet | [bə'vafnət] |
| violência (f) | Gewalt (f) | [gə'valt] |
| ilegal (adj) | ungesetzlich | ['ʊngə,zɛtslɪç] |

| espionagem (f) | Spionage (f) | [ʃpio'na:ʒə] |
| espionar (vi) | spionieren (vi) | [ʃpɪo'ni:ʀən] |

## 162. Polícia. Lei. Parte 1

| justiça (sistema de ~) | Justiz (f) | [jʊs'ti:ts] |
| tribunal (m) | Gericht (n) | [gə'ʀɪçt] |

| juiz (m) | Richter (m) | ['ʀɪçtə] |
| jurados (m pl) | Geschworenen (pl) | [gə'ʃvo:ʀənən] |
| tribunal (m) do júri | Geschworenengericht (n) | [gə'ʃvo:ʀənən·gə,ʀɪçt] |
| julgar (vt) | richten (vt) | ['ʀɪçtən] |

| advogado (m) | Rechtsanwalt (m) | ['ʀɛçts?an,valt] |
| réu (m) | Angeklagte (m) | ['angə,kla:ktə] |
| banco (m) dos réus | Anklagebank (f) | ['ankla:gə·baŋk] |

| acusação (f) | Anklage (f) | ['ankla:gə] |
| acusado (m) | Beschuldigte (m) | [bə'ʃʊldɪçtə] |

| sentença (f) | Urteil (n) | ['ʊʀ,taɪl] |
| sentenciar (vt) | verurteilen (vt) | [fɛɐ'?ʊʀtaɪlən] |

| culpado (m) | Schuldige (m) | ['ʃʊldɪgə] |
| punir (vt) | bestrafen (vt) | [bə'ʃtʀa:fən] |
| punição (f) | Strafe (f) | ['ʃtʀa:fə] |

| multa (f) | Geldstrafe (f) | ['gɛltʃtʀa:fə] |
| prisão (f) perpétua | lebenslange Haft (f) | ['le:bəns,laŋə haft] |
| pena (f) de morte | Todesstrafe (f) | ['to:dəsʃtʀa:fə] |
| cadeira (f) elétrica | elektrischer Stuhl (m) | [e'lɛktʀɪʃə ʃtu:l] |
| forca (f) | Galgen (m) | [galgən] |

| executar (vt) | hinrichten (vt) | ['hɪn,ʀɪçtən] |
| execução (f) | Hinrichtung (f) | ['hɪn,ʀɪçtʊŋ] |

| prisão (f) | Gefängnis (n) | [gə'fɛŋnɪs] |
| cela (f) de prisão | Zelle (f) | ['tsɛlə] |

| escolta (f) | Eskorte (f) | [ɛs'kɔʀtə] |
| guarda (m) prisional | Gefängniswärter (m) | [gə'fɛŋnɪs·vɛʀtə] |
| preso, prisioneiro (m) | Gefangene (m) | [gə'faŋənə] |

| algemas (f pl) | Handschellen (pl) | ['hantʃɛlən] |
| algemar (vt) | Handschellen anlegen | ['hantʃɛlən 'an,le:gən] |

| fuga, evasão (f) | Ausbruch (m) | ['aʊs,bʀʊχ] |
| fugir (vi) | ausbrechen (vi) | ['aʊs,bʀɛçən] |
| desaparecer (vi) | verschwinden (vi) | [fɛɐ'ʃvɪndən] |
| soltar, libertar (vt) | aus ... entlassen | ['aʊs ... ɛnt'lasn] |

| anistia (f) | Amnestie (f) | [amnɛs'ti:] |
| polícia (instituição) | Polizei (f) | [ˌpoli'tsaɪ ] |
| polícia (m) | Polizist (m) | [poli'tsɪst] |
| delegacia (f) de polícia | Polizeiwache (f) | [poli'tsaɪˌvaxə] |
| cassetete (m) | Gummiknüppel (m) | ['gʊmiˌknʏpəl] |
| megafone (m) | Sprachrohr (n) | ['ʃpʀaːχˌʀoːɐ] |

| carro (m) de patrulha | Streifenwagen (m) | ['ʃtʀaɪfənˌva:gən] |
| sirene (f) | Sirene (f) | [ˌzi'ʀeːnə] |
| ligar a sirene | die Sirene einschalten | [di ˌzi'ʀeːnə 'aɪnˌʃaltən] |
| toque (m) da sirene | Sirenengeheul (n) | [zi'ʀeːnənˌgəˈhɔɪl] |

| cena (f) do crime | Tatort (m) | ['ta:tˌʔɔʁt] |
| testemunha (f) | Zeuge (m) | ['tsɔɪgə] |
| liberdade (f) | Freiheit (f) | ['fʀaɪhaɪt] |
| cúmplice (m) | Komplize (m) | [kɔm'pli:tsə] |
| escapar (vi) | verschwinden (vi) | [fɛɛ'ʃvɪndən] |
| traço (não deixar ~s) | Spur (f) | [ʃpu:ɐ] |

## 163. Polícia. Lei. Parte 2

| procura (f) | Fahndung (f) | ['fa:ndʊn] |
| procurar (vt) | suchen (vt) | ['zu:χən] |
| suspeita (f) | Verdacht (m) | [fɛɛ'daχt] |
| suspeito (adj) | verdächtig | [fɛɛ'dɛçtɪç] |
| parar (veículo, etc.) | anhalten (vt) | ['anˌhaltən] |
| deter (fazer parar) | verhaften (vt) | [fɛɛ'haftən] |

| caso (~ criminal) | Fall (m), Klage (f) | [fa:l], ['kla:gə] |
| investigação (f) | Untersuchung (f) | [ʊntɛ'zu:χʊn] |
| detetive (m) | Detektiv (m) | [detɛk'ti:f] |
| investigador (m) | Ermittlungsrichter (m) | [ɛɛ'mɪtlʊŋsˌʀɪçtɐ] |
| versão (f) | Version (f) | [vɛʁ'zjo:n] |

| motivo (m) | Motiv (n) | [mo'ti:f] |
| interrogatório (m) | Verhör (n) | [fɛɛ'høːɐ] |
| interrogar (vt) | verhören (vt) | [fɛɛ'høːʀən] |
| questionar (vt) | vernehmen (vt) | [fɛɛ'neːmən] |
| verificação (f) | Kontrolle, Prüfung (f) | [kɔn'tʀɔlə], ['pʀy:fʊn] |

| batida (f) policial | Razzia (f) | ['ʀatsɪa] |
| busca (f) | Durchsuchung (f) | [dʊʁç'zu:χʊn] |
| perseguição (f) | Verfolgung (f) | [fɛɛ'fɔlgʊn] |
| perseguir (vt) | nachjagen (vi) | ['na:χˌja:gən] |
| seguir, rastrear (vt) | verfolgen (vt) | [fɛɛ'fɔlgən] |

| prisão (f) | Verhaftung (f) | [fɛɛ'haftʊn] |
| prender (vt) | verhaften (vt) | [fɛɛ'haftən] |
| pegar, capturar (vt) | fangen (vt) | ['faŋən] |
| captura (f) | Festnahme (f) | ['fɛstˌna:mə] |

| documento (m) | Dokument (n) | [ˌdoku'mɛnt] |
| prova (f) | Beweis (m) | [bə'vaɪs] |
| provar (vt) | beweisen (vt) | [bə'vaɪzən] |

| | | |
|---|---|---|
| pegada (f) | **Fußspur** (f) | ['fu:sʃpu:ɐ] |
| impressões (f pl) digitais | **Fingerabdrücke** (pl) | ['fɪŋɐˌʔapdʀʏkə] |
| prova (f) | **Beweisstück** (n) | [bə'vaɪsʃtʏk] |
| | | |
| álibi (m) | **Alibi** (n) | ['a:libi] |
| inocente (adj) | **unschuldig** | ['ʊnʃʊldɪç] |
| injustiça (f) | **Ungerechtigkeit** (f) | ['ʊŋgəˌʀɛçtɪçkaɪt] |
| injusto (adj) | **ungerecht** | ['ʊŋgəˌʀɛçt] |
| | | |
| criminal (adj) | **Kriminal-** | [kʀimi'na:l] |
| confiscar (vt) | **beschlagnahmen** (vt) | [bə'ʃla:kˌna:mən] |
| droga (f) | **Droge** (f) | ['dʀo:gə] |
| arma (f) | **Waffe** (f) | ['vafə] |
| desarmar (vt) | **entwaffnen** (vt) | [ɛnt'vafnən] |
| ordenar (vt) | **befehlen** (vt) | [ˌbə'fe:lən] |
| desaparecer (vi) | **verschwinden** (vi) | [fɛɐ'ʃvɪndən] |
| | | |
| lei (f) | **Gesetz** (n) | [gə'zɛts] |
| legal (adj) | **gesetzlich** | [gə'zɛtslɪç] |
| ilegal (adj) | **ungesetzlich** | ['ʊŋgəˌzɛtslɪç] |
| | | |
| responsabilidade (f) | **Verantwortlichkeit** (f) | [fɛɐ'ʔantvɔʁtlɪçkaɪt] |
| responsável (adj) | **verantwortlich** | [fɛɐ'ʔantvɔʁtlɪç] |

# NATUREZA

# A Terra. Parte 1

## 164. Espaço sideral

| Português | Alemão | Pronúncia |
|---|---|---|
| espaço, cosmo (m) | **Kosmos** (m) | ['kɔsmɔs] |
| espacial, cósmico (adj) | **kosmisch, Raum-** | ['kɔsmɪʃ], ['ʀaʊm] |
| espaço (m) cósmico | **Weltraum** (m) | ['vɛltʀaʊm] |
| | | |
| mundo (m) | **All** (n) | [al] |
| universo (m) | **Universum** (n) | [uni'vɛʀzʊm] |
| galáxia (f) | **Galaxie** (f) | [gala'ksi:] |
| | | |
| estrela (f) | **Stern** (m) | [ʃtɛʀn] |
| constelação (f) | **Gestirn** (n) | [gə'ʃtɪʀn] |
| planeta (m) | **Planet** (m) | [pla'ne:t] |
| satélite (m) | **Satellit** (m) | [zatɛ'li:t] |
| | | |
| meteorito (m) | **Meteorit** (m) | [meteo'ʀi:t] |
| cometa (m) | **Komet** (m) | [ko'me:t] |
| asteroide (m) | **Asteroid** (m) | [asteʀo'i:t] |
| | | |
| órbita (f) | **Umlaufbahn** (f) | ['ʊmlaʊf‚ba:n] |
| girar (vi) | **sich drehen** | [zɪç 'dʀe:ən] |
| atmosfera (f) | **Atmosphäre** (f) | [ʔatmo'sfɛ:ʀə] |
| | | |
| Sol (m) | **Sonne** (f) | ['zɔnə] |
| Sistema (m) Solar | **Sonnensystem** (n) | ['zɔnən·zʏs‚te:m] |
| eclipse (m) solar | **Sonnenfinsternis** (f) | ['zɔnən‚fɪnstɛnɪs] |
| | | |
| Terra (f) | **Erde** (f) | ['e:ɐdə] |
| Lua (f) | **Mond** (m) | [mo:nt] |
| | | |
| Marte (m) | **Mars** (m) | [maʀs] |
| Vênus (f) | **Venus** (f) | ['ve:nʊs] |
| Júpiter (m) | **Jupiter** (m) | ['ju:pitɐ] |
| Saturno (m) | **Saturn** (m) | [za'tʊʀn] |
| | | |
| Mercúrio (m) | **Merkur** (m) | [mɛʀ'ku:ɐ] |
| Urano (m) | **Uran** (m) | [u'ʀa:n] |
| Netuno (m) | **Neptun** (m) | [nɛp'tu:n] |
| Plutão (m) | **Pluto** (m) | ['plu:to] |
| | | |
| Via Láctea (f) | **Milchstraße** (f) | ['mɪlç‚ʃtʀa:sə] |
| Ursa Maior (f) | **Der Große Bär** | [de:ɐ 'gʀo:sə bɛ:ɐ] |
| Estrela Polar (f) | **Polarstern** (m) | [po'la:ɐ‚ʃtɛʀn] |
| marciano (m) | **Marsbewohner** (m) | ['maʀs·bə‚vo:nɐ] |
| extraterrestre (m) | **Außerirdischer** (m) | ['aʊsɐ‚ʔɪʀdɪʃɐ] |

| alienígena (m) | außerirdisches Wesen (n) | ['ause͜ʔɪʁdɪʃəs 've:zən] |
| disco (m) voador | fliegende Untertasse (f) | ['fli:gəndə 'untɐˌtasə] |

| espaçonave (f) | Raumschiff (n) | ['ʀaumʃɪf] |
| estação (f) orbital | Raumstation (f) | ['ʀaum·ʃtatsjo:n] |
| lançamento (m) | Raketenstart (m) | [ʀa'ke:tənʃtaʁt] |

| motor (m) | Triebwerk (n) | ['tʀi:pˌvɛʁk] |
| bocal (m) | Düse (f) | ['dy:zə] |
| combustível (m) | Treibstoff (m) | ['tʀaɪpˌʃtɔf] |

| cabine (f) | Kabine (f) | [ka'bi:nə] |
| antena (f) | Antenne (f) | [an'tɛnə] |
| vigia (f) | Bullauge (n) | ['bʊlˌʔaʊgə] |
| bateria (f) solar | Sonnenbatterie (f) | ['zɔnənˌbatəˈʀi:] |
| traje (m) espacial | Raumanzug (m) | ['ʀaumˌʔantsu:k] |

| imponderabilidade (f) | Schwerelosigkeit (f) | ['ʃveːʀəˌloːzɪçkaɪt] |
| oxigênio (m) | Sauerstoff (m) | ['zaueˌʃtɔf] |

| acoplagem (f) | Ankopplung (f) | ['aŋkɔplʊŋ] |
| fazer uma acoplagem | koppeln (vi) | ['kɔpəln] |

| observatório (m) | Observatorium (n) | [ɔpzɛʁva'to:ʀiʊm] |
| telescópio (m) | Teleskop (n) | [tele'sko:p] |
| observar (vt) | beobachten (vt) | [bə'ʔo:baχtən] |
| explorar (vt) | erforschen (vt) | [ɛɐ̯'fɔʁʃən] |

## 165. A Terra

| Terra (f) | Erde (f) | ['e:ɐdə] |
| globo terrestre (Terra) | Erdkugel (f) | ['e:ɐt·ku:gəl] |
| planeta (m) | Planet (m) | [pla'ne:t] |

| atmosfera (f) | Atmosphäre (f) | [ʔatmo'sfɛːʀə] |
| geografia (f) | Geographie (f) | [ˌgeogʀa'fi:] |
| natureza (f) | Natur (f) | [na'tu:ɐ] |

| globo (mapa esférico) | Globus (m) | ['glo:bʊs] |
| mapa (m) | Landkarte (f) | ['lantˌkaʁtə] |
| atlas (m) | Atlas (m) | ['atlas] |

| Europa (f) | Europa (n) | [ɔɪ'ʀo:pa] |
| Ásia (f) | Asien (n) | ['a:ziən] |

| África (f) | Afrika (n) | ['a:fʀika] |
| Austrália (f) | Australien (n) | [aʊs'tʀa:liən] |

| América (f) | Amerika (n) | [a'me:ʀika] |
| América (f) do Norte | Nordamerika (n) | ['nɔʁtʔaˌme:ʀika] |
| América (f) do Sul | Südamerika (n) | ['zy:tʔa'me:ʀika] |

| Antártida (f) | Antarktis (f) | [ant'ʔaʁktɪs] |
| Ártico (m) | Arktis (f) | ['aʁktɪs] |

## 166. Pontos cardeais

| | | |
|---|---|---|
| norte (m) | Norden (m) | ['nɔʁdən] |
| para norte | nach Norden | [na:χ 'nɔʁdən] |
| no norte | im Norden | [ɪm 'nɔʁdən] |
| do norte (adj) | nördlich | ['nœʁtlɪç] |
| | | |
| sul (m) | Süden (m) | ['zy:dən] |
| para sul | nach Süden | [na:χ 'zy:dən] |
| no sul | im Süden | [ɪm 'zy:dən] |
| do sul (adj) | südlich | ['zy:tlɪç] |
| | | |
| oeste, ocidente (m) | Westen (m) | ['vɛstən] |
| para oeste | nach Westen | [na:χ 'vɛstən] |
| no oeste | im Westen | [ɪm 'vɛstən] |
| ocidental (adj) | westlich, West- | ['vɛstlɪç], [vɛst] |
| | | |
| leste, oriente (m) | Osten (m) | ['ɔstən] |
| para leste | nach Osten | [na:χ 'ɔstən] |
| no leste | im Osten | [ɪm 'ɔstən] |
| oriental (adj) | östlich | ['œstlɪç] |

## 167. Mar. Oceano

| | | |
|---|---|---|
| mar (m) | Meer (n), See (f) | [me:ɐ], [ze:] |
| oceano (m) | Ozean (m) | ['o:tsea:n] |
| golfo (m) | Golf (m) | [gɔlf] |
| estreito (m) | Meerenge (f) | ['me:ɐˌʔɛŋə] |
| | | |
| terra (f) firme | Festland (n) | ['fɛstˌlant] |
| continente (m) | Kontinent (m) | ['kɔntinɛnt] |
| ilha (f) | Insel (f) | ['ɪnzəl] |
| península (f) | Halbinsel (f) | ['halpˌʔɪnzəl] |
| arquipélago (m) | Archipel (m) | [ˌaʁçi'pe:l] |
| | | |
| baía (f) | Bucht (f) | [bʊχt] |
| porto (m) | Hafen (m) | ['ha:fən] |
| lagoa (f) | Lagune (f) | [la'gu:nə] |
| cabo (m) | Kap (n) | [kap] |
| | | |
| atol (m) | Atoll (n) | [a'tɔl] |
| recife (m) | Riff (n) | [ʁɪf] |
| coral (m) | Koralle (f) | [ko'ʁalə] |
| recife (m) de coral | Korallenriff (n) | [ko'ʁalənˌʁɪf] |
| | | |
| profundo (adj) | tief | [ti:f] |
| profundidade (f) | Tiefe (f) | ['ti:fə] |
| abismo (m) | Abgrund (m) | ['apˌgʁʊnt] |
| fossa (f) oceânica | Graben (m) | ['gʁa:bən] |
| | | |
| corrente (f) | Strom (m) | [ʃtʁo:m] |
| banhar (vt) | umspülen (vt) | ['ʊmʃpy:lən] |
| litoral (m) | Ufer (n) | ['u:fɐ] |

| | | |
|---|---|---|
| costa (f) | **Küste** (f) | ['kʏstə] |
| maré (f) alta | **Flut** (f) | [fluːt] |
| refluxo (m) | **Ebbe** (f) | ['ɛbə] |
| restinga (f) | **Sandbank** (f) | ['zant͜baŋk] |
| fundo (m) | **Boden** (m) | ['boːdən] |
| | | |
| onda (f) | **Welle** (f) | ['vɛlə] |
| crista (f) da onda | **Wellenkamm** (m) | ['vɛlən͜kam] |
| espuma (f) | **Schaum** (m) | [ʃaʊm] |
| | | |
| tempestade (f) | **Sturm** (m) | [ʃtʊʁm] |
| furacão (m) | **Orkan** (m) | [ɔʁ'kaːn] |
| tsunami (m) | **Tsunami** (m) | [tsu'naːmi] |
| calmaria (f) | **Windstille** (f) | ['vɪntʃtɪlə] |
| calmo (adj) | **ruhig** | ['ʁuːɪç] |
| | | |
| polo (m) | **Pol** (m) | [poːl] |
| polar (adj) | **Polar-** | [po'laːɐ] |
| | | |
| latitude (f) | **Breite** (f) | ['bʁaɪtə] |
| longitude (f) | **Länge** (f) | ['lɛŋə] |
| paralela (f) | **Breitenkreis** (m) | ['bʁaɪtəən·kʁaɪs] |
| equador (m) | **Äquator** (m) | [ɛ'kvaːtoːɐ] |
| | | |
| céu (m) | **Himmel** (m) | ['hɪməl] |
| horizonte (m) | **Horizont** (m) | [hoʁi'tsɔnt] |
| ar (m) | **Luft** (f) | [lʊft] |
| | | |
| farol (m) | **Leuchtturm** (m) | ['lɔɪçt͜tʊʁm] |
| mergulhar (vi) | **tauchen** (vi) | ['taʊxən] |
| afundar-se (vr) | **versinken** (vi) | [fɛɐ'zɪŋkən] |
| tesouros (m pl) | **Schätze** (pl) | ['ʃɛtsə] |

## 168. Montanhas

| | | |
|---|---|---|
| montanha (f) | **Berg** (m) | [bɛʁk] |
| cordilheira (f) | **Gebirgskette** (f) | [gə'bɪʁks͜kɛtə] |
| serra (f) | **Bergrücken** (m) | ['bɛʁk͜ʁʏkən] |
| | | |
| cume (m) | **Gipfel** (m) | ['gɪpfəl] |
| pico (m) | **Spitze** (f) | ['ʃpɪtsə] |
| pé (m) | **Bergfuß** (m) | ['bɛʁk͜fuːs] |
| declive (m) | **Abhang** (m) | ['ap͜haŋ] |
| | | |
| vulcão (m) | **Vulkan** (m) | [vʊl'kaːn] |
| vulcão (m) ativo | **tätiger Vulkan** (m) | ['tɛːtɪgə vʊl'kaːn] |
| vulcão (m) extinto | **schlafender Vulkan** (m) | ['ʃlaːfəndə vʊl'kaːn] |
| | | |
| erupção (f) | **Ausbruch** (m) | ['aʊs͜bʁʊx] |
| cratera (f) | **Krater** (m) | ['kʁaːtə] |
| magma (m) | **Magma** (n) | ['magma] |
| lava (f) | **Lava** (f) | ['laːva] |
| fundido (lava ~a) | **glühend heiß** | ['glyːənt 'haɪs] |
| cânion, desfiladeiro (m) | **Cañon** (m) | [ka'njɔn] |

| garganta (f) | Schlucht (f) | [ʃlʊχt] |
| fenda (f) | Spalte (f) | ['ʃpaltə] |
| precipício (m) | Abgrund (m) | ['ap͵gʀʊnt] |

| passo, colo (m) | Gebirgspass (m) | [gə'bɪʁks͵pas] |
| planalto (m) | Plateau (n) | [pla'to:] |
| falésia (f) | Fels (m) | [fɛls] |
| colina (f) | Hügel (m) | ['hy:gəl] |

| geleira (f) | Gletscher (m) | ['glɛtʃɐ] |
| cachoeira (f) | Wasserfall (m) | ['vasɐ͵fal] |
| gêiser (m) | Geiser (m) | ['gaɪzɐ] |
| lago (m) | See (m) | [ze:] |

| planície (f) | Ebene (f) | ['e:bənə] |
| paisagem (f) | Landschaft (f) | ['lantʃaft] |
| eco (m) | Echo (n) | ['ɛço] |

| alpinista (m) | Bergsteiger (m) | ['bɛʁk͵ʃtaɪgɐ] |
| escalador (m) | Kletterer (m) | ['klɛtəʀɐ] |
| conquistar (vt) | bezwingen (vt) | [bə'tsvɪŋən] |
| subida, escalada (f) | Aufstieg (m) | ['aʊfʃti:k] |

## 169. Rios

| rio (m) | Fluss (m) | [flʊs] |
| fonte, nascente (f) | Quelle (f) | ['kvɛlə] |
| leito (m) de rio | Flussbett (n) | ['flʊs͵bɛt] |
| bacia (f) | Stromgebiet (n) | ['ʃtʀo:m·gə'bi:t] |
| desaguar no ... | einmünden in ... | ['aɪn͵mʏndən ɪn] |

| afluente (m) | Nebenfluss (m) | ['ne:bən͵flʊs] |
| margem (do rio) | Ufer (n) | ['u:fɐ] |

| corrente (f) | Strom (m) | [ʃtʀo:m] |
| rio abaixo | stromabwärts | ['ʃtʀo:m͵apvɛʁts] |
| rio acima | stromaufwärts | ['ʃtʀo:m͵aʊfvɛʁts] |

| inundação (f) | Überschwemmung (f) | [y:bə'ʃvɛmʊŋ] |
| cheia (f) | Hochwasser (n) | ['ho:χ͵vasɐ] |
| transbordar (vi) | aus den Ufern treten | ['aʊs den 'u:fɐn 'tʀe:tən] |
| inundar (vt) | überfluten (vt) | [͵y:bə'flu:tən] |

| banco (m) de areia | Sandbank (f) | ['zant͵baŋk] |
| corredeira (f) | Stromschnelle (f) | ['ʃtʀo:m͵ʃnɛlə] |

| barragem (f) | Damm (m) | [dam] |
| canal (m) | Kanal (m) | [ka'na:l] |
| reservatório (m) de água | Stausee (m) | ['ʃtaʊze:] |
| eclusa (f) | Schleuse (f) | ['ʃlɔɪzə] |

| corpo (m) de água | Gewässer (n) | [gə'vɛsɐ] |
| pântano (m) | Sumpf (m), Moor (n) | [zʊmpf], [mo:ɐ] |
| lamaçal (m) | Marsch (f) | [maʁʃ] |

| | | |
|---|---|---|
| redemoinho (m) | **Strudel** (m) | [ˈʃtʁuːdəl] |
| riacho (m) | **Bach** (m) | [baχ] |
| potável (adj) | **Trink-** | [ˈtʁɪŋk] |
| doce (água) | **Süß-** | [zyːs] |

| | | |
|---|---|---|
| gelo (m) | **Eis** (n) | [aɪs] |
| congelar-se (vr) | **zufrieren** (vi) | [ˈtsuːˌfʁiːʁən] |

## 170. Floresta

| | | |
|---|---|---|
| floresta (f), bosque (m) | **Wald** (m) | [valt] |
| florestal (adj) | **Wald-** | [ˈvalt] |

| | | |
|---|---|---|
| mata (f) fechada | **Dickicht** (n) | [ˈdɪkɪçt] |
| arvoredo (m) | **Gehölz** (n) | [gəˈhœlts] |
| clareira (f) | **Lichtung** (f) | [ˈlɪçtʊŋ] |

| | | |
|---|---|---|
| matagal (m) | **Dickicht** (n) | [ˈdɪkɪçt] |
| mato (m), caatinga (f) | **Gebüsch** (n) | [gəˈbyʃ] |

| | | |
|---|---|---|
| pequena trilha (f) | **Fußweg** (m) | [ˈfuːsˌveːk] |
| ravina (f) | **Erosionsrinne** (f) | [eʁoˈzioːnsˈʁɪnə] |

| | | |
|---|---|---|
| árvore (f) | **Baum** (m) | [baʊm] |
| folha (f) | **Blatt** (n) | [blat] |
| folhagem (f) | **Laub** (n) | [laʊp] |

| | | |
|---|---|---|
| queda (f) das folhas | **Laubfall** (m) | [ˈlaʊpˌfal] |
| cair (vi) | **fallen** (vi) | [ˈfalən] |
| topo (m) | **Wipfel** (m) | [ˈvɪpfəl] |

| | | |
|---|---|---|
| ramo (m) | **Zweig** (m) | [tsvaɪk] |
| galho (m) | **Ast** (m) | [ast] |
| botão (m) | **Knospe** (f) | [ˈknɔspə] |
| agulha (f) | **Nadel** (f) | [ˈnaːdəl] |
| pinha (f) | **Zapfen** (m) | [ˈtsapfən] |

| | | |
|---|---|---|
| buraco (m) de árvore | **Höhlung** (f) | [ˈhøːˌluŋ] |
| ninho (m) | **Nest** (n) | [nɛst] |
| toca (f) | **Höhle** (f) | [ˈhøːlə] |

| | | |
|---|---|---|
| tronco (m) | **Stamm** (m) | [ʃtam] |
| raiz (f) | **Wurzel** (f) | [ˈvʊʁtsəl] |
| casca (f) de árvore | **Rinde** (f) | [ˈʁɪndə] |
| musgo (m) | **Moos** (n) | [ˈmoːs] |

| | | |
|---|---|---|
| arrancar pela raiz | **entwurzeln** (vt) | [ɛntˈvʊʁtsəln] |
| cortar (vt) | **fällen** (vt) | [ˈfɛlən] |
| desflorestar (vt) | **abholzen** (vt) | [ˈapˌhɔltsən] |
| toco, cepo (m) | **Baumstumpf** (m) | [ˈbaʊmʃtʊmpf] |

| | | |
|---|---|---|
| fogueira (f) | **Lagerfeuer** (n) | [ˈlaːgəˌfɔɪɐ] |
| incêndio (m) florestal | **Waldbrand** (m) | [ˈvaltˌbʁant] |
| apagar (vt) | **löschen** (vt) | [ˈlœʃən] |

| guarda-parque (m) | **Förster** (m) | ['fœʀstɐ] |
| proteção (f) | **Schutz** (m) | [ʃʊts] |
| proteger (a natureza) | **beschützen** (vt) | [bə'ʃʏtsən] |
| caçador (m) furtivo | **Wilddieb** (m) | ['vɪlt͜diːp] |
| armadilha (f) | **Falle** (f) | ['falə] |

| colher (cogumelos) | **sammeln** (vt) | ['zaməln] |
| colher (bagas) | **pflücken** (vt) | ['pflʏkən] |
| perder-se (vr) | **sich verirren** | [zɪç fɛɐ̯'ʔɪʀən] |

## 171. Recursos naturais

| recursos (m pl) naturais | **Naturressourcen** (pl) | [na'tuːɐ·ʀɛ'suʀsən] |
| minerais (m pl) | **Bodenschätze** (pl) | ['boːdənˌʃɛtsə] |
| depósitos (m pl) | **Vorkommen** (n) | ['foːɐ̯ˌkɔmən] |
| jazida (f) | **Feld** (n) | [fɛlt] |

| extrair (vt) | **gewinnen** (vt) | [gə'vɪnən] |
| extração (f) | **Gewinnung** (f) | [gə'vɪnʊŋ] |
| minério (m) | **Erz** (n) | [eːɐts] |
| mina (f) | **Bergwerk** (n) | ['bɛʀkˌvɛʀk] |
| poço (m) de mina | **Schacht** (m) | [ʃaxt] |
| mineiro (m) | **Bergarbeiter** (m) | ['bɛʀk͜ʔaɐ̯ˌbaɪtɐ] |

| gás (m) | **Erdgas** (n) | ['eːɐt·gaːs] |
| gasoduto (m) | **Gasleitung** (f) | ['gaːsˌlaɪtʊŋ] |

| petróleo (m) | **Erdöl** (n) | ['eːɐtˌʔøːl] |
| oleoduto (m) | **Erdölleitung** (f) | ['eːɐtʔøːlˌlaɪtʊŋ] |
| poço (m) de petróleo | **Ölquelle** (f) | ['øːlˌkvɛlə] |
| torre (f) petrolífera | **Bohrturm** (m) | ['boːɐ̯ˌtuʀm] |
| petroleiro (m) | **Tanker** (m) | ['taŋkɐ] |
| areia (f) | **Sand** (m) | [zant] |
| calcário (m) | **Kalkstein** (m) | ['kalkˌʃtaɪn] |
| cascalho (m) | **Kies** (m) | [kiːs] |
| turfa (f) | **Torf** (m) | [tɔʀf] |
| argila (f) | **Ton** (m) | [toːn] |
| carvão (m) | **Kohle** (f) | ['koːlə] |

| ferro (m) | **Eisen** (n) | ['aɪzən] |
| ouro (m) | **Gold** (n) | [gɔlt] |
| prata (f) | **Silber** (n) | ['zɪlbə] |
| níquel (m) | **Nickel** (n) | ['nɪkəl] |
| cobre (m) | **Kupfer** (n) | ['kʊpfɐ] |

| zinco (m) | **Zink** (n) | [tsɪŋk] |
| manganês (m) | **Mangan** (n) | [maŋ'gaːn] |
| mercúrio (m) | **Quecksilber** (n) | ['kvɛkˌzɪlbɐ] |
| chumbo (m) | **Blei** (n) | [blaɪ] |

| mineral (m) | **Mineral** (n) | [mɪne'ʀaːl] |
| cristal (m) | **Kristall** (m) | [kʀɪs'tal] |
| mármore (m) | **Marmor** (m) | ['maʀmoːɐ] |
| urânio (m) | **Uran** (n) | [u'ʀaːn] |

# A Terra. Parte 2

## 172. Tempo

| | | |
|---|---|---|
| tempo (m) | **Wetter** (n) | ['vɛtɐ] |
| previsão (f) do tempo | **Wetterbericht** (m) | ['vɛtɐbə‚ʀɪçt] |
| temperatura (f) | **Temperatur** (f) | [tɛmpɐʀa'tu:ɐ] |
| termômetro (m) | **Thermometer** (n) | [tɛʁmo'me:tɐ] |
| barômetro (m) | **Barometer** (n) | [baʀo'me:tɐ] |
| | | |
| úmido (adj) | **feucht** | [fɔɪçt] |
| umidade (f) | **Feuchtigkeit** (f) | ['fɔɪçtɪçkaɪt] |
| calor (m) | **Hitze** (f) | ['hɪtsə] |
| tórrido (adj) | **glutheiß** | ['glu:t‚haɪs] |
| está muito calor | **ist heiß** | [ist haɪs] |
| | | |
| está calor | **ist warm** | [ist vaʁm] |
| quente (morno) | **warm** | [vaʁm] |
| | | |
| está frio | **ist kalt** | [ist kalt] |
| frio (adj) | **kalt** | [kalt] |
| | | |
| sol (m) | **Sonne** (f) | ['zɔnə] |
| brilhar (vi) | **scheinen** (vi) | ['ʃaɪnən] |
| de sol, ensolarado | **sonnig** | ['zɔnɪç] |
| nascer (vi) | **aufgehen** (vi) | ['aʊf‚ge:ən] |
| pôr-se (vr) | **untergehen** (vi) | ['ʊntɐ‚ge:ən] |
| | | |
| nuvem (f) | **Wolke** (f) | ['vɔlkə] |
| nublado (adj) | **bewölkt** | [bə'vœlkt] |
| nuvem (f) preta | **Regenwolke** (f) | ['ʀe:gən‚vɔlkə] |
| escuro, cinzento (adj) | **trüb** | [tʀy:p] |
| | | |
| chuva (f) | **Regen** (m) | ['ʀe:gən] |
| está a chover | **Es regnet** | [ɛs 'ʀe:gnət] |
| | | |
| chuvoso (adj) | **regnerisch** | ['ʀe:gnəʀɪʃ] |
| chuviscar (vi) | **nieseln** (vi) | ['ni:zəln] |
| | | |
| chuva (f) torrencial | **strömender Regen** (m) | ['ʃtʀø:məndə 'ʀe:gən] |
| aguaceiro (m) | **Regenschauer** (m) | ['ʀe:gən‚ʃaʊɐ] |
| forte (chuva, etc.) | **stark** | [ʃtaʁk] |
| | | |
| poça (f) | **Pfütze** (f) | ['pfʏtsə] |
| molhar-se (vr) | **nass werden** (vi) | [nas 've:ɐdən] |
| | | |
| nevoeiro (m) | **Nebel** (m) | ['ne:bəl] |
| de nevoeiro | **neblig** | ['ne:blɪç] |
| neve (f) | **Schnee** (m) | [ʃne:] |
| está nevando | **Es schneit** | [ɛs 'ʃnaɪt] |

## 173. Tempo extremo. Catástrofes naturais

| | | |
|---|---|---|
| trovoada (f) | **Gewitter** (n) | [gə'vɪtɐ] |
| relâmpago (m) | **Blitz** (m) | [blɪts] |
| relampejar (vi) | **blitzen** (vi) | ['blɪtsən] |
| | | |
| trovão (m) | **Donner** (m) | ['dɔnɐ] |
| trovejar (vi) | **donnern** (vi) | ['dɔnɐn] |
| está trovejando | **Es donnert** | [ɛs 'dɔnɐt] |
| | | |
| granizo (m) | **Hagel** (m) | ['ha:gəl] |
| está caindo granizo | **Es hagelt** | [ɛs 'ha:gəlt] |
| | | |
| inundar (vt) | **überfluten** (vt) | [ˌy:bɐ'flu:tən] |
| inundação (f) | **Überschwemmung** (f) | [y:bɐ'ʃvɛmʊŋ] |
| | | |
| terremoto (m) | **Erdbeben** (n) | ['e:ɐtˌbe:bən] |
| abalo, tremor (m) | **Erschütterung** (f) | [ɛɐ'ʃytɐʊŋ] |
| epicentro (m) | **Epizentrum** (n) | [ˌepi'tsɛntʀʊm] |
| | | |
| erupção (f) | **Ausbruch** (m) | ['aʊsˌbʀʊχ] |
| lava (f) | **Lava** (f) | ['la:va] |
| | | |
| tornado (m) | **Wirbelsturm** (m) | ['vɪʀbəlˌʃtʊʀm] |
| tornado (m) | **Tornado** (m) | [tɔʀ'na:do] |
| tufão (m) | **Taifun** (m) | [taɪ'fu:n] |
| | | |
| furacão (m) | **Orkan** (m) | [ɔʀ'ka:n] |
| tempestade (f) | **Sturm** (m) | [ʃtʊʀm] |
| tsunami (m) | **Tsunami** (m) | [tsu'na:mi] |
| | | |
| ciclone (m) | **Zyklon** (m) | [tsy'klo:n] |
| mau tempo (m) | **Unwetter** (n) | ['ʊnˌvɛtɐ] |
| incêndio (m) | **Brand** (m) | [bʀant] |
| catástrofe (f) | **Katastrophe** (f) | [ˌkatas'tʀo:fə] |
| meteorito (m) | **Meteorit** (m) | [meteo'ʀi:t] |
| | | |
| avalanche (f) | **Lawine** (f) | [la'vi:nə] |
| deslizamento (m) de neve | **Schneelawine** (f) | ['ʃne:laˌvi:nə] |
| nevasca (f) | **Schneegestöber** (n) | ['ʃne:gəˌʃtø:bɐ] |
| tempestade (f) de neve | **Schneesturm** (m) | ['ʃne:ˌʃtʊʀm] |

# Fauna

## 174. Mamíferos. Predadores

| | | |
|---|---|---|
| predador (m) | Raubtier (n) | ['ʀaʊptiːɐ] |
| tigre (m) | Tiger (m) | ['tiːgɐ] |
| leão (m) | Löwe (m) | ['løːvə] |
| lobo (m) | Wolf (m) | [vɔlf] |
| raposa (f) | Fuchs (m) | [fʊks] |
| | | |
| jaguar (m) | Jaguar (m) | ['jaːguaːɐ] |
| leopardo (m) | Leopard (m) | [leo'paʀt] |
| chita (f) | Gepard (m) | [ge'paʀt] |
| | | |
| pantera (f) | Panther (m) | ['pantɐ] |
| puma (m) | Puma (m) | ['puːma] |
| leopardo-das-neves (m) | Schneeleopard (m) | ['ʃneːleoˌpaʀt] |
| lince (m) | Luchs (m) | [lʊks] |
| | | |
| coiote (m) | Kojote (m) | [kɔ'joːtə] |
| chacal (m) | Schakal (m) | [ʃa'kaːl] |
| hiena (f) | Hyäne (f) | ['hyɛːnə] |

## 175. Animais selvagens

| | | |
|---|---|---|
| animal (m) | Tier (n) | [tiːɐ] |
| besta (f) | Bestie (f) | ['bɛstɪə] |
| | | |
| esquilo (m) | Eichhörnchen (n) | ['aɪçˌhœʀnçən] |
| ouriço (m) | Igel (m) | ['iːgəl] |
| lebre (f) | Hase (m) | ['haːzə] |
| coelho (m) | Kaninchen (n) | [ka'niːnçən] |
| | | |
| texugo (m) | Dachs (m) | [daks] |
| guaxinim (m) | Waschbär (m) | ['vaʃˌbɛːɐ] |
| hamster (m) | Hamster (m) | ['hamstɐ] |
| marmota (f) | Murmeltier (n) | ['mʊʀməlˌtiːɐ] |
| | | |
| toupeira (f) | Maulwurf (m) | ['maʊlˌvʊʀf] |
| rato (m) | Maus (f) | [maʊs] |
| ratazana (f) | Ratte (f) | ['ʀatə] |
| morcego (m) | Fledermaus (f) | ['fleːdɐˌmaʊs] |
| | | |
| arminho (m) | Hermelin (n) | [hɛʀmə'liːn] |
| zibelina (f) | Zobel (m) | ['tsoːbəl] |
| marta (f) | Marder (m) | ['maʀdə] |
| doninha (f) | Wiesel (n) | ['viːzəl] |
| visom (m) | Nerz (m) | [nɛʀts] |

| | | |
|---|---|---|
| castor (m) | **Biber** (m) | ['bi:bɐ] |
| lontra (f) | **Fischotter** (m) | ['fɪʃˌʔɔtɐ] |
| cavalo (m) | **Pferd** (n) | [pfe:ɐt] |
| alce (m) | **Elch** (m) | [ɛlç] |
| veado (m) | **Hirsch** (m) | [hɪʁʃ] |
| camelo (m) | **Kamel** (n) | [ka'me:l] |
| bisão (m) | **Bison** (m) | ['bi:zɔn] |
| auroque (m) | **Wisent** (m) | ['vi:zɛnt] |
| búfalo (m) | **Büffel** (m) | ['bʏfəl] |
| zebra (f) | **Zebra** (n) | ['tse:bʀa] |
| antílope (m) | **Antilope** (f) | [anti'lo:pə] |
| corça (f) | **Reh** (n) | [ʀe:] |
| gamo (m) | **Damhirsch** (m) | ['damhɪʁʃ] |
| camurça (f) | **Gämse** (f) | ['gɛmzə] |
| javali (m) | **Wildschwein** (n) | ['vɪltʃvaɪn] |
| baleia (f) | **Wal** (m) | [va:l] |
| foca (f) | **Seehund** (m) | ['ze:ˌhʊnt] |
| morsa (f) | **Walroß** (n) | ['va:lˌʀɔs] |
| urso-marinho (m) | **Seebär** (m) | ['ze:ˌbɛ:ɐ] |
| golfinho (m) | **Delfin** (m) | [dɛl'fi:n] |
| urso (m) | **Bär** (m) | [bɛ:ɐ] |
| urso (m) polar | **Eisbär** (m) | ['aɪsˌbɛ:ɐ] |
| panda (m) | **Panda** (m) | ['panda] |
| macaco (m) | **Affe** (m) | ['afə] |
| chimpanzé (m) | **Schimpanse** (m) | [ʃɪm'panzə] |
| orangotango (m) | **Orang-Utan** (m) | ['o:ʀaŋˌʔu:tan] |
| gorila (m) | **Gorilla** (m) | [go'ʀɪla] |
| macaco (m) | **Makak** (m) | [ma'kak] |
| gibão (m) | **Gibbon** (m) | ['gɪbɔn] |
| elefante (m) | **Elefant** (m) | [ele'fant] |
| rinoceronte (m) | **Nashorn** (n) | ['na:sˌhɔʁn] |
| girafa (f) | **Giraffe** (f) | [ˌgi'ʀafə] |
| hipopótamo (m) | **Flusspferd** (n) | ['flʊsˌpfe:ɐt] |
| canguru (m) | **Känguru** (n) | ['kɛŋguʀu] |
| coala (m) | **Koala** (m) | [ko'a:la] |
| mangusto (m) | **Manguste** (f) | [maŋ'gʊstə] |
| chinchila (f) | **Chinchilla** (n) | [tʃɪn'tʃɪla] |
| cangambá (f) | **Stinktier** (n) | ['ʃtɪŋkˌti:ɐ] |
| porco-espinho (m) | **Stachelschwein** (n) | ['ʃtaχəlʃvaɪn] |

## 176. Animais domésticos

| | | |
|---|---|---|
| gata (f) | **Katze** (f) | ['katsə] |
| gato (m) macho | **Kater** (m) | ['ka:tɐ] |
| cão (m) | **Hund** (m) | [hʊnt] |

| cavalo (m) | Pferd (n) | [pfe:ɐt] |
| garanhão (m) | Hengst (m) | ['hɛŋst] |
| égua (f) | Stute (f) | ['ʃtu:tə] |

| vaca (f) | Kuh (f) | [ku:] |
| touro (m) | Stier (m) | [ʃti:ɐ] |
| boi (m) | Ochse (m) | ['ɔksə] |

| ovelha (f) | Schaf (n) | [ʃa:f] |
| carneiro (m) | Widder (m) | ['vɪdɐ] |
| cabra (f) | Ziege (f) | ['tsi:gə] |
| bode (m) | Ziegenbock (m) | ['tsi:gən‚bɔk] |

| burro (m) | Esel (m) | ['e:zəl] |
| mula (f) | Maultier (n) | ['maʊl‚ti:ɐ] |

| porco (m) | Schwein (n) | [ʃvaɪn] |
| leitão (m) | Ferkel (n) | ['fɛʁkəl] |
| coelho (m) | Kaninchen (n) | [ka'ni:nçən] |

| galinha (f) | Huhn (n) | [hu:n] |
| galo (m) | Hahn (m) | [ha:n] |

| pata (f), pato (m) | Ente (f) | ['ɛntə] |
| pato (m) | Enterich (m) | ['ɛntəʁɪç] |
| ganso (m) | Gans (f) | [gans] |

| peru (m) | Puter (m) | ['pu:tɐ] |
| perua (f) | Pute (f) | ['pu:tə] |

| animais (m pl) domésticos | Haustiere (pl) | ['haʊs‚ti:ʁə] |
| domesticado (adj) | zahm | [tsa:m] |
| domesticar (vt) | zähmen (vt) | ['tsɛ:mən] |
| criar (vt) | züchten (vt) | ['tsʏçtən] |

| fazenda (f) | Farm (f) | [faʁm] |
| aves (f pl) domésticas | Geflügel (n) | [gə'fly:gəl] |
| gado (m) | Vieh (n) | [fi:] |
| rebanho (m), manada (f) | Herde (f) | ['he:ɐdə] |

| estábulo (m) | Pferdestall (m) | ['pfe:ɐdə‚ʃtal] |
| chiqueiro (m) | Schweinestall (m) | ['ʃvaɪnə‚ʃtal] |
| estábulo (m) | Kuhstall (m) | ['ku:‚ʃtal] |
| coelheira (f) | Kaninchenstall (m) | [ka'ni:nçən‚ʃtal] |
| galinheiro (m) | Hühnerstall (m) | ['hy:nɐ‚ʃtal] |

## 177. Cães. Raças de cães

| cão (m) | Hund (m) | [hʊnt] |
| cão pastor (m) | Schäferhund (m) | ['ʃɛ:fɐ‚hʊnt] |
| pastor-alemão (m) | Deutsche Schäferhund (m) | ['dɔɪtʃə 'ʃɛ:fɐ‚hʊnt] |
| poodle (m) | Pudel (m) | ['pu:dəl] |
| linguicinha (f) | Dachshund (m) | ['daks‚hʊnt] |
| buldogue (m) | Bulldogge (f) | ['bʊl‚dɔgə] |

| | | |
|---|---|---|
| boxer (m) | **Boxer** (m) | ['bɔksɐ] |
| mastim (m) | **Mastiff** (m) | ['mastɪf] |
| rottweiler (m) | **Rottweiler** (m) | ['ʀɔtvaɪlɐ] |
| dóberman (m) | **Dobermann** (m) | ['do:bɐˌman] |

| | | |
|---|---|---|
| basset (m) | **Basset** (m) | [ba'se:] |
| pastor inglês (m) | **Bobtail** (m) | ['bɔpteːl] |
| dálmata (m) | **Dalmatiner** (m) | [ˌdalma'tiːnɐ] |
| cocker spaniel (m) | **Cocker-Spaniel** (m) | ['kɔkɐ 'ʃpanɪəl] |

| | | |
|---|---|---|
| terra-nova (m) | **Neufundländer** (m) | [nɔɪ'fʊntˌlɛndɐ] |
| são-bernardo (m) | **Bernhardiner** (m) | [bɛʀnhaʀ'diːnɐ] |

| | | |
|---|---|---|
| husky (m) siberiano | **Eskimohund** (m) | ['ɛskimoˌhʊnt] |
| Chow-chow (m) | **Chow-Chow** (m) | ['tʃau'tʃau] |
| spitz alemão (m) | **Spitz** (m) | [ʃpɪts] |
| pug (m) | **Mops** (m) | [mɔps] |

## 178. Sons produzidos pelos animais

| | | |
|---|---|---|
| latido (m) | **Gebell** (n) | [gə'bɛl] |
| latir (vi) | **bellen** (vi) | ['bɛlən] |
| miar (vi) | **miauen** (vi) | [mi'aʊən] |
| ronronar (vi) | **schnurren** (vi) | ['ʃnʊʀən] |

| | | |
|---|---|---|
| mugir (vaca) | **muhen** (vi) | ['muːən] |
| bramir (touro) | **brüllen** (vi) | ['bʀʏlən] |
| rosnar (vi) | **knurren** (vi) | ['knʊʀən] |

| | | |
|---|---|---|
| uivo (m) | **Heulen** (n) | ['hɔɪlən] |
| uivar (vi) | **heulen** (vi) | ['hɔɪlən] |
| ganir (vi) | **winseln** (vi) | ['vɪnzəln] |

| | | |
|---|---|---|
| balir (vi) | **meckern** (vi) | ['mɛkɐn] |
| grunhir (vi) | **grunzen** (vi) | ['gʀʊntsən] |
| guinchar (vi) | **kreischen** (vi) | ['kʀaɪʃən] |

| | | |
|---|---|---|
| coaxar (sapo) | **quaken** (vi) | ['kvaːkən] |
| zumbir (inseto) | **summen** (vi) | ['zʊmən] |
| ziziar (vi) | **zirpen** (vi) | ['tsɪʀpən] |

## 179. Pássaros

| | | |
|---|---|---|
| pássaro (m), ave (f) | **Vogel** (m) | ['foːgəl] |
| pombo (m) | **Taube** (f) | ['taʊbə] |
| pardal (m) | **Spatz** (m) | [ʃpats] |
| chapim-real (m) | **Meise** (f) | ['maɪzə] |
| pega-rabuda (f) | **Elster** (f) | ['ɛlstɐ] |

| | | |
|---|---|---|
| corvo (m) | **Rabe** (m) | ['ʀaːbə] |
| gralha-cinzenta (f) | **Krähe** (f) | ['kʀɛːə] |
| gralha-de-nuca-cinzenta (f) | **Dohle** (f) | ['doːlə] |

| | | |
|---|---|---|
| gralha-calva (f) | Saatkrähe (f) | ['za:t̥ˌkʀɛ:ə] |
| pato (m) | Ente (f) | ['ɛntə] |
| ganso (m) | Gans (f) | [gans] |
| faisão (m) | Fasan (m) | [fa'za:n] |
| | | |
| águia (f) | Adler (m) | ['a:dlɐ] |
| açor (m) | Habicht (m) | ['ha:bɪçt] |
| falcão (m) | Falke (m) | ['falkə] |
| | | |
| abutre (m) | Greif (m) | [gʀaɪf] |
| condor (m) | Kondor (m) | ['kɔndo:ɐ] |
| | | |
| cisne (m) | Schwan (m) | [ʃva:n] |
| grou (m) | Kranich (m) | ['kʀa:nɪç] |
| cegonha (f) | Storch (m) | [ʃtɔʁç] |
| | | |
| papagaio (m) | Papagei (m) | [papa'gaɪ] |
| beija-flor (m) | Kolibri (m) | ['ko:libʀi] |
| pavão (m) | Pfau (m) | [pfaʊ] |
| | | |
| avestruz (m) | Strauß (m) | [ʃtʀaʊs] |
| garça (f) | Reiher (m) | ['ʀaɪɐ] |
| | | |
| flamingo (m) | Flamingo (m) | [fla'mɪŋgo] |
| pelicano (m) | Pelikan (m) | ['pe:lika:n] |
| | | |
| rouxinol (m) | Nachtigall (f) | ['naχtɪgal] |
| andorinha (f) | Schwalbe (f) | ['ʃvalbə] |
| | | |
| tordo-zornal (m) | Drossel (f) | ['dʀɔsəl] |
| tordo-músico (m) | Singdrossel (f) | ['zɪŋˌdʀɔsəl] |
| melro-preto (m) | Amsel (f) | ['amzəl] |
| | | |
| andorinhão (m) | Segler (m) | ['ze:glɐ] |
| cotovia (f) | Lerche (f) | ['lɛʁçə] |
| codorna (f) | Wachtel (f) | ['vaχtəl] |
| | | |
| pica-pau (m) | Specht (m) | [ʃpɛçt] |
| cuco (m) | Kuckuck (m) | ['kʊkʊk] |
| coruja (f) | Eule (f) | ['ɔɪlə] |
| bufo-real (m) | Uhu (m) | ['u:hu] |
| tetraz-grande (m) | Auerhahn (m) | ['aʊɐˌha:n] |
| | | |
| tetraz-lira (m) | Birkhahn (m) | ['bɪʁkˌha:n] |
| perdiz-cinzenta (f) | Rebhuhn (n) | ['ʀe:pˌhu:n] |
| | | |
| estorninho (m) | Star (m) | [ʃta:ɐ] |
| canário (m) | Kanarienvogel (m) | [ka'na:ʀɪənˌfo:gəl] |
| galinha-do-mato (f) | Haselhuhn (n) | ['ha:zəlˌhu:n] |
| | | |
| tentilhão (m) | Buchfink (m) | ['bu:χfɪŋk] |
| dom-fafe (m) | Gimpel (m) | ['gɪmpəl] |
| | | |
| gaivota (f) | Möwe (f) | ['mø:və] |
| albatroz (m) | Albatros (m) | ['albatʀɔs] |
| pinguim (m) | Pinguin (m) | ['pɪŋgui:n] |

## 180. Pássaros. Canto e sons

| | | |
|---|---|---|
| cantar (vi) | **singen** (vt) | ['zɪŋən] |
| gritar, chamar (vi) | **schreien** (vi) | ['ʃʀaɪən] |
| cantar (o galo) | **kikeriki schreien** | [ˌkikəʀi'ki: 'ʃʀaɪən] |
| cocorocó (m) | **kikeriki** | [ˌkikəʀi'ki:] |
| | | |
| cacarejar (vi) | **gackern** (vi) | ['gakɐn] |
| crocitar (vi) | **krächzen** (vi) | ['kʀɛçtsən] |
| grasnar (vi) | **schnattern** (vi) | ['ʃnatɐn] |
| piar (vi) | **piepsen** (vi) | ['pi:psən] |
| chilrear, gorjear (vi) | **zwitschern** (vi) | ['tsvɪtʃɐn] |

## 181. Peixes. Animais marinhos

| | | |
|---|---|---|
| brema (f) | **Brachse** (f) | ['bʀaksə] |
| carpa (f) | **Karpfen** (m) | ['kaʁpfən] |
| perca (f) | **Barsch** (m) | [baʁʃ] |
| siluro (m) | **Wels** (m) | [vɛls] |
| lúcio (m) | **Hecht** (m) | [hɛçt] |
| | | |
| salmão (m) | **Lachs** (m) | [laks] |
| esturjão (m) | **Stör** (m) | [ʃtøːɐ] |
| | | |
| arenque (m) | **Hering** (m) | ['heːʀɪŋ] |
| salmão (m) do Atlântico | **atlantische Lachs** (m) | [at'lantɪʃə laks] |
| cavala, sarda (f) | **Makrele** (f) | [ma'kʀeːlə] |
| solha (f), linguado (m) | **Scholle** (f) | ['ʃɔlə] |
| | | |
| lúcio perca (m) | **Zander** (m) | ['tsandɐ] |
| bacalhau (m) | **Dorsch** (m) | [dɔʁʃ] |
| atum (m) | **Tunfisch** (m) | ['tuːnfɪʃ] |
| truta (f) | **Forelle** (f) | [ˌfo'ʀɛlə] |
| | | |
| enguia (f) | **Aal** (m) | [aːl] |
| raia (f) elétrica | **Zitterrochen** (m) | ['tsɪtɐˌʀɔχən] |
| moreia (f) | **Muräne** (f) | [mu'ʀɛːnə] |
| piranha (f) | **Piranha** (m) | [pi'ʀanja] |
| | | |
| tubarão (m) | **Hai** (m) | [haɪ] |
| golfinho (m) | **Delfin** (m) | [dɛl'fiːn] |
| baleia (f) | **Wal** (m) | [vaːl] |
| | | |
| caranguejo (m) | **Krabbe** (f) | ['kʀabə] |
| água-viva (f) | **Meduse** (f) | [me'duːzə] |
| polvo (m) | **Krake** (m) | ['kʀaːkə] |
| | | |
| estrela-do-mar (f) | **Seestern** (m) | ['zeːˌʃtɛʁn] |
| ouriço-do-mar (m) | **Seeigel** (m) | ['zeːˌʔiːgəl] |
| cavalo-marinho (m) | **Seepferdchen** (n) | ['zeːˌpfeːɐtçən] |
| | | |
| ostra (f) | **Auster** (f) | ['aʊstɐ] |
| camarão (m) | **Garnele** (f) | [gaʁ'neːlə] |

| lagosta (f) | Hummer (m) | ['hʊmɐ] |
| lagosta (f) | Languste (f) | [laŋ'gʊstə] |

## 182. Anfíbios. Répteis

| cobra (f) | Schlange (f) | ['ʃlaŋə] |
| venenoso (adj) | Gift-, giftig | [gɪft], ['gɪftɪç] |

| víbora (f) | Viper (f) | ['vi:pɐ] |
| naja (f) | Kobra (f) | ['ko:bʀa] |
| píton (m) | Python (m) | ['py:tɔn] |
| jiboia (f) | Boa (f) | ['bo:a] |

| cobra-de-água (f) | Ringelnatter (f) | ['ʀɪŋəlˌnatɐ] |
| cascavel (f) | Klapperschlange (f) | ['klapɐˌʃlaŋə] |
| anaconda (f) | Anakonda (f) | [ana'kɔnda] |

| lagarto (m) | Eidechse (f) | ['aɪdɛksə] |
| iguana (f) | Leguan (m) | ['le:gua:n] |
| varano (m) | Waran (m) | [va'ʀa:n] |
| salamandra (f) | Salamander (m) | [zala'mandɐ] |
| camaleão (m) | Chamäleon (n) | [ka'mɛ:leˌɔn] |
| escorpião (m) | Skorpion (m) | [skɔʀ'pjo:n] |

| tartaruga (f) | Schildkröte (f) | ['ʃɪltˌkʀø:tə] |
| rã (f) | Frosch (m) | [fʀɔʃ] |
| sapo (m) | Kröte (f) | ['kʀø:tə] |
| crocodilo (m) | Krokodil (n) | [kʀoko'di:l] |

## 183. Insetos

| inseto (m) | Insekt (n) | [ɪn'zɛkt] |
| borboleta (f) | Schmetterling (m) | ['ʃmɛtɐlɪŋ] |
| formiga (f) | Ameise (f) | ['a:maɪzə] |
| mosca (f) | Fliege (f) | ['fli:gə] |
| mosquito (m) | Mücke (f) | ['mʏkə] |
| escaravelho (m) | Käfer (m) | ['kɛ:fɐ] |

| vespa (f) | Wespe (f) | ['vɛspə] |
| abelha (f) | Biene (f) | ['bi:nə] |
| mamangaba (f) | Hummel (f) | ['hʊməl] |
| moscardo (m) | Bremse (f) | ['bʀɛmzə] |

| aranha (f) | Spinne (f) | ['ʃpɪnə] |
| teia (f) de aranha | Spinnennetz (n) | ['ʃpɪnənˌnɛts] |

| libélula (f) | Libelle (f) | [li'bɛlə] |
| gafanhoto (m) | Grashüpfer (m) | ['gʀa:sˌhʏpfɐ] |
| traça (f) | Schmetterling (m) | ['ʃmɛtɐlɪŋ] |

| barata (f) | Schabe (f) | ['ʃa:bə] |
| carrapato (m) | Zecke (f) | ['tsɛkə] |

| | | |
|---|---|---|
| pulga (f) | **Floh** (m) | [flo:] |
| borrachudo (m) | **Kriebelmücke** (f) | ['kʀi:bəlˌmʏkə] |

| | | |
|---|---|---|
| gafanhoto (m) | **Heuschrecke** (f) | ['hɔɪʃʀɛkə] |
| caracol (m) | **Schnecke** (f) | ['ʃnɛkə] |
| grilo (m) | **Heimchen** (n) | ['haɪmçən] |
| pirilampo, vaga-lume (m) | **Leuchtkäfer** (m) | ['lɔɪçtˌkɛ:fə] |
| joaninha (f) | **Marienkäfer** (m) | [ma'ʀi:ənˌkɛ:fə] |
| besouro (m) | **Maikäfer** (m) | ['maɪˌkɛ:fə] |

| | | |
|---|---|---|
| sanguessuga (f) | **Blutegel** (m) | ['blu:tˌʔe:gəl] |
| lagarta (f) | **Raupe** (f) | ['ʀaʊpə] |
| minhoca (f) | **Wurm** (m) | [vʊʀm] |
| larva (f) | **Larve** (f) | ['laʀfə] |

## 184. Animais. Partes do corpo

| | | |
|---|---|---|
| bico (m) | **Schnabel** (m) | ['ʃna:bəl] |
| asas (f pl) | **Flügel** (pl) | ['fly:gəl] |
| pata (f) | **Fuß** (m) | [fu:s] |
| plumagem (f) | **Gefieder** (n) | [gə'fi:də] |
| pena, pluma (f) | **Feder** (f) | ['fe:də] |
| crista (f) | **Haube** (f) | ['haʊbə] |

| | | |
|---|---|---|
| brânquias, guelras (f pl) | **Kiemen** (pl) | ['ki:mən] |
| ovas (f pl) | **Laich** (m) | [laɪç] |
| larva (f) | **Larve** (f) | ['laʀfə] |
| barbatana (f) | **Flosse** (f) | ['flɔsə] |
| escama (f) | **Schuppe** (f) | ['ʃʊpə] |

| | | |
|---|---|---|
| presa (f) | **Stoßzahn** (m) | ['ʃto:sˌtsa:n] |
| pata (f) | **Pfote** (f) | ['pfo:tə] |
| focinho (m) | **Schnauze** (f) | ['ʃnaʊtsə] |
| boca (f) | **Rachen** (m) | ['ʀaχən] |
| cauda (f), rabo (m) | **Schwanz** (m) | [ʃvants] |
| bigodes (m pl) | **Barthaar** (n) | ['ba:ɐtˌha:ɐ] |

| | | |
|---|---|---|
| casco (m) | **Huf** (m) | [hu:f] |
| corno (m) | **Horn** (n) | [hɔʀn] |

| | | |
|---|---|---|
| carapaça (f) | **Panzer** (m) | ['pantsə] |
| concha (f) | **Muschel** (f) | ['mʊʃl] |
| casca (f) de ovo | **Schale** (f) | ['ʃa:lə] |

| | | |
|---|---|---|
| pelo (m) | **Fell** (n) | [fɛl] |
| pele (f), couro (m) | **Haut** (f) | [haʊt] |

## 185. Animais. Habitats

| | | |
|---|---|---|
| hábitat (m) | **Lebensraum** (f) | ['le:bənsˌʀaʊm] |
| migração (f) | **Wanderung** (f) | ['vandəʀʊŋ] |
| montanha (f) | **Berg** (m) | [bɛʀk] |

| recife (m) | Riff (n) | [ʀɪf] |
| falésia (f) | Fels (m) | [fɛls] |

| floresta (f) | Wald (m) | [valt] |
| selva (f) | Dschungel (m, n) | ['dʒuŋəl] |
| savana (f) | Savanne (f) | [za'vanə] |
| tundra (f) | Tundra (f) | ['tundʀa] |

| estepe (f) | Steppe (f) | ['ʃtɛpə] |
| deserto (m) | Wüste (f) | ['vy:stə] |
| oásis (m) | Oase (f) | [o'a:zə] |

| mar (m) | Meer (n), See (f) | [me:ɐ], [ze:] |
| lago (m) | See (m) | [ze:] |
| oceano (m) | Ozean (m) | ['o:tsea:n] |

| pântano (m) | Sumpf (m) | [zumpf] |
| de água doce | Süßwasser- | ['zy:s,vasɐ] |
| lagoa (f) | Teich (m) | [taɪç] |
| rio (m) | Fluss (m) | [flus] |

| toca (f) do urso | Höhle (f), Bau (m) | ['hø:lə], [bau] |
| ninho (m) | Nest (n) | [nɛst] |
| buraco (m) de árvore | Höhlung (f) | ['hø:,luŋ] |
| toca (f) | Loch (n) | [lɔχ] |
| formigueiro (m) | Ameisenhaufen (m) | ['a:maɪzən·haufən] |

# Flora

## 186. Árvores

| | | |
|---|---|---|
| árvore (f) | **Baum** (m) | [baʊm] |
| decídua (adj) | **Laub-** | [laʊp] |
| conífera (adj) | **Nadel-** | ['naːdəl] |
| perene (adj) | **immergrün** | ['ɪmɐˌgʀyːn] |
| | | |
| macieira (f) | **Apfelbaum** (m) | ['apfəlˌbaʊm] |
| pereira (f) | **Birnbaum** (m) | ['bɪʀnˌbaʊm] |
| cerejeira (f) | **Süßkirschbaum** (m) | ['zyːskɪʀʃˌbaʊm] |
| ginjeira (f) | **Sauerkirschbaum** (m) | [zaʊə'kɪʀʃˌbaʊm] |
| ameixeira (f) | **Pflaumenbaum** (m) | ['pflaʊmənˌbaʊm] |
| | | |
| bétula (f) | **Birke** (f) | ['bɪʀkə] |
| carvalho (m) | **Eiche** (f) | ['aɪçə] |
| tília (f) | **Linde** (f) | ['lɪndə] |
| choupo-tremedor (m) | **Espe** (f) | ['ɛspə] |
| bordo (m) | **Ahorn** (m) | ['aːhoʀn] |
| espruce (m) | **Fichte** (f) | ['fɪçtə] |
| pinheiro (m) | **Kiefer** (f) | ['kiːfɐ] |
| alerce, lariço (m) | **Lärche** (f) | ['lɛʀçə] |
| abeto (m) | **Tanne** (f) | ['tanə] |
| cedro (m) | **Zeder** (f) | ['tseːdɐ] |
| | | |
| choupo, álamo (m) | **Pappel** (f) | ['papəl] |
| tramazeira (f) | **Vogelbeerbaum** (m) | ['foːgəlbeːɐˌbaʊm] |
| salgueiro (m) | **Weide** (f) | ['vaɪdə] |
| amieiro (m) | **Erle** (f) | ['ɛʀlə] |
| faia (f) | **Buche** (f) | ['buːxə] |
| ulmeiro, olmo (m) | **Ulme** (f) | ['ʊlmə] |
| freixo (m) | **Esche** (f) | ['ɛʃə] |
| castanheiro (m) | **Kastanie** (f) | [kas'taːniə] |
| | | |
| magnólia (f) | **Magnolie** (f) | [mag'noːlɪə] |
| palmeira (f) | **Palme** (f) | ['palmə] |
| cipreste (m) | **Zypresse** (f) | [tsy'pʀɛsə] |
| | | |
| mangue (m) | **Mangrovenbaum** (m) | [maŋ'gʀoːvənˌbaʊm] |
| embondeiro, baobá (m) | **Baobab** (m) | ['baːobap] |
| eucalipto (m) | **Eukalyptus** (m) | [ɔɪka'lʏptʊs] |
| sequoia (f) | **Mammutbaum** (m) | ['mamʊtˌbaʊm] |

## 187. Arbustos

| | | |
|---|---|---|
| arbusto (m) | **Strauch** (m) | [ʃtʀaʊx] |
| arbusto (m), moita (f) | **Gebüsch** (n) | [gə'bʏʃ] |

| | | |
|---|---|---|
| videira (f) | Weinstock (m) | ['vaɪnʃtɔk] |
| vinhedo (m) | Weinberg (m) | ['vaɪnˌbɛʀk] |

| | | |
|---|---|---|
| framboeseira (f) | Himbeerstrauch (m) | ['hɪmbeːɐʃtʀaʊχ] |
| groselheira-negra (f) | schwarze Johannisbeere (f) | ['ʃvaʀtsə joːˈhanɪsbeːʀə] |
| groselheira-vermelha (f) | rote Johannisbeere (f) | ['ʀoːtə joːˈhanɪsbeːʀə] |
| groselheira (f) espinhosa | Stachelbeerstrauch (m) | ['ʃtaχəlbeːɐʃtʀaʊχ] |

| | | |
|---|---|---|
| acácia (f) | Akazie (f) | [aˈkaːtsiə] |
| bérberis (f) | Berberitze (f) | [bɛʀbəˈʀɪtsə] |
| jasmim (m) | Jasmin (m) | [jasˈmiːn] |

| | | |
|---|---|---|
| junípero (m) | Wacholder (m) | [vaˈχɔldɐ] |
| roseira (f) | Rosenstrauch (m) | ['ʀoːzənʃtʀaʊχ] |
| roseira (f) brava | Heckenrose (f) | ['hɛkənˌʀoːzə] |

## 188. Cogumelos

| | | |
|---|---|---|
| cogumelo (m) | Pilz (m) | [pɪlts] |
| cogumelo (m) comestível | essbarer Pilz (m) | ['ɛsbaːʀɐ pɪlts] |
| cogumelo (m) venenoso | Giftpilz (m) | ['gɪftˌpɪlts] |
| chapéu (m) | Hut (m) | [huːt] |
| pé, caule (m) | Stiel (m) | [ʃtiːl] |

| | | |
|---|---|---|
| boleto, porcino (m) | Steinpilz (m) | ['ʃtaɪnˌpɪlts] |
| boleto (m) alaranjado | Rotkappe (f) | ['ʀoːtˌkapə] |
| boleto (m) de bétula | Birkenpilz (m) | ['bɪʀkənˌpɪlts] |
| cantarelo (m) | Pfifferling (m) | ['pfɪfelɪŋ] |
| rússula (f) | Täubling (m) | ['tɔyplɪŋ] |

| | | |
|---|---|---|
| morchella (f) | Morchel (f) | ['mɔʀçəl] |
| agário-das-moscas (m) | Fliegenpilz (m) | ['fliːgənˌpɪlts] |
| cicuta (f) verde | Grüner Knollenblätterpilz (m) | ['gʀyːnɐ 'knɔlən·blɛtɐˌpɪlts] |

## 189. Frutos. Bagas

| | | |
|---|---|---|
| fruta (f) | Frucht (f) | [fʀʊχt] |
| frutas (f pl) | Früchte (pl) | ['fʀʏçtə] |
| maçã (f) | Apfel (m) | ['apfəl] |
| pera (f) | Birne (f) | ['bɪʀnə] |
| ameixa (f) | Pflaume (f) | ['pflaʊmə] |

| | | |
|---|---|---|
| morango (m) | Erdbeere (f) | ['eːɐtˌbeːʀə] |
| ginja (f) | Sauerkirsche (f) | ['zaʊɐˌkɪʀʃə] |
| cereja (f) | Süßkirsche (f) | ['zyːsˌkɪʀʃə] |
| uva (f) | Weintrauben (pl) | ['vaɪnˌtʀaʊbən] |

| | | |
|---|---|---|
| framboesa (f) | Himbeere (f) | ['hɪmˌbeːʀə] |
| groselha (f) negra | schwarze Johannisbeere (f) | ['ʃvaʀtsə joːˈhanɪsbeːʀə] |
| groselha (f) vermelha | rote Johannisbeere (f) | ['ʀoːtə joːˈhanɪsbeːʀə] |
| groselha (f) espinhosa | Stachelbeere (f) | ['ʃtaχəlˌbeːʀə] |

| oxicoco (m) | Moosbeere (f) | ['mo:sˌbe:ʀə] |
| laranja (f) | Apfelsine (f) | [apfəl'zi:nə] |
| tangerina (f) | Mandarine (f) | [ˌmanda'ʀi:nə] |
| abacaxi (m) | Ananas (f) | ['ananas] |
| banana (f) | Banane (f) | [ba'na:nə] |
| tâmara (f) | Dattel (f) | ['datəl] |

| limão (m) | Zitrone (f) | [tsi'tʀo:nə] |
| damasco (m) | Aprikose (f) | [ˌapʀi'ko:zə] |
| pêssego (m) | Pfirsich (m) | ['pfɪʁzɪç] |
| quiuí (m) | Kiwi, Kiwifrucht (f) | ['ki:vi], ['ki:viˌfʀuχt] |
| toranja (f) | Grapefruit (f) | ['gʀɛɪpˌfʀu:t] |

| baga (f) | Beere (f) | ['be:ʀə] |
| bagas (f pl) | Beeren (pl) | ['be:ʀən] |
| arando (m) vermelho | Preiselbeere (f) | ['pʀaɪzəlˌbe:ʀə] |
| morango-silvestre (m) | Walderdbeere (f) | ['valt?e:ɐtˌbe:ʀə] |
| mirtilo (m) | Heidelbeere (f) | ['haɪdəlˌbe:ʀə] |

## 190. Flores. Plantas

| flor (f) | Blume (f) | ['blu:mə] |
| buquê (m) de flores | Blumenstrauß (m) | ['blu:mənˌʃtʀaʊs] |

| rosa (f) | Rose (f) | ['ʀo:zə] |
| tulipa (f) | Tulpe (f) | ['tʊlpə] |
| cravo (m) | Nelke (f) | ['nɛlkə] |
| gladíolo (m) | Gladiole (f) | [ˌgla'dɪo:lə] |

| centáurea (f) | Kornblume (f) | ['kɔʀnˌblu:mə] |
| campainha (f) | Glockenblume (f) | ['glɔkənˌblu:mə] |
| dente-de-leão (m) | Löwenzahn (m) | ['lø:vənˌtsa:n] |
| camomila (f) | Kamille (f) | [ka'mɪlə] |

| aloé (m) | Aloe (f) | ['a:loe] |
| cacto (m) | Kaktus (m) | ['kaktʊs] |
| fícus (m) | Gummibaum (m) | ['gʊmiˌbaʊm] |

| lírio (m) | Lilie (f) | ['li:liə] |
| gerânio (m) | Geranie (f) | [ge'ʀa:nɪə] |
| jacinto (m) | Hyazinthe (f) | [hya'tsɪntə] |

| mimosa (f) | Mimose (f) | [mi'mo:zə] |
| narciso (m) | Narzisse (f) | [naʁ'tsɪsə] |
| capuchinha (f) | Kapuzinerkresse (f) | [ˌkapu'tsi:nəˌkʀɛsə] |

| orquídea (f) | Orchidee (f) | [ˌɔʁçi'de:ə] |
| peônia (f) | Pfingstrose (f) | ['pfɪŋstˌʀo:zə] |
| violeta (f) | Veilchen (n) | ['faɪlçən] |

| amor-perfeito (m) | Stiefmütterchen (n) | ['ʃti:fˌmʏtəçən] |
| não-me-esqueças (m) | Vergissmeinnicht (n) | [ˌfɛɛ'gɪs·maɪn·nɪçt] |
| margarida (f) | Gänseblümchen (n) | ['gɛnzəˌbly:mçən] |
| papoula (f) | Mohn (m) | [mo:n] |

| | | |
|---|---|---|
| cânhamo (m) | **Hanf** (m) | [hanf] |
| hortelã, menta (f) | **Minze** (f) | ['mɪntsə] |

| | | |
|---|---|---|
| lírio-do-vale (m) | **Maiglöckchen** (n) | ['maɪˌɡlœkçən] |
| campânula-branca (f) | **Schneeglöckchen** (n) | ['ʃne:ɡlœkçən] |

| | | |
|---|---|---|
| urtiga (f) | **Brennnessel** (f) | ['bʀɛnˌnɛsəl] |
| azedinha (f) | **Sauerampfer** (m) | ['zauɐˌʔampfɐ] |
| nenúfar (m) | **Seerose** (f) | ['ze:ˌʀo:zə] |
| samambaia (f) | **Farn** (m) | [faʁn] |
| líquen (m) | **Flechte** (f) | ['flɛçtə] |

| | | |
|---|---|---|
| estufa (f) | **Gewächshaus** (n) | [ɡə'vɛksˌhaus] |
| gramado (m) | **Rasen** (m) | ['ʀa:zən] |
| canteiro (m) de flores | **Blumenbeet** (n) | ['blu:məən·be:t] |

| | | |
|---|---|---|
| planta (f) | **Pflanze** (f) | ['pflantsə] |
| grama (f) | **Gras** (n) | [ɡʀa:s] |
| folha (f) de grama | **Grashalm** (m) | ['ɡʀa:sˌhalm] |

| | | |
|---|---|---|
| folha (f) | **Blatt** (n) | [blat] |
| pétala (f) | **Blütenblatt** (n) | ['bly:tənˌblat] |
| talo (m) | **Stiel** (m) | [ʃti:l] |
| tubérculo (m) | **Knolle** (f) | ['knɔlə] |

| | | |
|---|---|---|
| broto, rebento (m) | **Jungpflanze** (f) | ['juŋˌpflantsə] |
| espinho (m) | **Dorn** (m) | [dɔʁn] |

| | | |
|---|---|---|
| florescer (vi) | **blühen** (vi) | ['bly:ən] |
| murchar (vi) | **welken** (vi) | ['vɛlkən] |
| cheiro (m) | **Geruch** (m) | [ɡə'ʀux] |
| cortar (flores) | **abschneiden** (vt) | ['apˌʃnaɪdən] |
| colher (uma flor) | **pflücken** (vt) | ['pflʏkən] |

## 191. Cereais, grãos

| | | |
|---|---|---|
| grão (m) | **Getreide** (n) | [ɡə'tʀaɪdə] |
| cereais (plantas) | **Getreidepflanzen** (pl) | [ɡə'tʀaɪdəˌpflantsən] |
| espiga (f) | **Ähre** (f) | ['ɛ:ʀə] |

| | | |
|---|---|---|
| trigo (m) | **Weizen** (m) | ['vaɪtsən] |
| centeio (m) | **Roggen** (m) | ['ʀɔɡən] |
| aveia (f) | **Hafer** (m) | ['ha:fɐ] |
| painço (m) | **Hirse** (f) | ['hɪʁzə] |
| cevada (f) | **Gerste** (f) | ['ɡɛʁstə] |
| milho (m) | **Mais** (m) | ['maɪs] |
| arroz (m) | **Reis** (m) | [ʀaɪs] |
| trigo-sarraceno (m) | **Buchweizen** (m) | ['bu:xˌvaɪtsən] |

| | | |
|---|---|---|
| ervilha (f) | **Erbse** (f) | ['ɛʁpsə] |
| feijão (m) roxo | **weiße Bohne** (f) | ['vaɪsə 'bo:nə] |
| soja (f) | **Sojabohne** (f) | ['zo:jaˌbo:nə] |
| lentilha (f) | **Linse** (f) | ['lɪnzə] |
| feijão (m) | **Bohnen** (pl) | ['bo:nən] |

# GEOGRAFIA REGIONAL

## Países. Nacionalidades

### 192. Política. Governo. Parte 1

| | | |
|---|---|---|
| política (f) | **Politik** (f) | [poli'tɪk] |
| político (adj) | **politisch** | [po'liːtɪʃ] |
| político (m) | **Politiker** (m) | [po'liːtikɐ] |
| | | |
| estado (m) | **Staat** (m) | [ʃtaːt] |
| cidadão (m) | **Bürger** (m) | ['bʏʀgɐ] |
| cidadania (f) | **Staatsbürgerschaft** (f) | ['ʃtaːtsbʏʀgɐʃaft] |
| | | |
| brasão (m) de armas | **Staatswappen** (n) | ['ʃtaːts͵vapən] |
| hino (m) nacional | **Nationalhymne** (f) | [natsjo'naːl͵hymnə] |
| | | |
| governo (m) | **Regierung** (f) | [ʀe'giːʀʊŋ] |
| Chefe (m) de Estado | **Staatschef** (m) | ['ʃtaːtsʃɛf] |
| parlamento (m) | **Parlament** (n) | [paʀla'mɛnt] |
| partido (m) | **Partei** (f) | [paʀ'taɪ] |
| | | |
| capitalismo (m) | **Kapitalismus** (m) | [kapita'lɪsmʊs] |
| capitalista (adj) | **kapitalistisch** | [kapita'lɪstɪʃ] |
| | | |
| socialismo (m) | **Sozialismus** (m) | [zotsɪa'lɪsmʊs] |
| socialista (adj) | **sozialistisch** | [zotsɪa'lɪstɪʃ] |
| | | |
| comunismo (m) | **Kommunismus** (m) | [͵kɔmu'nɪsmʊs] |
| comunista (adj) | **kommunistisch** | [kɔmu'nɪstɪʃ] |
| comunista (m) | **Kommunist** (m) | [kɔmu'nɪst] |
| | | |
| democracia (f) | **Demokratie** (f) | [demokʀa'tiː] |
| democrata (m) | **Demokrat** (m) | [demo'kʀaːt] |
| democrático (adj) | **demokratisch** | [demo'kʀaːtɪʃ] |
| Partido (m) Democrático | **demokratische Partei** (f) | [demo'kʀaːtɪʃə paʀ'taɪ] |
| | | |
| liberal (m) | **Liberale** (m) | [libe'ʀaːlə] |
| liberal (adj) | **liberal** | [libe'ʀaːl] |
| | | |
| conservador (m) | **Konservative** (m) | [͵kɔnzɛʀva'tiːvə] |
| conservador (adj) | **konservativ** | [͵kɔnzɛʀva'tiːf] |
| | | |
| república (f) | **Republik** (f) | [ʀepu'bliːk] |
| republicano (m) | **Republikaner** (m) | [ʀepubli'kaːnɐ] |
| Partido (m) Republicano | **Republikanische Partei** (f) | [ʀepubli'kaːnɪʃə paʀ'taɪ] |
| | | |
| eleições (f pl) | **Wahlen** (pl) | ['vaːlən] |
| eleger (vt) | **wählen** (vt) | ['vɛːlən] |

| | | |
|---|---|---|
| eleitor (m) | **Wähler** (m) | ['vɛ:lɐ] |
| campanha (f) eleitoral | **Wahlkampagne** (f) | ['va:l·kam‚panjə] |
| votação (f) | **Abstimmung** (f) | ['apʃtɪmʊŋ] |
| votar (vi) | **abstimmen** (vi) | ['apʃtɪmən] |
| sufrágio (m) | **Abstimmungsrecht** (n) | ['apʃtɪmʊŋs·ʀɛçt] |
| candidato (m) | **Kandidat** (m) | [kandi'da:t] |
| candidatar-se (vi) | **kandidieren** (vi) | [kandi'di:ʀən] |
| campanha (f) | **Kampagne** (f) | [kam'panjə] |
| da oposição | **Oppositions-** | [ɔpozi'tsjo:ns] |
| oposição (f) | **Opposition** (f) | [ɔpozi'tsjo:n] |
| visita (f) | **Besuch** (m) | [bə'zu:x] |
| visita (f) oficial | **Staatsbesuch** (m) | ['ʃta:tsbə‚zu:x] |
| internacional (adj) | **international** | [‚ɪntɛnatsjo'na:l] |
| negociações (f pl) | **Verhandlungen** (pl) | [fɛɐ'handlʊŋən] |
| negociar (vi) | **verhandeln** (vi) | [fɛɐ'handəln] |

## 193. Política. Governo. Parte 2

| | | |
|---|---|---|
| sociedade (f) | **Gesellschaft** (f) | [gə'zɛlʃaft] |
| constituição (f) | **Verfassung** (f) | [fɛɐ'fasʊŋ] |
| poder (ir para o ~) | **Macht** (f) | [maxt] |
| corrupção (f) | **Korruption** (f) | [kɔʀʊp'tsjo:n] |
| lei (f) | **Gesetz** (n) | [gə'zɛts] |
| legal (adj) | **gesetzlich** | [gə'zɛtslɪç] |
| justeza (f) | **Gerechtigkeit** (f) | [gə'ʀɛçtɪç·kaɪt] |
| justo (adj) | **gerecht** | [gə'ʀɛçt] |
| comitê (m) | **Komitee** (n) | [komi'te:] |
| projeto-lei (m) | **Gesetzentwurf** (m) | [gə'zɛts?ɛnt‚vʊɐf] |
| orçamento (m) | **Budget** (n) | [by'dʒe:] |
| política (f) | **Politik** (f) | [poli'tɪk] |
| reforma (f) | **Reform** (f) | [ʀe'fɔɐm] |
| radical (adj) | **radikal** | [ʀadi'ka:l] |
| força (f) | **Macht** (f) | [maxt] |
| poderoso (adj) | **mächtig** | ['mɛçtɪç] |
| partidário (m) | **Anhänger** (m) | ['an‚hɛŋɐ] |
| influência (f) | **Einfluss** (m) | ['aɪn‚flʊs] |
| regime (m) | **Regime** (n) | [ʀe'ʒi:m] |
| conflito (m) | **Konflikt** (m) | [kɔn'flɪkt] |
| conspiração (f) | **Verschwörung** (f) | [fɛɐ'ʃvø:ʀʊŋ] |
| provocação (f) | **Provokation** (f) | [pʀovoka'tsjo:n] |
| derrubar (vt) | **stürzen** (vt) | ['ʃtʏɐtsən] |
| derrube (m), queda (f) | **Sturz** (m) | [ʃtʊɐts] |
| revolução (f) | **Revolution** (f) | [ʀevolu'tsjo:n] |

| golpe (m) de Estado | Staatsstreich (m) | ['ʃtaːtsˌʃtʀaɪç] |
| golpe (m) militar | Militärputsch (m) | [miliˈtɛːɐˌpʊtʃ] |

| crise (f) | Krise (f) | ['kʀiːzə] |
| recessão (f) econômica | Rezession (f) | [ʀetsɛˈsjoːn] |
| manifestante (m) | Demonstrant (m) | [demɔnˈstʀant] |
| manifestação (f) | Demonstration (f) | [demɔnstʀaˈtsjoːn] |
| lei (f) marcial | Ausnahmezustand (m) | ['aʊsnaːməˌtsuːʃtant] |
| base (f) militar | Militärbasis (f) | [miliˈtɛːɐˌbaːzɪs] |

| estabilidade (f) | Stabilität (f) | [ʃtabiliˈtɛːt] |
| estável (adj) | stabil | [ʃtaˈbiːl] |

| exploração (f) | Ausbeutung (f) | ['aʊsˌbɔɪtʊŋ] |
| explorar (vt) | ausbeuten (vt) | ['aʊsˌbɔɪtən] |

| racismo (m) | Rassismus (m) | [ʀaˈsɪsmʊs] |
| racista (m) | Rassist (m) | [ʀaˈsɪst] |
| fascismo (m) | Faschismus (m) | [faˈʃɪsmʊs] |
| fascista (m) | Faschist (m) | [faˈʃɪst] |

## 194. Países. Diversos

| estrangeiro (m) | Ausländer (m) | ['aʊsˌlɛndɐ] |
| estrangeiro (adj) | ausländisch | ['aʊsˌlɛndɪʃ] |
| no estrangeiro | im Ausland | [ɪm 'aʊslant] |

| emigrante (m) | Auswanderer (m) | ['aʊsˌvandəʀɐ] |
| emigração (f) | Auswanderung (f) | ['aʊsˌvandəʀʊŋ] |
| emigrar (vi) | auswandern (vi) | ['aʊsˌvandɛn] |

| Ocidente (m) | Westen (m) | ['vɛstən] |
| Oriente (m) | Osten (m) | ['ɔstən] |
| Extremo Oriente (m) | Ferner Osten (m) | ['fɛʀnɐ 'ɔstən] |

| civilização (f) | Zivilisation (f) | [tsivilizaˈtsjoːn] |
| humanidade (f) | Menschheit (f) | ['mɛnʃhaɪt] |
| mundo (m) | Welt (f) | [vɛlt] |
| paz (f) | Frieden (m) | ['fʀiːdən] |
| mundial (adj) | Welt- | [vɛlt] |

| pátria (f) | Heimat (f) | ['haɪmaːt] |
| povo (população) | Volk (n) | [fɔlk] |
| população (f) | Bevölkerung (f) | [bəˈfœlkəʀʊŋ] |
| gente (f) | Leute (pl) | ['lɔɪtə] |
| nação (f) | Nation (f) | [naˈtsjoːn] |
| geração (f) | Generation (f) | [geneʀaˈtsjoːn] |

| território (m) | Territorium (n) | [tɛʀiˈtoːʀiʊm] |
| região (f) | Region (f) | [ʀeˈgjoːn] |
| estado (m) | Staat (m) | [ʃtaːt] |

| tradição (f) | Tradition (f) | [tʀadiˈtsjoːn] |
| costume (m) | Brauch (m) | [bʀaʊχ] |

| ecologia (f) | Ökologie (f) | [ˌøkolo'gi:] |
| índio (m) | Indianer (m) | [ɪn'dɪa:nɐ] |
| cigano (m) | Zigeuner (m) | [tsi'gɔɪnɐ] |
| cigana (f) | Zigeunerin (f) | [tsi'gɔɪnɐʀɪn] |
| cigano (adj) | Zigeuner- | [tsi'gɔɪnɐ] |

| império (m) | Reich (n) | ['ʀaɪç] |
| colônia (f) | Kolonie (f) | [kolo'ni:] |
| escravidão (f) | Sklaverei (f) | [sklavɐ'ʀaɪ] |
| invasão (f) | Einfall (m) | ['aɪnˌfal] |
| fome (f) | Hunger (m) | ['hʊŋɐ] |

## 195. Grupos religiosos mais importantes. Confissões

| religião (f) | Religion (f) | [ʀeli'gjo:n] |
| religioso (adj) | religiös | [ʀeli'gɪø:s] |

| crença (f) | Glaube (m) | ['glaʊbɐ] |
| crer (vt) | glauben (vt) | ['glaʊbən] |
| crente (m) | Gläubige (m) | ['glɔɪbɪgɐ] |

| ateísmo (m) | Atheismus (m) | [ate'ʔɪsmʊs] |
| ateu (m) | Atheist (m) | [ate'ɪst] |

| cristianismo (m) | Christentum (n) | ['kʀɪstəntu:m] |
| cristão (m) | Christ (m) | [kʀɪst] |
| cristão (adj) | christlich | ['kʀɪstlɪç] |

| catolicismo (m) | Katholizismus (m) | ['katolizɪsmus] |
| católico (m) | Katholik (m) | [kato'li:k] |
| católico (adj) | katholisch | [ka'to:lɪʃ] |

| protestantismo (m) | Protestantismus (m) | [pʀotɛs'tantɪsmʊs] |
| Igreja (f) Protestante | Protestantische Kirche (f) | [pʀotɛs'tantɪʃə 'kɪʁçə] |
| protestante (m) | Protestant (m) | [pʀotɛs'tant] |

| ortodoxia (f) | Orthodoxes Christentum (n) | [ɔʁto'dɔksəs 'kʀɪstəntu:m] |
| Igreja (f) Ortodoxa | Orthodoxe Kirche (f) | [ɔʁto'dɔksə 'kɪʁçə] |
| ortodoxo (m) | orthodoxer Christ (m) | [ɔʁto'dɔks] |

| presbiterianismo (m) | Presbyterianismus (m) | [pʀɛsbyte'ʀɪa:nɪsmʊs] |
| Igreja (f) Presbiteriana | Presbyterianische Kirche (f) | [pʀɛsbyte'ʀɪa:nɪʃə 'kɪʁçə] |
| presbiteriano (m) | Presbyterianer (m) | [pʀɛsbyte'ʀɪa:nɐ] |

| luteranismo (m) | Lutherische Kirche (f) | ['lʊtəʀɪʃə 'kɪʁçə] |
| luterano (m) | Lutheraner (m) | [lʊtə'ʀa:nɐ] |

| Igreja (f) Batista | Baptismus (m) | [bap'tɪsmʊs] |
| batista (m) | Baptist (m) | [bap'tɪst] |

| Igreja (f) Anglicana | Anglikanische Kirche (f) | [aŋgli'ka:nɪʃə 'kɪʁçə] |
| anglicano (m) | Anglikaner (m) | [aŋgli'ka:nɐ] |
| mormonismo (m) | Mormonismus (m) | [mɔʁmo:'nɪsmʊs] |
| mórmon (m) | Mormone (m) | [mɔʁ'mo:nɐ] |

| Judaísmo (m) | Judentum (n) | ['juːdəntuːm] |
| judeu (m) | Jude (m) | ['juːdə] |

| budismo (m) | Buddhismus (m) | [buˈdɪsmʊs] |
| budista (m) | Buddhist (m) | [buˈdɪst] |

| hinduísmo (m) | Hinduismus (m) | [hɪnduˈʔɪsmʊs] |
| hindu (m) | Hindu (m) | ['hɪndu] |

| Islã (m) | Islam (m) | [ɪsˈlaːm] |
| muçulmano (m) | Moslem (m) | ['mɔslɛm] |
| muçulmano (adj) | moslemisch | [mɔsˈleːmɪʃ] |

| xiismo (m) | Schiismus (m) | [ʃiˈɪsmʊs] |
| xiita (m) | Schiit (m) | [ʃiˈiːt] |

| sunismo (m) | Sunnismus (m) | [zʊˈnɪsmʊs] |
| sunita (m) | Sunnit (m) | [zʊˈniːt] |

## 196. Religiões. Padres

| padre (m) | Priester (m) | ['pʀiːstɐ] |
| Papa (m) | Papst (m) | [papst] |

| monge (m) | Mönch (m) | [mœnç] |
| freira (f) | Nonne (f) | ['nɔnə] |
| pastor (m) | Pfarrer (m) | ['pfaʀɐ] |

| abade (m) | Abt (m) | [apt] |
| vigário (m) | Vikar (m) | [viˈkaːɐ] |
| bispo (m) | Bischof (m) | ['bɪʃɔf] |
| cardeal (m) | Kardinal (m) | [ˌkaʀdiˈnaːl] |

| pregador (m) | Prediger (m) | ['pʀeːdɪgɐ] |
| sermão (m) | Predigt (f) | ['pʀeːdɪçt] |
| paroquianos (pl) | Gemeinde (f) | [gəˈmaɪndə] |

| crente (m) | Gläubige (m) | ['glɔɪbɪgə] |
| ateu (m) | Atheist (m) | [ateˈɪst] |

## 197. Fé. Cristianismo. Islão

| Adão | Adam | ['aːdam] |
| Eva | Eva | ['eːva] |

| Deus (m) | Gott (m) | [gɔt] |
| Senhor (m) | Herr (m) | [hɛʀ] |
| Todo Poderoso (m) | Der Allmächtige | [deːɐ alˈmɛçtɪgə] |

| pecado (m) | Sünde (f) | ['zʏndə] |
| pecar (vi) | sündigen (vi) | ['zʏndɪgən] |
| pecador (m) | Sünder (m) | ['zʏndɐ] |

| | | |
|---|---|---|
| pecadora (f) | **Sünderin** (f) | ['zʏndəʀɪn] |
| inferno (m) | **Hölle** (f) | ['hœlə] |
| paraíso (m) | **Paradies** (n) | [paʀa'di:s] |

| | | |
|---|---|---|
| Jesus | **Jesus** (m) | ['je:zʊs] |
| Jesus Cristo | **Jesus Christus** (m) | ['je:zʊs 'kʀɪstʊs] |

| | | |
|---|---|---|
| Espírito (m) Santo | **der Heiliger Geist** | [de:ɐ 'haɪlɪgə 'gaɪst] |
| Salvador (m) | **der Erlöser** | [de:ɐ ɛɐ'lø:zɐ] |
| Virgem Maria (f) | **die Jungfrau Maria** | [di 'jʊŋfʀaʊ ma'ʀi:a] |

| | | |
|---|---|---|
| Diabo (m) | **Teufel** (m) | ['tɔɪfl] |
| diabólico (adj) | **teuflisch** | ['tɔɪflɪʃ] |
| Satanás (m) | **Satan** (m) | ['za:tan] |
| satânico (adj) | **satanisch** | [za'ta:nɪʃ] |

| | | |
|---|---|---|
| anjo (m) | **Engel** (m) | ['ɛŋəl] |
| anjo (m) da guarda | **Schutzengel** (m) | ['ʃʊts͵ʔɛŋəl] |
| angelical | **Engel(s)-** | ['ɛŋəls] |

| | | |
|---|---|---|
| apóstolo (m) | **Apostel** (m) | [a'pɔstəl] |
| arcanjo (m) | **Erzengel** (m) | ['e:ɐts͵ʔɛŋəl] |
| anticristo (m) | **Antichrist** (m) | ['anti͵kʀɪst] |

| | | |
|---|---|---|
| Igreja (f) | **Kirche** (f) | ['kɪʀçə] |
| Bíblia (f) | **Bibel** (f) | ['bi:bl] |
| bíblico (adj) | **biblisch** | ['bi:blɪʃ] |

| | | |
|---|---|---|
| Velho Testamento (m) | **Altes Testament** (n) | ['altəs tɛsta'mɛnt] |
| Novo Testamento (m) | **Neues Testament** (n) | ['nɔɪəs tɛsta'mɛnt] |
| Evangelho (m) | **Evangelium** (n) | [evaŋ'ge:lɪʊm] |
| Sagradas Escrituras (f pl) | **Heilige Schrift** (f) | ['haɪlɪgə ʃʀɪft] |
| Céu (sete céus) | **Himmelreich** (n) | ['hɪməl͵ʀaɪç] |

| | | |
|---|---|---|
| mandamento (m) | **Gebot** (n) | [gə'bo:t] |
| profeta (m) | **Prophet** (m) | [pʀo'fe:t] |
| profecia (f) | **Prophezeiung** (f) | [pʀofe'tsaɪʊŋ] |

| | | |
|---|---|---|
| Alá (m) | **Allah** | ['ala] |
| Maomé (m) | **Mohammed** (m) | ['mo:hamɛt] |
| Alcorão (m) | **Koran** (m) | [ko'ʀa:n] |

| | | |
|---|---|---|
| mesquita (f) | **Moschee** (f) | [mɔ'ʃe:] |
| mulá (m) | **Mullah** (m) | ['mʊla] |
| oração (f) | **Gebet** (n) | [gə'be:t] |
| rezar, orar (vi) | **beten** (vi) | ['be:tən] |

| | | |
|---|---|---|
| peregrinação (f) | **Wallfahrt** (f) | ['val͵fa:ɐt] |
| peregrino (m) | **Pilger** (m) | ['pɪlgɐ] |
| Meca (f) | **Mekka** (n) | ['mɛka] |

| | | |
|---|---|---|
| igreja (f) | **Kirche** (f) | ['kɪʀçə] |
| templo (m) | **Tempel** (m) | ['tɛmpəl] |
| catedral (f) | **Kathedrale** (f) | [kate'dʀa:lə] |
| gótico (adj) | **gotisch** | ['go:tiʃ] |
| sinagoga (f) | **Synagoge** (f) | [zyna'go:gə] |

| | | |
|---|---|---|
| mesquita (f) | Moschee (f) | [mɔˈʃeː] |
| capela (f) | Kapelle (f) | [kaˈpɛlə] |
| abadia (f) | Abtei (f) | [apˈtaɪ] |
| convento (m) | Nonnenkloster (n) | [ˈnɔnənˌkloːstə] |
| monastério (m) | Frauenkloster (n) | [ˈfʀaʊənˌkloːstə] |
| convento, monastério (m) | Kloster (n), Konvent (m) | [ˈkloːstə], [kɔnˈvɛnt] |
| | | |
| sino (m) | Glocke (f) | [ˈglɔkə] |
| campanário (m) | Glockenturm (m) | [ˈglɔkənˌtʊʀm] |
| repicar (vi) | läuten (vi) | [ˈlɔɪtən] |
| | | |
| cruz (f) | Kreuz (n) | [kʀɔɪts] |
| cúpula (f) | Kuppel (f) | [ˈkʊpl] |
| ícone (m) | Ikone (f) | [iˈkoːnə] |
| | | |
| alma (f) | Seele (f) | [ˈzeːlə] |
| destino (m) | Schicksal (n) | [ˈʃɪkˌzaːl] |
| mal (m) | das Böse | [ˈbøːzə] |
| bem (m) | Gute (n) | [ˈguːtə] |
| | | |
| vampiro (m) | Vampir (m) | [vamˈpiːɐ] |
| bruxa (f) | Hexe (f) | [ˈhɛksə] |
| demônio (m) | Dämon (m) | [ˈdɛːmɔn] |
| espírito (m) | Geist (m) | [gaɪst] |
| | | |
| redenção (f) | Sühne (f) | [ˈzyːnə] |
| redimir (vt) | sühnen (vt) | [ˈzyːnən] |
| | | |
| missa (f) | Gottesdienst (m) | [ˈgɔtəsˌdiːnst] |
| celebrar a missa | die Messe lesen | [di ˈmɛsə ˈleːzən] |
| confissão (f) | Beichte (f) | [ˈbaɪçtə] |
| confessar-se (vr) | beichten (vi) | [ˈbaɪçtən] |
| | | |
| santo (m) | Heilige (m) | [ˈhaɪlɪgə] |
| sagrado (adj) | heilig | [ˈhaɪlɪç] |
| água (f) benta | Weihwasser (n) | [ˈvaɪˌvasə] |
| | | |
| ritual (m) | Ritual (n) | [ʀiˈtuaːl] |
| ritual (adj) | rituell | [ʀiˈtuɛl] |
| sacrifício (m) | Opfer (n) | [ˈɔpfɐ] |
| | | |
| superstição (f) | Aberglaube (m) | [ˈaːbɐˌglaʊbə] |
| supersticioso (adj) | abergläubisch | [ˈaːbɐˌglɔɪbɪʃ] |
| vida (f) após a morte | Nachleben (n) | [ˈnaːχˌleːbən] |
| vida (f) eterna | ewiges Leben (n) | [ˈeːvɪgəs ˈleːbn] |

# TEMAS DIVERSOS

## 198. Várias palavras úteis

| | | |
|---|---|---|
| ajuda (f) | Hilfe (f) | ['hɪlfə] |
| barreira (f) | Barriere (f) | [ba'ʀiɐ:ʀə] |
| base (f) | Basis (f) | ['ba:zɪs] |
| categoria (f) | Kategorie (f) | [ˌkatego'ʀi:] |
| causa (f) | Ursache (f) | ['u:ɐˌzaχə] |
| | | |
| coincidência (f) | Zufall (m) | ['tsu:ˌfal] |
| coisa (f) | Ding (n) | [dɪŋ] |
| começo, início (m) | Anfang (m) | ['anfaŋ] |
| cômodo (ex. poltrona ~a) | bequem | [bə'kve:m] |
| comparação (f) | Vergleich (m) | [fɛɐ'glaɪç] |
| | | |
| compensação (f) | Kompensation (f) | [kɔmpɛnza'tsjo:n] |
| crescimento (m) | Wachstum (n) | ['vakstu:m] |
| desenvolvimento (m) | Entwicklung (f) | [ɛnt'vɪklʊŋ] |
| diferença (f) | Unterschied (m) | ['ʊntɐˌʃi:t] |
| efeito (m) | Effekt (m) | [ɛ'fɛkt] |
| | | |
| elemento (m) | Element (n) | [ele'mɛnt] |
| equilíbrio (m) | Bilanz (f) | [bi'lants] |
| erro (m) | Fehler (m) | ['fe:lɐ] |
| esforço (m) | Anstrengung (f) | ['anˌʃtʀɛŋʊŋ] |
| estilo (m) | Stil (m) | [ʃti:l] |
| | | |
| exemplo (m) | Beispiel (n) | ['baɪʃpi:l] |
| fato (m) | Tatsache (f) | ['ta:tˌzaχə] |
| fim (m) | Ende (n) | ['ɛndə] |
| forma (f) | Form (f) | [fɔʁm] |
| | | |
| frequente (adj) | häufig | ['hɔɪfɪç] |
| fundo (ex. ~ verde) | Hintergrund (m) | ['hɪntɐˌgʀʊnt] |
| gênero (tipo) | Art (f) | [a:ɐt] |
| grau (m) | Grad (m) | [gʀa:t] |
| ideal (m) | Ideal (n) | [ide'a:l] |
| | | |
| labirinto (m) | Labyrinth (n) | [laby'ʀɪnt] |
| modo (m) | Weise (f) | ['vaɪzə] |
| momento (m) | Moment (m) | [mo'mɛnt] |
| objeto (m) | Gegenstand (m) | ['ge:gənʃtant] |
| obstáculo (m) | Hindernis (n) | ['hɪndɛnɪs] |
| | | |
| original (m) | Original (n) | [oʀigi'na:l] |
| padrão (adj) | Standard- | ['standaʁt] |
| padrão (m) | Standard (m) | ['standaʁt] |
| paragem (pausa) | Halt (m) | [halt] |
| parte (f) | Anteil (m) | ['anˌtaɪl] |

| partícula (f) | Teilchen (n) | ['taɪlçən] |
| pausa (f) | Pause (f) | ['paʊzə] |
| posição (f) | Position (f) | [pozi'tsjo:n] |
| princípio (m) | Prinzip (n) | [pʀɪn'tsi:p] |

| problema (m) | Problem (n) | [pʀo'ble:m] |
| processo (m) | Prozess (m) | [pʀo'tsɛs] |
| progresso (m) | Fortschritt (m) | ['foʀtʃʀɪt] |
| propriedade (qualidade) | Eigenschaft (f) | ['aɪgənʃaft] |

| reação (f) | Reaktion (f) | [ˌʀeak'tsjo:n] |
| risco (m) | Risiko (n) | ['ʀi:ziko] |
| ritmo (m) | Tempo (n) | ['tɛmpo] |
| segredo (m) | Geheimnis (n) | [gə'haɪmnɪs] |
| série (f) | Serie (f) | ['ze:ʀiə] |

| sistema (m) | System (n) | [zʏs'te:m] |
| situação (f) | Situation (f) | [zitua'tsjo:n] |
| solução (f) | Lösung (f) | ['lø:zʊŋ] |
| tabela (f) | Tabelle (f) | [ta'bɛlə] |
| termo (ex. ~ técnico) | Fachwort (n) | ['faχˌvoʀt] |

| tipo (m) | Typ (m) | [ty:p] |
| urgente (adj) | dringend | ['dʀɪŋənt] |
| urgentemente | dringend | ['dʀɪŋənt] |
| utilidade (f) | Nutzen (m) | ['nʊtsən] |

| variante (f) | Variante (f) | [va'ʀɪantə] |
| variedade (f) | Auswahl (f) | ['aʊsva:l] |
| verdade (f) | Wahrheit (f) | ['va:ɛhaɪt] |
| vez (f) | Reihe (f) | ['ʀaɪə] |
| zona (f) | Zone (f) | ['tso:nə] |

www.ingramcontent.com/pod-product-compliance
Lightning Source LLC
Chambersburg PA
CBHW071339090426
42738CB00012B/2941